天商法律评论文集

（2021卷）

艾娟　马驰　主编

天津社会科学院出版社

图书在版编目（CIP）数据

天商法律评论文集．2021卷/艾娟，马驰主编．--
天津：天津社会科学院出版社，2022.4
ISBN 978-7-5563-0809-5

Ⅰ.①天…　Ⅱ.①艾…　②马…　Ⅲ.①法律－文集
Ⅳ.①D9-53

中国版本图书馆CIP数据核字（2022）第047738号

天商法律评论文集（2021卷）
TIANSHANG FALV PINGLUN WENJI（2021JUAN）

出版发行：天津社会科学院出版社
地　　址：天津市南开区迎水道7号
邮　　编：300191
电话/传真：（022）23360165（总编室）
（022）23075303（发行科）
网　　址：www.tass-tj.org.cn
印　　刷：北京建宏印刷有限公司

开　　本：787×1092毫米　1/16
印　　张：22
字　　数：274千字
版　　次：2022年4月第1版　2022年4月第1次印刷
定　　价：68.00元

目　录

民商研究

法律探析

法律适用

法律文化

法律心理

民　商　研　究

论侵犯公民个人信息罪刑事附带民事公益诉讼

——以41份判决书为例

齐恩平[①] 吴钧瑶[②]

摘 要 近年来,侵犯公民个人信息罪刑事附带民事公益诉讼成为检察机关探索公益诉讼"等"外领域的重要方式。从近两年41份判决书来看,侵犯公民个人信息罪刑事附带民事公益诉讼呈现省级分布不均、案件数量总体呈上升趋势、诉讼请求多样化等特征。针对实践中反映出来的公共利益认定不统一、诉讼请求不合理、主要程序适用不一等问题,未来应基于实践探索,明确侵犯公民个人信息罪刑事附带民事公益诉讼提起的条件、合理化诉讼请求、规范适用程序。

关键词 侵犯公民个人信息罪 刑事附带民事公益诉讼 公共利益 诉讼请求

以党的十九届四中全会通过的《中共中央关于坚持和完善中国特色社会主义制度、推进国家治理体系和治理能力现代化若干重大问题的决定》提出的"拓展公益诉讼案件范围"精神为指导,近年来,检察机

① 齐恩平,天津商业大学法学院教授,博士研究生导师。
② 吴均瑶,天津商业大学法学院硕士研究生。

关在对侵犯公民个人信息罪进行公诉时提起刑事附带民事公益诉讼的案件逐渐增多,拓展了公益诉讼"等"外领域,有力维护了公众保护个人信息的需求,充分发挥了检察机关法律监督职能。然而,囿于2018年最高人民法院、最高人民检察院《关于检察公益诉讼案件适用法律若干问题的解释》(以下简称《两高解释》)对刑事附带民事公益诉讼仅有一条原则性规定,导致实践中侵犯公民个人信息罪刑事附带民事公益诉讼存在一些亟须解决的疑难问题,值得深入分析。

一、侵犯公民个人信息罪刑事附带民事公益诉讼实践状况

为了解实践现状,2021年1月9日,笔者以"侵犯公民个人信息罪"为关键词在中国裁判文书网进行搜索,查询到2016年1月1日至2020年12月31日共有判决书9045份,其中2016年396份、2017年1386份、2018年2360份、2019年2759份、2020年2144份(需要说明的是,检索时间为2021年1月9日,由于中国裁判文书网上传判决书有所滞后,2020年判决书数量会随着时间推移而增加)。再以"刑事附带民事公益"为关键词进一步搜索,获得41份判决书,案号显示2019年9份、2020年32份。从判决书来看,侵犯公民个人信息罪刑事附带民事公益诉讼呈现出以下重要特征:

1. 省级分布不均

41份判决书从省级分布来看,涉及12个省份,仅占32个省、自治区、直辖市的37.5%。其中,上海市10份、江苏省3份、安徽省5份、湖北省5份、湖南省2份、广东省4份、陕西省2份、福建省6份、江西省、山东省、河南省、贵州省各1份,省级分布不均。从案号年度分布来看,2019年9份,涉及江苏省1份、上海市4份、安徽省2份、湖北省2份;2020年32份,涉及上海市6份、江苏省2份、安徽省3份、湖北省3份、湖南省2份、广东省4份、陕西省2份、福建省6份、江西省、山东省、河南省、贵州省各1份。不难发现,江苏省、上海市、安徽省、湖北省从2019年开始探索侵犯公民个人信息罪刑事附带民

事公益诉讼,2020 年探索的省份从 4 个增至 12 个。

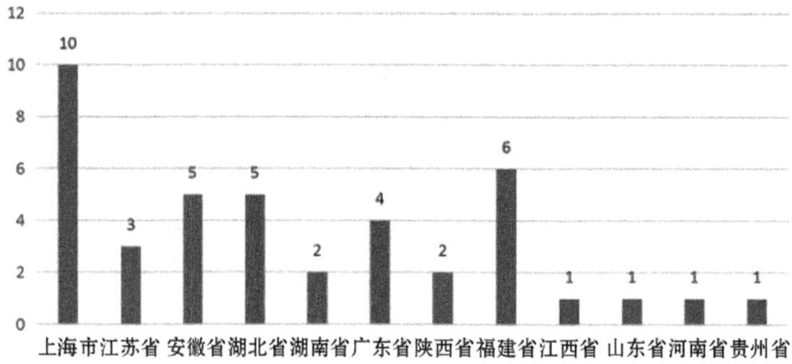

图 1　省级分布情况

2. 案件数量总体呈上升趋势

从案号来看,判决书数量从 2019 年的 9 份激增至 2020 年的 32 份。以判决时间观之,从 2019 年 11 月至 2020 年 12 月,案件数量总体呈上升趋势。不过,目前,侵犯公民个人信息罪刑事附带民事公益诉讼仍然处于探索阶段,实践中占比很少,2019 年仅为 0.33%,2020 年为 1.49%。

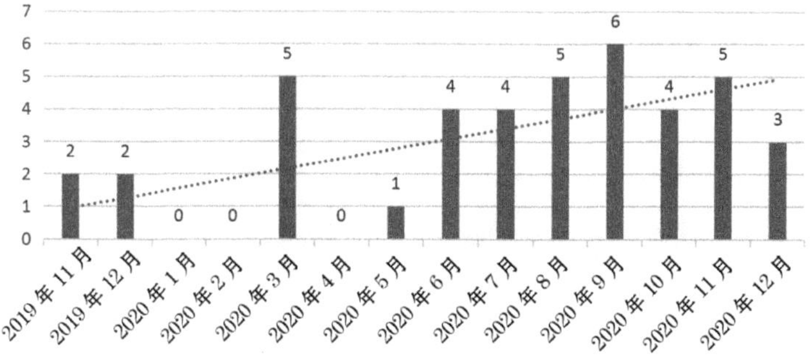

图 2　判决书中的判决时间变化

3. 诉讼请求多样化

有 38 份判决书显示,法院完全支持了检察机关提出的刑事附带民事公益诉讼诉讼请求,占 92.7%;有 3 份判决书显示刑事附带民事公益诉讼双方当事人达成调解。可见,此种诉讼方式的法律效果较好。附带民事公益诉讼请求权基础是民事侵权,即被告的行为侵害不特定公民个人信息权益,损害社会公共利益,应当承担相应的民事责任。根据《民法典》第一百七十九条规定,承担民事责任的方式主要有:(一)停止侵害;(二)排除妨碍;(三)消除危险;(四)返还财产;(五)恢复原状;(六)修理、重作、更换;(七)继续履行;(八)赔偿损失;(九)支付违约金;(十)消除影响、恢复名誉;(十一)赔礼道歉。附带民事公益诉讼人可据此提出具体诉讼请求。除 3 个案件以调解形式结案外,具体诉讼请求包括:停止侵害、消除危险、赔偿损失和赔礼道歉。而赔礼道歉最为普遍,38 份判决书中均有提及,赔偿损失出现 21 次、消除危险(永久性删除涉案公民个人信息)出现十三次、停止侵害出现 1 次。有 14 份判决书单独请求赔礼道歉;2 种诉讼请求的有 13 次,其中赔礼道歉 + 赔偿损失 11 次、赔礼道歉 + 消除危险 2 次;3 种诉讼请求的有 11 次,其中赔礼道歉 + 停止侵害 + 消除危险 1 次、赔礼道歉 + 消除危险 + 赔偿损失 10 次。

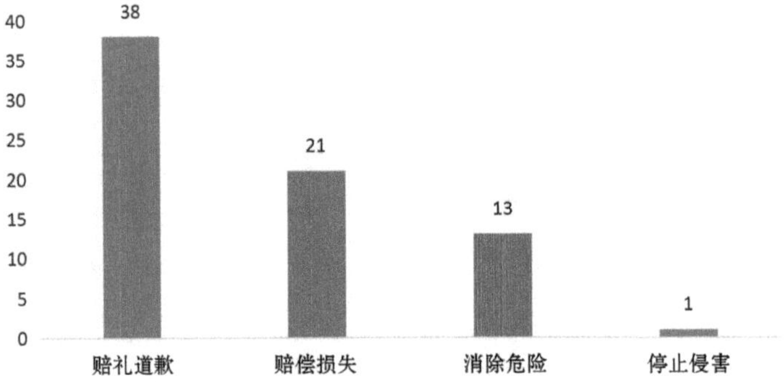

图 3 诉讼请求类型

二、侵犯公民个人信息罪刑事附带民事公益诉讼实践状况的反思

目前,侵犯公民个人信息刑事附带民事公益诉讼属于公益诉讼"等"外领域,当前的实践探索为我们反思该制度乃至整个刑事附带

民事公益诉讼制度提供了绝佳机会。

1.如何认定公共利益

公共利益既是公益诉讼产生的逻辑起点,又是公益诉讼的终极目标和价值取向。没有公共利益,公益诉讼就失去了救济对象,既无存在的必要,又无存在的价值。因而,在提起侵犯公民个人信息罪刑事附带民事公益诉讼时,首先要检视的就是被告人侵犯公民个人信息的行为是否构成公共利益的损害。不过,尽管在各种法律规范中公共利益一词一再出现,但均未对其进行具体的界定。对公益诉讼的相关规定,主要集中在原告资格、诉讼程序等问题上。至于何为“公益”、如何认定“公益”则语焉不详,导致实践中有些本可以通过传统私益制度解决的案件却披上了“公益诉讼”的外衣,造成公益诉讼的稀释和泛化。

作为一种新的公益诉讼类型,侵犯公民个人信息罪刑事附带民事公益诉讼的“公共利益”如何认定,是实践中的难题。从判决书来看,目前检察机关和法院对“公共利益”存在认识不一的情况。41份判决书显示,有的检察机关将提起诉讼的理由笼统地表述为被告人的犯罪行为“损害了社会公共利益”;有的检察机关的理由则是被告人的犯罪行为“已经侵害不特定公民的隐私权,损害社会公共利益”“侵害不特定多数人的民事权益,损害社会公共利益”“侵害不特定多数人合法权益,损害社会公共利益”等。法院通常以“被告行为侵害不特定公民的隐私权,损害社会公共利益”“侵害了不特定多数公民的个人信息安全,造成公民个人信息的非法泄露和传播,损害了公共利益”“侵害了众多不特定公众的人身权益和财产权益,损害了社会公共利益”作为刑事附带民事公益诉讼部分的判决理由。不难发现,检、法两家较为统一的做法是将被告侵犯“不特定多数人的利益,损害社会公共利益”,作为认定的标准。但是,侵犯了“不特定多数人的利益”是不是就等于损害了社会公共利益?或者说“不特定多数人”人数是多少才损害社会公共利益呢?在判决书中,表征“不特定多数人”的是涉案公民个人信息的数量。从41份判决书来看,可统计的涉案公民个人信息的数量从80个微信号、170余条信息到19842074条个人信息不等。有个别案件未具体统计涉案公民个人信息的数量,但从违法所得及信息价格可推断涉案公民个人信息数量巨大。那么,80个微信号、170余条信息能够说是“不特定多数人的利益,损害了社会公共利益”?另外,被告侵犯的“利益”是隐私权还是人身权益、财产权益抑或是个人信息安全,在认识上也不统一。

2. 诉讼请求设置存在不合理之处

在38份判决书中(除去3份调解的判决书),诉讼请求出现的次数从多到少依次是赔礼道歉(38次)、赔偿损失(21次)、消除危险(13次)、停止侵害(1次)。当前,作为一种精神损害的责任方式,赔礼道歉已是民事公益诉讼重要的责任承担方式。这一方式虽然一定程度上能够促使被告改过自新,但其对公共利益的弥补以及对相似行为一般预防的作用相对有限。损害赔偿作为损害公共利益经济上的惩罚方式在实践中较多,但也能看出运用的不统一。因公共利益损失的数额无法确定,一般法院根据《中华人民共和国侵权责任法》第20条的规定,按照获利金额进行赔偿,但也有17份判决书未请求赔偿损失。即使请求了损害赔偿,其一般预防作用和震慑效果也难以发挥,原因在于,虽然涉案公民个人信息量很大,但被告人获利却不大,在41份判决书中获利及请求赔偿数额最少的只有100元。消除危险是要求被告人删除其获取、留存的公民个人信息,消除造成损害的危险来源的民事责任措施,其作为此类公益诉讼的救济方式是合理的,但多数判决书(25份)并未采取这一救济方式。另外,作为刑事附带民事公益诉讼,侵犯公民个人信息犯罪行为已经在公安机关立案、检察机关起诉,其侵害行为已被制止,被告人一般也无法再实施侵害行为,所以停止侵害作为刑事附带民事公益诉讼的救济方式是不具备合理性的。

3. 主要程序适用不一

《两高解释》虽然增加了刑事附带民事公益诉讼，但其仅有一个条文，极其原则，实践中的程序适用出现了不少问题。第一，诉前公告问题。《两高解释》在第十三条对人民检察院提起民事公益诉讼的公告及其期间进行了规定，但刑事附带民事公益诉讼是否需要诉前公告未予明确，实践做法难以统一。在41份判决书中，有28份显示检察机关在提起刑事附带民事公益诉讼前进行了公告，占68.3%。第二，审判主体问题。根据《中华人民共和国人民陪审员法》第十六条规定，根据民事诉讼法、行政诉讼法提起的公益诉讼案件，一审由人民陪审员和法官组成的7人合议庭进行。而实践中，审判主体多采取3人合议庭，也有的采取7人合议庭。41份判决书中，有16个案件采取由人民陪审员和法官组成的7人合议庭，占39%，有25个案件采取3人合议庭，占61%。第三，刑事附带民事公益诉讼部分调解问题。在41份判决书中，有3份判决书显示刑事附带民事公益诉讼人与被告人就附带民事公益诉讼部分达成调解协议，占7.3%。

三、侵犯公民个人信息罪刑事附带民事公益诉讼制度的完善

1. 侵犯公民个人信息罪刑事附带民事公益诉讼提起的条件

从实践探索来看，侵犯公民个人信息罪刑事附带民事公益诉讼类似于食品药品安全领域公益诉讼，属于侵害众多公民合法权益，损害社会公共利益的行为，有提起公益诉讼的必要。立法趋势亦是如此。《中华人民共和国个人信息保护法（草案）》第六十六条就将“个人信息处理者违反本法规定处理个人信息，侵害众多个人的权益”作为提起公益诉讼的理由。尽管该法目前仍处于征求公众意见阶段，但不难看出，立法者希望在法律层面明确制定个人信息保护公益诉讼制度，改变公民个人信息遭受侵犯而个人基于时间或经济成本考量难以实现维权的现状。然而，只有不特定主体所享有的社会公共

利益所引发的纠纷才能纳入公益诉讼的客观范围,而在侵害众多公民合法权益的纠纷中未必一定存在侵害社会公共利益的行为。侵犯“不特定多数人”利益,并不必然侵犯公共利益。众益诉讼不能与公益诉讼画等号。

笔者认为,此类诉讼的提起需要解决两个重要问题:

一是侵犯“不特定多数人”的信息权益究竟损害何种公共利益。大数据时代,个人信息或数据不仅涉及公民个人权益,更体现着社会性、公共性的一面。当前,通信网络技术、人工智能技术的广泛应用,使得大规模个人信息不仅成为企业管理创新、社会治理的重要资源,也成为科技、文艺不断创新进步的要素。进入公共领域的个人信息或数据,如果仅因其与个人存在关联或具有识别性,就赋予公民对个人信息或数据的排他性控制权,就会有失法律正当性,甚至有悖于人类社会进步发展的制度基础。正是基于海量个人信息或数据对于社会经济文化发展重要性的认识,各个国家不约而同地将数据开放和流通作为推动大数据产业发展、促进经济转型的重要措施。数据成为经济发展、社会治理的关键要素,谁掌控了数据谁就掌握了生产力。反之,没有丰富的、处于公共领域的“原材料”,是不可能有创作和创新成果的。正因为这样,有学者指出,泛在于现代社会中的个人信息交织着社会性与公共性,带有明显的社会属性。因而,侵犯公民个人信息除了会使公民个人的人身和财产安全处于现实或潜在危险之中外,还会侵害承载在不特定社会主体个人信息之上的公共信息安全这一公共利益,如果保护不当,必将造成寒蝉效应,影响个人信息的供给和社会利用,掣肘经济发展、社会治理。

二是“不特定多数人”何时从“量变”过渡到“质变”。从实践案例来看,检察机关提起刑事附带民事公益诉讼的重要判断依据是侵犯公民个人信息的数量。不过,“不特定多数人”究竟数量多少,难以把握。鉴于实践把握公共利益的难度,当前,检察机关可参照最高人民法院、最高人民检察院《关于办理侵犯公民个人信息刑事案件适用法律若干问题的解释》中“对于非法采集、利用个人信息数量达到500条以上的行为”作为提起刑事附带民事公益诉讼的标准。但这只是权宜之计。最高人民检察院应在总结实践经验的基础上,借机发布指导案例,指引下级检察机关准确的识别、认定侵犯公民个人信息罪中的公共利益。

2. 诉讼请求的合理化

如上所述,此类诉讼中刑事附带民事公益诉讼人提起消除危险、赔偿损失、赔礼道歉等诉讼请求是具有合理性的。在实践中,消除危险和赔礼道歉两类诉讼请求几乎没有争议,但赔偿损失这一诉讼请求的提起和裁判仍是疑难问题。

第一,在41份判决中,并非所有案件都提起了赔偿损失诉讼请求,在提起该诉讼请求的21个案件中,几乎均以非法获利来确定赔偿损失额,但也有例外,例如,在马某某侵犯公民个人信息案中,刑事附带民事公益诉讼人请求被告人马某某支付赔偿金人民币40000元,法院认为,本案未能查实被告人马某某侵犯公民个人信息犯罪中的非法获利的具体数额,刑事附带民事公益诉讼人也未提交被告马某某损害公共利益的具体数额证据,综合全案事实,对该请求予以调整,责令被告人马某某支付赔偿金8000元更切合本案客观事实。在未请求赔偿损失的案件中,被告人也都有非法获利,且获利额度并不低。显然,实践中此类刑事附带民事公益诉讼是否提起损害赔偿,检察机关掌握的标准难以琢磨。笔者认为,此类案件检察机关既然提起刑事附带民事公益诉讼,表明被告人的行为已损害了公共利益,那么检察机关应请求赔偿损失为宜。

第二,赔偿损失与没收违法所得是否冲突。41份判决书中,绝大多数案件在判处没收违法所得的基础上判令被告人赔偿损失,但也有2个案件仅判令被告赔偿损失,而未没收违法所得。甚至在个别案件中,辩护人认为,赔偿损失应从被告人非法获利中支付,而不需另行赔偿损失。但法院认为,根据《中华人民共和国刑法》有关规定,被告人因犯罪所得应当予以追缴并没收,另根据《中华人民共和国侵权责任法》相关规定,侵权人造成他人财产损失的,应按照被侵权人因此受到的损失予以赔偿,故其辩护人该部分辩解意见,本院不予采纳。因此,赔偿损失是对被告人损害社会公共利益的救济,与没收违法所得性质不同,被告人因犯罪所得应当予以追缴并没收。

第三,是否请求惩罚性赔偿问题。惩罚性损害赔偿是指由法庭所做出的赔偿数额超出实际的损害数额的赔偿,其具有赔偿功能、制裁功能、遏制功能等多重功能。目前,其主要适用于消费领域公益诉讼。对于侵犯公民个人信息罪刑事附带民事公益诉讼,有实务部人士主张,由于此类案件涉及的受害人众多,信息一旦泄露具有不可逆性,损害结果难以量化,且个体受害人能证明的损害数额与侵权人因侵害行为的获利相比完全不成比例,使得传统损害赔偿制度几乎很难有效遏制侵害个人信息行为。而且赔偿损失、赔礼道歉等诉讼请求相比较为单一,被告负担相对较轻,难以弥补其所造成的公共利益损失。因此,应在此类案件中探索惩罚性赔偿制度,扩大损害赔偿范围。但笔者赞同,对于刑事附带民事公益诉讼,不宜提出惩罚性赔偿的观点。这是因为,立法将惩罚性赔偿的对象限定在特定范围(比如食品安全法中的消费者),不宜轻易将之扩大至检察机关。另外,因为在刑事部分,不仅没收了被告人的违法所得,而且会判处违法所得一倍以上五倍以下的罚金,如果再允许惩罚性赔偿,必将影响对被告人的改造。

3. 诉讼程序的规范化

对于程序性问题,应充分考虑刑事附带民事公益诉讼的特殊性。就诉前公告程序而言,应将履行作为原则,不履行作为例外。对于审判组织,刑事附带民事公益诉讼源于《两高解释》第二十条,从法教义学的角度，可以认为这属于《中华人民共和国刑事诉讼法》的法条，因此，可不要求采取 7 人合议庭，以避免可能导致法律问题与事实问题难以区分、沟通不畅，不利于刑事案件的处理。对于附带民事公益诉讼部分的调解问题，《两高解释》并没有明确对于检察机关提起的民事公益诉讼案件可以调解。刑事附带民事公益诉讼，由于涉及公共利益，一直有观点认为允许调解有擅自放弃公共利益之嫌，但《中华人民共和国刑事诉讼法》并未限制附带民事诉讼案件的调解范围，在刑事附带民事公益诉讼中，进行调解并不意味着放弃保护公共利益，而是要充分考虑被告人实际履行能力，适当地恢复公共利益。所以不应禁止检察机关的调解行为，而是对其进行适当的限制。

四、结语

信息化时代，公民个人信息的社会性和公共性凸显，侵犯公民个人信息犯罪不仅侵害了公民个人信息安全和合法权益，更为重要的是可能侵害承载在不特定社会主体个人信息之上的公共信息安全这一公共利益，如果保护不当，必将造成寒蝉效应，影响个人信息的供给和社会利用，掣肘经济发展、社会治理。在此社会背景下，探索、实践侵犯公民个人信息罪刑事附带民事公益诉讼具有鲜明的时代意义。未来检察机关要以《中华人民共和国个人信息保护法》的出台生效为契机，积极承担新时代赋予的责任，利用法律的赋权完善个人信息保护公益诉讼制度，科学审慎地启动程序，协调好参与各方关系，建立健全人才保障队伍，为个人信息的公益保护发挥好司法防线的作用。

参考文献

[1]范战平. 环境公益诉讼中“公益”的再审视[J]. 郑州大学学报(哲学社会科学版),2020(6):22.

[2]张宝,潘鸣航. 环境公益诉讼中“公益”的识别与认定——种

反向排除的视角[J].中南大学学报(社会科学版),2018(2):37.

[3]谢小剑.刑事附带民事公益诉讼:制度创新与实践突围——以 207 份裁判文书为样本[J].中国刑事法杂志,2019(5):102.

[4]孙传玺,崔雪.侵犯公民个人信息刑事附带民事公益诉讼案件难点破解[J].2020(7):67.

[5]王文华,李东方.构建个人信息保护公益诉讼制度[N].检察日报,2020-11-02(03).

[6]张卫平.民事公益诉讼原则的制度化及实施研究[J].清华法学,2013(4):9.

[7]高富平.个人信息保护:从个人控制到社会控制[J].法学研究,2018(3):95.

[8]袁泉,王思庆.个人信息分类保护制度及其体系研究[J].江西社会科学,2020(7):195.

[9]董储超.论风险社会视域下个人信息保护公益诉讼的优化进路[J].学术探索,2020(12):123.

[10]王利明.惩罚性赔偿研究[J].中国社会科学,2000(4):59.

[11]苏和生,沈定成.刑事附带民事公益诉讼的本质厘清、功能定位与障碍消除[J].学术探索,2020(9):81.

论我国商事留置权之牵连关系

孙学亮[①] 刘晓阳[②]

摘　要　《中华人民共和国民法典》第四百四十八条照搬了原《中华人民共和国物权法》第二百三十一条的相关规定,未对商事留置权牵连关系做出限制,难以回应理论研究与法律适用层面的巨大争议。未来在对商事留置权予以适用时,应根据司法实践的需求以及域外立法的经验,通过限制解释,确立商事留置权牵连关系为营业关系,并正面回应个别交易中商事留置权牵连关系的无因性立场。避免此项权利被滥用,以达到平衡各方商事主体利益之目的。

关键词　商事留置权　牵连关系　限制解释　营业关系

一、问题的提出

原《中华人民共和国物权法》(以下简称《物权法》)第二百三十一条[③]是留置权牵连关系的规范基础。该条在对民事留置权牵连关系做出一般规定后,以但书的方式对商事留置权牵连关系做出特别规制。这被视为商事留置权在我国法律条文中的首次明确体现。

---

① 孙学亮,天津商业法学法学院教授。硕士生导师。

② 刘晓阳,天津商业大学法学院硕士研究生。

③ 《物权法》第二百三十一条:“债权人留置的动产,应当与债权属于同一法律关系,但企业之间留置的除外。”

《中华人民共和国民法典》(以下简称《民法典》)第四百四十八条①基本照搬了原《物权法》第二百三十一条的内容,以不同的标准对两种留置权的牵连关系要件予以规定。民事留置权对牵连关系的要求较为严苛:债权的发生与动产的留置须隶属“同一法律关系”。商事留置权则不然,立法者考虑到我国商事往来活动的持续性及“民商合一”背景下国内商事法律制度发展的特殊性,采用了排除消极要件适用的立法技术,舍弃“同一法律关系”的限制,放松了对牵连关系的要求。但对于商事留置权牵连关系的特殊规定,究竟应严格按照无因性立场来理解,即任何法律关系均可认定为牵连关系呢,还是应当存在一个关于牵连关系的具体判定标准来稍加限制?现行立法仅排除消极要件的适用,而未正面回应商事领域内留置权牵连关系宽松至何种程度的问题,对司法实践造成巨大困惑。

案例 1:某链条制造有限公司(以下简称 J 公司)与某物贸有限公司(以下简称 C 公司)长期保持合作关系。两方曾因某次交易需要签署买卖合同一份,J 公司后违约拖欠 C 公司一笔款项,C 公司以使用为目的向 J 公司借用汽车一辆,后为催促 J 公司还款,以担保前项债权的实现为由留置了此汽车。J 公司要求 C 公司返还该汽车无果,遂诉至法院。法院审理认为,案涉双方均为企业,且 C 公司合法占有 J 公司的汽车,故判定 C 公司成立商事留置权。在商事留置权的成立要件中,因不要求产生到期债权的买卖合同关系与 C 公司合法占有汽车的借用关系满足属于“同一法律关系”的要求,故法院未支持 J 公司的诉求。

---

① 《中华人民共和国民法典》第四百四十八条:“债权人留置的动产,应当与债权属于同一法律关系,但是企业之间留置的除外。”

此案作为商事留置权之典型案例，反映出在商事往来中，债权人似乎只需合法占有债务人的动产，便能通过留置行为而行使商事留置权。牵连关系如此放松，使得留置物与所担保的债权不要求有任何法律关系，此举大大增加该权利被滥用的可能，阻碍商贸活动的正常进行，不利于企业间构建和谐、诚信的商事关系。

案例2：某工程机械制造有限公司（以下简称H公司）因业务发展需要，曾与某机械无锡有限公司（以下简称G公司）签订厂房租赁合同，其中约定："若H公司拖延支付租金超过1个月，G公司可解除合同，并享有留置H公司租赁物内财产并可将其拍卖用以抵偿欠款的权利。"后H公司在履约期间拖延支付租金超过一个月，G公司按约定行使留置权，H公司不满则提起诉讼。法院审理认为租赁合同的标的物为厂房，而非厂房内的财产，且双方就留置权牵连关系成立的约定与法律规定不符。虽然但书条款对商事留置权牵连关系予以特殊规定，但公司之间的房屋租赁行为并不属于商事行为。故法院认为G公司的留置行为缺乏法律的支持。

此案历经二审后又经某省高院再审，迟迟难以结案，原因在于各方对于商事留置权排除"同一法律关系"的适用产生困惑。即留置物是否应通过商事行为而取得？G公司、H公司既然均为企业，缘何双方之间的厂房租赁行为不能认定为商行为？此案排除适用商事留置权的判决有无合理性？另外，案例1中的买卖合同关系与借用关系可以认定成立商事留置权牵连关系，为何本案不能？

有鉴于此，本文认为《民法典》第四百四十八条规定得过于简略，导致理论层面对商事留置权牵连关系的解读莫衷一是，进一步加剧了法律适用层面的困惑。商事留置权的成立在牵连关系上一无所求，仅需要债权人合法占有债务人的动产是不可取的。但是，取得留置物的行为是否必须基于商事行为也有待进一步考证。故亟须对“不受同一法律关系”进行限制解释,进而确立商事留置权牵连性规则,以完善商事留置权制度,并指导司法实践的有效开展。

二、关于牵连关系的一般理论

立法者设立留置权的目的在于实现担保债权。债务人因债权人合法占有并留置其动产的行为而产生心理压力,这种不及时清偿债务便将丧失留置物的压力迫使债务人积极履行义务。但若留置权的门槛设立过低,债权人便可以担保其债权实现为由任意留置债务人的动产,不仅有过度维护债权人之嫌,也不利于保障债务人权益。各国权衡利弊之后以立法的形式做出规定,明确要求留置物与债权间要满足一定的牵连性要求。关于留置权牵连关系的理论主要有两种:单一标准说与两项标准说。

(一)单一标准说

单一标准说的核心是以“统一的单一标准”来判断牵连关系存在与否。该学说对“统一的单一标准”又有四种不同的理解:1. 留置的标的物是债权发生的多个原因之一,甚至是唯一原因。2. 留置的标的物是债权发生的一种法律事实。3. 债权之发生与标的物的留置间具有相当程度上的因果关系,且此时社会一般观念认为留置权应当存在。4. 因某种经济关系致使债权发生以及标的物被留置,此时社会一般观念认为债务人在没有履行自身到期债务前转而要求债权人返还标的物的行为缺乏恰当性。

因第 1 种与第 2 种观点实质上相近,学界将二者统称为直接原因说。但其限制过多,要求在标的物构成所担保债权的一项法律事实或者原因时,才认可牵连关系的存在。第 3 种观点被称为相当因果说,第 4 种观点被称之为社会标准说,这两种观点中“一般社会观念”“相当因果关系”的表达较为抽象,很难通过量化的标准予以把握。鉴于此,多数学者逐渐摒弃单一标准说。

（二）两项标准说

两项标准说认为，当标的物的留置与债权的发生存有“间接原因关系”时，便认为两者间有牵连关系。此学说内部对“间接原因关系”也有不同的看法：1. 标的物的留置和债权的发生要基于同一交易关系。2. 同一原因导致标的物之占有取得与债权的发生。3. 债权间接因物之关系而生。4. 被担保的债权由于该标的物本身而发生，或是与该标的物的返还请求权源于同一生活或法律关系。5. 留置的标的物直接或间接导致债权发生。

第 1 种、第 2 种观点太过宽泛，被担保的债权只要与留置的标的物基于同一原因、目的或关系时，牵连关系就可存在。第 3 种、第 5 种观点较模糊，司法实践中难以有效判断。相比之下，第 4 种观点在界定牵连关系之范围时较为恰当，被学界多数学者接受，现已为通说。在第 4 种观点内部又有三种相异的理解。第一种为动产的返还与债权的发生须基于同一事实关系。即债权人与债务人之间没有法律关系，仅存在事实关系。第二种是动产的返还义务与债权的发生须基于同一法律关系。第三种为债权因标的物本身而产生，此种债权主要有两种：一为对标的物支出费用的返还请求权，二为对标的物造成损害的赔偿请求权。

三、商事留置权中的牵连关系

牵连关系是构筑留置权大厦的基石，深刻影响着此项权利可以在哪种范围的占有物上行使。考虑到在商事活动中交易双方往往长期合作，互负债务，结算时常采用“往来账”的方式，导致债权难以与债务一一对应，因此立法者在规定商事留置权的牵连关系时，采取了更宽松的要求。民事往来活动的频次要比商事活动低得多，民事留置权建立在公平原则的基础之上，看重债权与标的物的个别关联性；而商事留置权则更多从效率原则出发，着重强调商事活动的高效，故所担保的债权与留置的动产仅具有一般关联即可。

(一)交互计算与商事留置权牵连关系的放松

商事留置权旨在构建商事主体间的利益平衡关系。实践中,商事主体往往参与频繁的商事交易。此类交易行为不同于民事活动的突出之处在于不具有偶然性和及时结清的特征。在此过程中产生的债权与债务更多凸显了相对复杂和难以厘清的特质。由于商事主体间进行的商贸往来具有持续与频繁的特性,商事主体对交易相对方的资信状况往往有着清晰的了解,考虑到一段时间内同类交易行为的频发性,为节约因付款产生的时间成本,商事主体便在交易中约定一个时间段。在结束之时,对在该时间段内产生的众多债权、债务统一结算。此种异于民事往来结算模式的计算方式被称为交互计算。我国法律尽管并未涉及此结算制度,但是域外法律的规定早已成熟。《日本商法典》第 529 条、《德国商法典》第 355 条都对交互计算进行了规定。上述立法的共通之处在于,商事活动的双方在事先约定的时间段内,通过不转移标的物而仅以买卖产生差额记入借、贷双方项目的方式进行计算。因为交易活动而产生的整体债权债务在期末一次性结算清楚,所以不强调单次商事交易中产生的债权、债务关系之独立性。

交互计算将商事主体间的债权债务关系简易化,有效降低回款风险,大大节省因付款而产生的时间成本。交互计算便成为商事留置权牵连关系放松的一个重要原因。商事活动的双方主体享有对对方的请求权集合体。即债务人享有对债权人的若干项债务而形成的整体债务请求权集合体;债权人享有对债务人的若干项债权而形成的整体债权请求权集合体。从全局视角出发,因动态交易而生的这两项请求权集合体,根本上反映出留置权与债权之间的关联性。在交互计算的模式下,因为彼此交互的债权债务不论发生时间的先后都可看作同一时间发生。在商事留置中,债权人可以凭债权集合体内的任意一项债权作为留置权行使的权利基础,进而留置在交易活动中合法占有的债务人的任一动产,不强调他们之间的个别关联性。

（二）域外立法对于商事留置权牵连关系的规定

与民事留置权相比，商事留置权的特殊性在于对牵连关系要求的放松。这种放松从各国立法对商事留置权牵连关系的拟制或放弃而得以体现。

牵连关系的拟制是指一国法律事先规定牵连关系成立的条件，当条件成就时便可认定牵连关系的存在。

牵连关系的放弃是指法律没有明确排除牵连关系适用的具体场合，也未就牵连关系成立的要件做出事先规定。德国、日本及瑞士主要采用了该种方式。《日本民法典》第295条明确列出占有人占有他人之物，并就该物产生债权之时，其可以留置该物直至债权完全得到清偿。而《日本商法典》第521条①则仅要求，商人可以留置"因商行为而归自己占有的债务人的所有物或者有价证券"。商事留置权的成立并非像民事留置权一样，严格限定"因该商行为"而占有的他人物，只要满足"因商行为"的要件便可成就。与日本类似，《德国民法典》第273条第1款规定了民事留置权成立的要件，尽管该留置权并不具有物权属性，但亦严格要求"同一法律关系"的限制性条件。《德国商法典》选择对商事留置权之牵连关系予以放弃，只要求"以债务人的意思依商行为已经为自己所占有的债务人的动产和有价证券"②，不对债权与留置物之间的牵连性作其他限制。与"民商分立"

---

① 《日本商法典》第521条："商人之间因双方的商行为而产生的债权到期时，债权人未受清偿前，可以留置因商行为而归自己占有的债务人的所有物或有价证券。但是，有另外意思表示时，不在此限。"参见王书江、殷建平：《日本商法典》，中国法制出版社2000年版，第156页。

② 《德国商法典》第369条第1款："一个商人因自己对另外一个商人由二人之间所订立的双方商行为所享有的届期债权，对以债务人的意思依商行为已经为自己所占有的债务人的动产和有价证券，以其尚占有这些物品为限，特别是可以借助于海运提单、提单或者仓单对此进行处分为限，享有留置权。即使标的物的所有权已经由债务人移转于债权人，或者已经由心一个第三人为债务人转移给了债权人，但应当被返还转移给债务人的，此项留置权仍然成立。"参见杜景林、卢谌译《德国商法典》，法律出版社2010年版，第217页。

的日本、德国采取截然相反立法模式的瑞士在其《瑞士民法典》第895 条第 2 款也明确表示,商事留置权与民事留置权相比,对于留置物与债权间的关联性予以排除适用。①

不论是对商事留置权牵连关系进行拟制还是放弃,都在相当程度上反映出上述国家对商事留置权牵连关系的豁免。但此种豁免仍然须满足“商人间”“商行为”或“营业关系”的限制。

四、我国商事留置权牵连关系规定的不足

商事留置权牵连关系的放松降低了交易风险,促进了经贸发展。但《民法典》第四百四十八条仅以但书的十一个字来予以规定,简略的条文表述存在许多不足,引发理论与实践的诸多困扰。

(一)牵连关系的放松缺乏明确的范围限制

留置权的显著优势在于其优先受偿性,此种特质实际上牺牲了普通债权人的利益,并冲击了债权平等原则的基本要求。立法者为平衡各方利益,对民事留置权牵连关系做出“同一法律关系”的要求。在商事领域中,立法者为平衡企业间持续性交往中的整体利益,在商事留置权牵连关系上引入无因性理论,不要求留置物与所担保的债权间具有任何法律关系。但现行法律对牵连关系的放松程度缺乏明确的范围限制,优先受偿的特质有可能导致普通债权人的利益受到进一步侵蚀,对债务人与第三人之间的交易安全构成极大地挑战(如前述案例 1 所反映),债权人一般仅通过只合法占有债务人的动产便可行使商事留置权,进而达到清偿其到期债权之目的。试想如此放松的牵连关系,商事留置权恐难不被滥用。

(二)个别交易中牵连关系无因性值得商榷

商事留置权迫切挣脱“同一法律关系”限制的原因在于频繁商业

---

① 《瑞士民法典》第 895 条第 2 款“商人之间,因他们之间的交易关系而取得物的占有和债权,则认为存在前款之实质性关联”。参见于海涌、赵希璇译《瑞士民法典》,法律出版社 2016 年版,第 310 页。

往来中证明债权债务间一一对应的难度较大。特别因交互计算的采用,商事活动双方因交易所生之债权、债务的独立性消失。逐一证明每项债权与对应债务间的法律关系,不仅会花费大量时间,而且在操作上也不易实现。何况并非所有的商事交易均具有连续、频繁的特点,现实商事往来中存在法律关系较为简单的个别商事交易。由此种交易所生的债权、债务彼此独立,法律关系清楚明晰,举证证明留置物与债权间具有牵连关系的难度较低。如果将所有商事留置权的牵连关系要件都以无因性立场来要求,消除对其法律关系的限制,会导致债权人进一步争夺债务人的动产。不仅有过度保护债权人利益之嫌,而且极易损害债务人与第三方他笔交易的安全。从保护整体交易安全的角度出发,因简单、个别交易活动中的牵连关系简单采用无因性立场的观点有待商榷。

五、完善我国商事留置权牵连关系的建议

理论上的分歧使我国的商事留置权在司法适用方面频频陷入困境。较德国、日本等国家而言,由于没有独立的商事法典,商事法律规范缺乏统领性规范。尤其是涉及商事留置权时,仅有《民法典》第四百四十八条之但书的笼统概括。为保证当事人恰当地适用商事留置权,明确商事留置权的牵连关系就显得十分必要。

(一)对商事留置权牵连关系进行限制性解释

为提高交易效率、强化商业信用,比较法上对于商事留置权的规定普遍缓和了债权的发生与动产的留置之间的牵连性的要求,但此种缓和并非放弃限制、一无所求。即留置物与债权间须满足最低限度的要求——债权的产生与留置的动产须基于商人间的商行为或是营业关系。此种对牵连关系要件的放松,是现行立法基于交互计算而做出的让步。与域外立法相比,我国在此问题上仅从消极角度排除“同一法律关系”限制。但是,牵连关系的无因性立场容易给人造成商事留置权“无下限”的刻板印象。现行立法既

然存在不足,自然应予完善。从域外法的经验来看,需要对商事留置权牵连关系的无因性进行限制。德国、日本、瑞士有比较成熟的商事法律规范,特别是在商人、商行为的概念以及体系上有着相对成熟的理论。因此这些国家在立法中均采用商人、商行为与营业关系的表述,以此对牵连关系施以必要条件。如前所述,我国商事法律规范发展较缓,相应概念的配置更是严重不足。由于商人、商行为的概念本就缺位,我国在立法中若采用此类概念,不但会进一步加剧司法实践的困扰,而且也无法解决既存的问题。鉴于营业关系与商行为在实质上区分较少、共通之处较多,实际含义基本一致。加之我国在现行关于商事主体、商事行为法律中多使用“营业”的概念,因此在研究在商事留置权牵连关系时,不妨适当参照我国现行立法中关于规制营业行为的相关规定。通过限制解释的方法,将其明确限定为营业关系。增设这种限制的目的在于,防止商人假借行使商事留置权而为营业关系以外产生的债权提供担保,损害债务人甚至第三人的利益。

(二)正面回应个别交易中牵连关系的无因性

在商事留置权牵连关系上,现行立法采取无因性立场的原因在于商事活动的复杂与交互计算的应用。但是除持续与频发的商事交易外,也存有简单、个别的商事交易。而且,绝大多数国家也都认可个别商事交易活动中留置权存在的必要性与合理性。基于简单的单项商事交易所生之债权、债务之间彼此独立,明晰的法律关系并未增加此时商事结算的难度。在此类简单的个别商事交易中,也不存在交互计算下债权、债务丧失独立性的问题。此时,商事留置权的行使是否仍应不做任何要求?留置权与其他担保物权相比,已构成对债权平等原则的挑战。而商事留置权在牵连关系上的缓和进一步扩大了其适用的范围,随之而来的滥用风险陡然增加。如果在单笔简单交易中,仍采用牵连关系无因性,有加剧商事留置权被滥用的趋势。

仅维护某笔商事交易之安全,大大增加他笔交易中的不安定因素,甚至动摇商事留置权存在之根本,进而阻碍交易发展。但《民法典》仅以但书的简略表述恐难有效回应该问题。因此,立法者应考虑到个别交易中并未涉及交互计算问题以及由此产生的债权债务错综复杂的特质,排除此类型交易中商事留置权牵连关系的无因性立场,坚持被担保的债权与留置的动产之间的"有因性"。

六、结语

在商事留置权牵连关系上,《民法典》继受原《物权法》的无因性立场,认为标的物与债权之发生应突破"同一法律关系"的严格限定。但牵连关系的放松缺乏相应的限制,导致司法适用出现难题。本文认为应在保持现行立法稳定性的前提下,借鉴域外立法的经验,结合我国现行法律的规定,通过限制解释的方法把商事留置权牵连关系明确界定为营业关系,并正面回应个别交易中牵连关系的无因性问题,以缓和债权人与债务人之间的利益冲突,以促进商事活动的持续、健康发展。

参考文献

[1]参见江苏省南京市中级人民法院(2017)苏01民终9181号民事判决书。

[2]刘灿.民法典时代的商事留置权完善路径[J].河北法学,2020,38(08):175-187.

[3]参见无锡市滨湖区人民法院(2014)锡滨开民初字第00183号民事判决书。

[4]魏冉.我国商事留置权的制度实践与完善进路[J].江淮论坛,2019(03):120-127.

[5]李赛敏.论商事留置权——兼评《物权法》第231条[J].商事法论集,2008:212-232.

[6]谢在全. 民法物权论[M]. 北京:中国政法大学出版社. 1999:860 - 861.

[7]梁慧星,陈华彬. 物权法[M]. 北京:法律出版社,2007:373.

[8]王保树. 商法总论[M]. 北京:清华大学出版社,2007:251.

[9]赵申豪. 不足与完善:评我国商事留置权制度[J]. 求实,2015(07):78 - 85.

[10]熊丙万. 论商事留置权[J]. 法学家,2011(4):93 - 109.

[11]刘凯湘. 比较法视角下的商事留置权制度[J]. 暨南学报(哲学社会科学版),2015(8):7 - 16.

[12]曹兴权,胡永龙. 民法典编纂背景下商事留置权牵连关系的重构[J]. 西南政法大学学报,2018,v. 20;No. 117:85 - 93.

[13]孙鹏. 完善我国留置权制度的建议[J]. 现代法学,2017,v. 39;No. 214:35 - 48.

非国有不可移动文物所有权人权利的行使

吕姝洁[①] 李雪彤[②]

摘 要 文物的依法保护是文物法治事业的重要内容,非国有不可移动文物因其特殊性,在文物保护中,涉及所有权人财产权的保护与文物保护两个方面的问题。所有权人在行使所有权的各项权能时,必定要受到法律的限制。限制是为了保护文物,保障公民的文化权利。所有权人的所有权与公民的文化权利需要依法合理平衡,使各方权利都能得到合法、合理的保护。此外,不动产所有权人的财产权会因法律的规定而被征收,但文物不同于其他不动产,征收文物的条件应当严于征收普通不动产,以更好地保护文物。

关键词 非国有不可移动文物 公共利益 所有权的社会义务

导 言

随着社会的发展,当人们的物质财产得到满足后,必然开始关注精神文明。19 世纪末 20 世纪初,随着关于近代博物馆和考古学

---

① 吕姝洁,天津商业大学法学院讲师,研究方向为民商法。
② 李雪彤,天津商业大学法学院,硕士研究生在读。

的相关理论在中国的传播,人们的文物观念也发生了相应的转变。文物逐渐被视为文化的载体、人类社会历史发展重要的实物见证。当公民文化权利的需求增加时,国家应当保障公民文化权利的实现,加强文物的保护。其中,非国有不可移动文物是我国文化遗产资源的重要组成部分,关于其利用与保护是我国文物保护中非常重要的工作。但非国有不可移动文物所有权人权利的行使与公民文化权利的行使之间,存在一定的冲突,需要平衡个人利益与公共利益之间的关系。

一方面,根据所有权受限理论,从文物保护、公民文化权利保障、个人所有权保护的角度,分析非国有不可移动文物所有权人权利受限的合理性。另一方面,党的十八大以来,提出法律是治国理政最重要的规矩。在文物保护中,更应当"用法律的方式严格保护文物物理形态和人文环境、信息免遭破坏"①。根据《中华人民共和国宪法》《中华人民共和国物权法》及《中华人民共和国文物保护法》(以下简称《宪法》《物权法》《文物保护法》)的相关规定,分析非国有不可移动文物所有权人权利受限的具体情形及实践中遇到的问题。

一、所有权受限的合理性与合法性

所有权是最完全最典型的物权,但所有权的绝对性不是说所有人可以不受限制地行使权利。在罗马法上就有关于所有权的限制,主要体现在以下几个方面:一是因相邻利益而进行的限制,二是因公共或社会利益而进行的限制;三是因宗教方面的利益而进行的限制;四是因人道主义和道德方面进行的限制;五是因其他原因而进行的限制。近代资本主义生产关系萌芽后,新兴资产阶级提出了私有财产神圣不可侵犯,财产权获得了至上的地位,所有权人可以任意支配

---

① 隋笑飞、吴晶晶、周玮等:《留信历史根脉传承中华文明——习近平总书记关心文物保护工作纪实》,《人民日报》2015 年 1 月 10 日,第 1 版。

和行使权利。在自由主义和放任主义思想的指导下，所有权人可以完全按照自己的意愿行事，但这种社会运行方式逐渐出现了诸多弊端。19 世纪末，出现了所有权社会化的思潮，认为个人行使所有权，必须符合社会公共利益。

这一思潮，先后在德国、法国等国家兴起与发展。早期社会所有权的代表人物中，拉德布鲁赫提出，不应当从个人主义利益角度分析所有权，应当兼顾社会公共福利，综合分析所有权。耶林认为，所有权不仅应当体现个人利益，也应当体现社会利益。受德国影响，法国主张所有权应予以“社会化”，狄骥认为，所有权不是一种权利，人在社会中，只有依社会利益而行为的义务。狄骥更在《论拿破仑法典以后的私法的变迁》一书中，提出了“权利否定说”，从根本上否认所有权作为一种权利。所有权社会化论者的观点主要体现在以下几个方面：一是所有权的行使的目的，应为个人利益和社会公共利益；二是所有权本身包含义务的成分，“所有权负有义务，于其行使应同时有益于公共利益”。三是所有权的行使，不得损害他人利益。受当时所有权社会论者的影响，德法两国在其立法中，也开始确立社会的所有权制度。

关注所有权社会属性的初衷是好的，但社会所有权理论越来越强调个人主义的所有权有害公益，夸大所有权的社会属性。这一趋势并不利于保护私有所有权，也不利于激发人们创造物质财富的动力。部分学者开始倡导个人与社会调和的所有权，以替代社会所有权思想。我国学者也多认为，所有权的立法思想应当体现个人利益与社会公共利益的协调发展。在具体限制方面，王利明提出应当受到三方面的限制：一是必须符合国家法律和社会公共利益；二是必须尊重社会公德；三是不得损害他人的合法权益。当然也有学者认为，所有权受到限制的理论，无论在理论上还是实践中都站不住脚。首先，所有权承担义务的说法在法理上说不通，权利是权利，义务是义务。其次，如果所有权本身包括义务的话，那么现行的权利理论是行不通的,可能会导致整个法学体系的逻辑矛盾。

我国在制定《物权法》时,采用了所有权应当受到限制的观点。《物权法》第七条规定:“物权的取得和行使,应当遵守法律,尊重社会公德,不得损害公共利益和他人合法权益。”非国有不可移动文物,其所有权人行使权利时,必然也要遵守法律,不违背社会公序良俗,不损害社会公共利益等。就非国有不可移动文物而言,其权利人权利受到限制,必定是因公共利益保护的需要。此外,因为非国有不可移动文物受到法律的保护,对权利人的限制,也是为了更好地保护所有权人的利益。

(一)保护公民文化权利的需要

非国有不可移动文物的所有权,是个人对文物的支配权,这种权利包括占有、使用、收益和处分等诸项权能。文物作为一种人文资源,是人类的文化积淀和文化创造,具有稀缺性和不可再生性,是全人类的共同文化遗产,人类享有对文物发展和传承的权利。非国有不可移动文物,作为物权法上的物,同时又是“文物”,其所有权人的权利行使必然即受到《物权法》的保护与限制,也受到《宪法》《文物保护法》等相关法律对所有权行使的限制。虽然所有权由个人行使,是不可变更的基础,但个人行使所有权必须符合社会公共利益,这是对所有权绝对性原则的修正。现代国家的一项重要权能,便是保护社会的公共利益。当个人所有权与公民文化权需要平衡时,应当论证对个人权利进行限制的公民文化权利是否具有保护的必要性。

首先,文物保护就是文化保护,是对本民族文化的保护,旨在实现社会公共利益。文物本身体现着一个民族的文化,是学习了解本民族文化的重要途径,同时“借助文物保护,保存文化,激励民族精神”。通过文物保护的实践活动,能促进公众对文物和文物所承载的文化的了解。在依法保护文物的大背景下,为实现社会公共利益的文物保护,就是将公共利益的范围规定在法律的框架之内。根据公共利益保护之基本要求，有关公共利益的保护在理论和程序上应当“有助于识别相关立法的政策内容、有效且经济地关联该内容与已确立之适用者所面对的选择”。公民通过参观文物获取相关的知识，应当是公民文化权利的重要内容，而国家则有义务保护公民这一权利的实现。

其次，公民的文化权利是《宪法》明确规定予以保护的权利。文物“就是那个曾经存在的时代的真实组成部分，是那个时代的真实组成部分，是那个时代的遗物与延伸”。公民需要从文物中获取知识，以丰富自己的文化生活。当社会物质生活丰富后，公民对文化生活的需求也日益增加。而在公民权利意识崛起后，其对文化权利的行使及保护也提出了权利要求。在我国，公民的文化权利是法律明确规定的，国家有保护公民文化权利的义务。根据《宪法》第十九条的规定：“国家发展社会主义的教育事业，提高全国人民的科学文化水平。”《宪法》第四十七条规定：“中华人民共和国公民有进行科学研究、文学艺术创作和其他文化活动的自由。”公民享有对文物进行科学研究的权利，文化生活参与的权利。国家应当依法保护公民的文化权利。

（二）有利于所有权人利益的保护

根据《文物保护法》的规定，非国有不可移动文物由所有权人负责修缮，当非国有不可移动文物出现损毁的危险，而所有权人又不具备修缮能力的，当地政府应该给予帮助。① 文物所有权人有依法保护文物的义务，国家亦有依法保护文物的义务。② 所有权人是非国有不可移动文物保护的首要责任主体，但所有权人出于经济利益等各种

---

① 《中华人民共和国文物保护法》第二十一条规定：“非国有不可移动文物由所有人负责修缮、保养。非国有不可移动文物有损毁危险，所有人不具备修缮能力的，当地人民政府应当给予帮助；所有人具备修缮能力而拒不依法履行修缮义务的，县级以上人民政府可以给予抢救修缮，所需费用由所有人负担。”

② 《中华人民共和国文物保护法》第七条规定：“一切机关、组织和个人都有依法保护文物的义务。”

因素的考量,很有可能不愿意修缮,虽然从社会效益来说,保护文物功不可没,但很多所有权人认为其投入与其所得的“实惠”不对称。此时国家基于社会公共管理的职能,应当承担保护的义务,给予帮助。文物所承载的文化内容,会随文物的消失而灭失。国家基于对公民文化权利的保障,在所有权人没有能力或不愿保护的前提下,应当主动承担该项义务。无论是国家给予奖励还是补偿,都鉴于限制了所有权人权利的行使,应当以有利于所有权人利益的保护为宗旨。

一方面,为实现文物的价值,保障公民的文化权利。就实现文物价值而言,因文物本身的特性,其需要受到一定的技术保护。非国有不可移动文物的所有权人,通常不具备专业的知识,国家具备从专业方面提出保护建议的能力,文物能得到全面、合理的保护。当所有权人无力保护时,国家的介入能避免文物的损毁。就保障公民文化权利而言,《宪法》规定公民享有文化权利,并明确国家应当保护公民参与文化活动的权利,保护名胜古迹、珍贵文物和其他重要历史文化遗产。① 公民文化权利的“主要实现方式是以国家和政府承担特定的保障基本权利实现的义务为前提,没有政府在实现文化权利方面的积极或者是消极的作为或不作为义务,公民文化权利无从实现,文化权利的‘基本性’也无法体现”。公民的文化权利,是公民重要的法律利益。限制所有权人权利的行使,目的在于保障公民的文化权利。

另一方面,当国家介入非国有不可移动文物的保护时,因所有权人的权利受到一定的限制,国家需要对所有权人进行一定的补偿②

---

① 《中华人民共和国宪法》第二十二条规定:国家发展为人民服务、为社会主义服务的文学艺术事业、新闻广播电视事业、出版发行事业、图书馆博物馆文化馆和其他文化事业,开展群众性的文化活动。

② 参考张舜玺:《习近平文物事业法治思想研究》,《中国法学》2017 年第 4 期。“一旦遭受的财产损失超出了财产权社会义务容忍的限度,国家和社会对此应当给予产权人合理的补偿。”

或奖励①。如果个人的所有权不受到限制,个人会出于经济利益等,随意处置文物,不利于文物保护。国家的介入本身就是对所有权的限制,但只要能给予所有权人合理的补偿,这一限制未必造成所有权人利益的损失。以限制是作为保护文物的出发点,可以防止个人权利滥用,也能更好地保障个人的利益。基于保护的限制,客观上对限制性规定的合理性、合法性提出了要求。通常来讲,基于保护的限制性条件应当具备以下几个方面的条件:一是根据法律的规定限制所有权人权利的行使。对所有权的限制是因保障公民文化权利的需要,前者是对私有财产权的尊重,后者是社会公共利益的体现。只有依据法律的规定,才能限制私有财产权。任何行政法规、地方性规章等都不能限制私有财产权的行使。② 二是所有权的绝对性受到限制,所有权人让渡了一些权利,应当享有比原来更大的利益。③ 非国有不可移动文物的所有者如因响应政府的文物保护的要求,做出了贡献或者牺牲,申请政府做出一定的补偿是合情合理的。常见的补偿措施有政策优惠,荣誉奖励,经营与税收的减免,遗产税减免等。补偿或奖励不能低于所有权人受到的损失,甚至出于对所有权人的鼓励,应当适当地高于所有权人的损失。"文物具有公共文化属性,但其所具有的财产价值也应当慎重考虑。"而这种补偿或奖励实现了双赢的结果,所有权人的财产权益得到保护,国家也保障了公民的文

---

① 当所有权人积极参与文物保护时,国家应当给予其一定的奖励。

② 在计划经济体制下的私有财产权利受歧视,其特点表现为大多数财产权利屈服于政府的行政权力,不能得到充分的保护。因各种民事权利主体的区别,不同主体的民事权利被赋予不平等的地位。《民法总则》制定后,明确了私有财产权的不可侵犯性。孙宪忠著:《论物权法》,法律出版社 2001 年版,第 250 – 251 页。

③ 阿奎那在其著作中也提到,"人们只应当在有利于公共幸福的情况下把有形的东西保留下来作为他们自己的东西,各人都愿意在必要时同别人共享那些东西"。[意]托马斯·阿奎那:《阿奎那政治著作选》,马清槐译,商务印书馆 1982 年版,第 142 页。"人们只应当在有利于公共幸福的情况下把有形的东西保留下来作为他们自己的东西,各人都愿意在必要时同别人共享那些东西。"

化权利。

二、所有权行使受到限制的具体情形

非国有不可移动文物的所有权兼具个人性和社会性,文物的价值、利益的多元化与权属的确定性之间难免会存在冲突。非国有不可移动文物本质上是私有物,对所有权进行限制解决的是公共需要,满足的是公共利益,并不是说文物归社会共同体的全体成员所有。其所遵循的是"所有权的社会义务"原则①。根据所有权社会义务原则,各国在立法上也进行了相应的调整,与其保持一致。如德国的"情势限制性"理论②,该理论要求不动产所有权人应当基于社会正义和公众的利益,享有所有权或者行使所有权。我国《宪法》第五十一条也规定:"中华人民共和国公民在行使自由和权利的时候,不得损害国家的、社会的、集体的利益和其他公民的合法的自由和权利。"

当今社会所有权的行使必定受到限制,非国有不可移动文物所有权人行使权利时,因文物的特殊性,也必定承担附加在文物上的社会公共利益所带来的限制。具体在文物所有权人权利的行使上,一是滥用所有权破坏文物应当受到限制,二是因为公共利益所有权的行使受到限制。所有权的权能包括占有、使用、收益和处分。非国有不可移动文物的占有是所有权人在事实上直接控制自己的财产,严格禁止他人的妨碍和侵害。占有财产是为了对财产有效的利用或从中获得经济上的利益,即所有权的使用权能。收益权能是为了在物

---

① 《德国基本法》第 14 条第 2 款规定:"所有权承担义务。它的行使应当同时为公共利益服务。"该条文中"所有权承担义务"一句,已经成为当代世界法学名言。

② Baur/Stuerner, Lehrbuch des Sachenrechts, Verlag C. H. Beck 1992, Seite236 – 237. 转引自孙宪忠著:《论物权法》,法律出版社 2001 年版,第 358 页。每一块不动产都和它的位置、状况、地理环境、风景、大自然等因素、也就是它的"情势"紧密联系在一起。因此不动产的所有权人在行使其权利时,必须考虑这些情势,必须遵守因"情势限制性"而产生的社会性义务,并只能在其特定情势下从土地取得收益和处分。

之上获得某种经济利益,而处分权能就是所有人对其动产或不动产进行消费和转让的权利。非国有不可移动文物的所有权人,因所有权受到限制,具体体现为其在行使占有、使用、收益和处分的权能时受到的私法和公法上的限制。

(一)私法上的限制

在私法上,对非国有不可移动文物所有权行使的限制性规定,主要体现在《物权法》中。《物权法》第七条规定了限制所有权行使的总原则,所有权的行使不能违背社会公德、公共利益和他人合法权益。在民法的私权神圣原则之下,具体体现为所有权人在行使权利的过程中,"权利不得滥用"且不得违背"公序良俗"。从大陆法系民法的立法来看,对所有权的限制主要体现在以下几个方面:一是对土地所有权的客体范围和效力范围的限制;二是相邻关系的限制;三是对所有权行使方式的限制;四是所有权负担上的限制。

非国有不可移动文物的所有权人;一方面,其所有权行使方式应当受到限制,如应当根据诚实信用原则行使权利。而且基于其标的的特殊性,行使方式受到的限制必然多于一般不动产所有权;另一方面,所有权负担上的限制。在非国有不可移动文物上设立他物权时,不得违反法律的规则。①

首先,非国有不可移动文物所有权人不得滥用权力。所有权人依法对文物可以占有、使用、收益和处分,但所有权人在占有文物期间,不能改变文物的原状,更不得损毁、改建、添建或拆除不可移动文

---

① 梁慧星在《中国物权法研究》一书中,所有权在行使的过程中,受到的私法上的限制,主要是权利不得滥用、依诚实信用原则行使权利、自卫行为和其他限制。

物。①《文物保护法》明确规定,除法律禁止转让的文物外,其他文物可以依法转让。② 非国有不可移动文物所有权人,可以依法转让文物。从法律的角度来讲,只要所有权人是依法转让,就应当保障所有权人权利的行使。此时,行政上的过多限制,反而不利于文物的保护。当文物所有权人无力保护文物或因经济原因需转让的,其他主体可以通过合法的转让程序参与到文物的保护中去,真正实现所有权人所有权与公民文化权利的共同保障。在国家参与到不可移动文物修缮时,则不能简单地保护所有权人的权利,应当先区分国家是奖励所有权人的保护,还是出资修缮了文物。如国家曾对所有权人保护文物的行为进行过奖励,那么所有权人依法转让文物时,不应当限制其转让的权利。如果国家曾出资修缮过文物,所有权人转让文物时,应当先经国家的同意。国家因出资修缮,对文物享有一定的权益,这一权益因代表的是公民的文化权利,在限制所有权人转让上是合理的。

其次,非国有不可移动文物所有权人设立他物权时,不得违反相关法律法规的规定。所有权人通过创设限制物权的方式来行使所有权,对不动产所有权人具有特别重要的意义。"所谓不动产限制物权,即以他人的不动产或为占有、使用和收益以求得不动产的使用价值,或为法律处分以求得不动产的价值的权利的总称。"《文物保护法》规定,非国有不可移动文物不得抵押给外国人,对非国有不可移

---

① 《中华人民共和国文物保护法》第二十六条:"使用不可移动文物,必须遵守不改变文物原状的原则,负责保护建筑物及其附属文物的安全,不得损毁、改建、添建或者拆除不可移动文物。对危害文物保护单位安全、破坏文物保护单位历史风貌的建筑物、构筑物,当地人民政府应当及时调查处理,必要时,对该建筑物、构筑物予以拆迁。"

② 《中华人民共和国文物保护法》第五十一条:"公民、法人和其他组织不得买卖下列文物:(一)国有文物,但是国家允许的除外;(二)非国有馆藏珍贵文物;(三)国有不可移动文物中的壁画、雕塑、建筑构件等,但是依法拆除的国有不可移动文物中的壁画、雕塑、建筑构件等不属于本法第二十条第四款规定的应由文物收藏单位收藏的除外;(四)来源不符合本法第五十条规定的文物。"

动文物设定担保物权进行了限制性规定。在不动产上设定担保物权，一旦债务人无力偿还债务时，担保人可以变卖标的物优先受偿。如果允许非国有不可移动文物可以抵押给外国人，等于变相允许非国有不可移动文物可以转让给外国人，是对保障我国公民文化权利的严重破坏。当然，即使是依法抵押给中国人的，也应当向有关部门备案，以保障文物保护工作的顺利开展。

（二）公法上的限制

在公法上，我国针对所有权进行限制的规定比较多，对人们的所有权构成事实上的约束。各国也多以行政立法限制所有权，如德国1919年《魏玛宪法》第153条第3款规定："所有权负有义务，财产权的行使要以公共福祉为目的。"公法上的限制，主要体现在行政法上限制。但行政法上的限制，容易陷入"重管制轻保护"的境地，导致所有权人的保障较小。在非国有不可移动文物所有权限制问题上，公法上除一般的限制外，还因国家对公民文化权利的保障而产生的限制。所以在讨论非国不可移动文物所有权公法上的限制时，往往需要同时讨论"限制"的限制。

首先是依法限制。个人的财产权不得因非法原因被限制或征收、征用，这是现代法治社会的基本的要求。无论是私法上的限制还是公法上的限制，都应当是合法的限制。尤其是在公法限制所有权行使的领域，更应当重视限制的合法性。现代社会所有权立法与近代社会所有权立法不同，现代社会突出体现了对社会利益的考虑，所有权不仅要为个人利益服务，还要服务于社会整体利益的促进。为了满足社会利益的要求，所有权的行使要受到适用的限缩，公法限制的目的主要是保护社会公益。法律对非国有不可移动文物所有权从主体到内容，从所有权取得方式到行使方式都进行了全方位的限制，旨在维护公共利益而实施。行政机关在限制所有权人行使权利时，不能在法律之外再强加限制性规定。应当根据法律的明确规定做出相应的限制,如《文物保护法》对流通、担保等方面的限制。依法限制是现代文物法律体系构建的重要内容,有利于依法保护文物。“文物法制观念,是指对文物保护、合理利用的态度,是指在处理经济建设、旅游开发等与文物保护关系时对文物法律与权力关系的态度,是指对文物法律建设基本原则的态度。”因此,应当依法限制,合法保护非国有不可移动文物。

其次是合理的限制。限制所有权的规则应当具有正当性,即限制性规定是合理、合法的。限制性规定应当追求公共利益与个体权利的平衡,尽量寻找公共利益与个人权利的平衡点。在哈耶克看来,证明任何特定法律规则是否具有正当性,所依据的一定是该规则所具有的功效——即使这种功效有可能无法通过理性的论证得到确证,但是它们仍可以为人们所知,这是因为这一特定规则在实践中能够证明自己比其他手段更为适宜。限制所有权人权利行使的规范,应当是合理的,考虑所有权人利益的规范。在英国,关于文物保护的观念中,主张文物必须保护的,但以不损害所有权人的利益,主要是指金钱上的利益,“保护文物的同时,必须平衡文物所有权人的权利”。我国的相关立法中,也应当在公共利益与个人利益之间找到了最佳的平衡点,法官在依法裁判中,也应当以此为宗旨,合理的适用法律。

三、征收非国有不可移动文物可行性之分析

征收是非国有不可移动文物遇到一项重要的、特殊的限制,是公法限制是特殊情形。征收制度的建立一方面印证了不动产社会性的存在,另一方面也为公共利益与个人利益发生冲突时,提供了一种解决矛盾的方式。当然盲目征收会对私权造成侵犯,但合理的因公共利益而产生的征收却是权利的最佳配置。征收是对所有权人利益的最大限制,在牺牲一方利益的情况下,必定是为了全面保护社会公共利益。因此,如果征收某处不动产,必定是使更多的人受益,否则征

收的合理性便是不存在的。赖耶提出了"利益持续说",认为私益最久不会超过私人一生,而公益的享有,并不会因为社会中个人的更替而影响社会的存在。根据之前对非国有不可移动文物所有权人行使权利受到限制的分析,结合我国关于征收的相关法律规定和非国有不可移动文物的特性,探讨非国有不可移动文物是否可以被征收,确定征收的合法性和合理性的依据是什么?

(一)征收文物法律依据

关于公民私有财产的征收,《宪法》第十三条第三款规定:"国家为了公共利益的需要,可以依照法律规定对公民的私有财产实行征收或征用并给予补偿。"关于国有土地上房屋的征收,《国有土地上房屋征收与补偿条例》第二条规定可以因公共利益的需要征收房屋,第八条规定了为国家安全、促进国民经济和社会发展等公共利益需要,可以在进行征收的情形。相关法律并没有将非国有不可移动文物列入禁止征收的范围,房屋征收管理部门可以依法对非国有不可移动文物进行征收。

根据《国有土地上房屋征收与补偿条例》的规定,在以下几种情况中可以做出征收决定,国防和外交的需要;由政府组织实施的能源、交通、水利等基础设施建设的需要;由政府组织实施的科技、教育、文化、卫生、体育、环境和资源保护、防灾减灾、文物保护、社会福利、市政公用等公共事业的需要;由政府组织实施的保障性安居工程建设的需要;由政府依照城乡规划法有关规定组织实施的对危房集中、基础设施落后等地段进行旧城区改建的需要;法律、行政法规规定的其他公共利益的需要。理论上,基于这几种情况都可以对非国有不可移文物进行征收。虽然法律没有禁止对非国有不可移动文物的征收,但政府做出征收决定,应当具有必要性。在所有权人有利保护文物时,不能因为文物保护的原因或危旧房改造的原因做出征收决定。① 所有权人有能力保护,国家应当鼓励这种保护行为,只有在所有权人无力保护时,国家才可依文物保护的需要做出征收决定。征收部门因危旧房改造征收非国有不可移动文物,但被征收人不同意征收的。关于这一点,姚远认为,文物类建筑具特殊性,并不是危旧房,因此把文物当危旧房征收是不妥当的。②

当然,并不是一味地反对征收非国有不可移动文物,如果是因为三峡工程、铁路建设等公共利益时,牺牲某种利益是为了保护更大的社会公共利益,不可移动文物可以被征收。但征收毕竟是一种强制性的所有权转换,在做出征收决定时应当慎重,必须严格限制。综合考虑各种因素,从有利于文物保护的角度进行征收,也就是说,征收非国有不可移动文物情形应当少于征收普通房屋。

(二)征收文物中的公共利益因素受到限制

因法律没有也难以对"公共利益"的概念进行规定,在征收过程中,容易出现对"公共利益"概念的扩大解释。征收非国有不可移动文物时,对"公共利益"的扩大解释,不仅损害所有权人的利益,还会损害公民的文化权利。因公共利益征收非国有不可移动文物时,"公共利益"是受到限制的公共利益,或者说,此时应当对公共利益的概

---

① 南京玄武区一栋属于原民国水利部部长陈湛恩的房屋,在2007年到2011年进行的第三次全国文物普查中,被确定为区级"不可移动文物"。2013年起玄武区政府以"危旧房改造"的名义列入征收范围,并向房屋所有权人下达房屋征收决定书和征收补偿决定书。被征收人代理律师认为:"房屋属于不可移动文物,同时产权是私人所有,玄武区政府向非国有不可移动文物所有权人下达的征收决定和补偿决定存在法律适用错误,应当适用《中华人民共和国文物保护法》,不应该适用《国有土地上房屋征收与补偿条例》,因为《中华人民共和国文物保护法》是上位法。征收补偿项目只适用于普通用地征收项目,不适用于不可移动文物。"玄武区方面认为:"被征收房屋属于私有房产,是按照《国有土地上房屋征收与补偿条例》第二条,可以根据公共需要,征收国有土地上单位、个人的房屋,条令并未指明如果个人房屋属于不可移动文物,便不可征收。征收后,发生转变的只是房屋的产权,但这栋文物他们依然会按照《中华人民共和国文物保护法》进行修缮、维护和管理,并不会进行损坏。"但被征收人认为,"不可移动文物即使需要维修,也应由所有权人履行职责,且这栋房子已经传承了6代人,不论政府给出多少补偿都不愿被征收。"

② 参见王宏伟:《三起"民告官"击中法律盲区》,《中国文物报》2016年10月10日。

念进行限制性解释。非国有不可移动文物所有权人行使所有权受到公法上的限制,主要是因公共利益,即公民文化权利的保障需要。基于对公民文化权利的保障,连所有权人的所有权都受到了限制。那在征收受到限制的所有权时,当然也应当受到保障公民文化权利的限制。

在因旧城改造、危旧房改造这一公共利益征收非国有不可移动文物时,征收决定是不具有合法性的。这两种情形下的征收最终会破坏文物的价值,公民的文化权利不能得到保障。旧城改造带来的商业价值等与文物本身承载的文化价值相比,文物承载的文化价值应当得到优先保护。在危旧房改造时,当文物所有权人无力修缮时,政府可以出资修缮,但不能因出资修缮而剥夺所有权人的所有权。因此,征收文物中的公共利益是受到限制的“公共利益”。

（三）征收文物的合理补偿

非国有不可移动文物不同于一般的不动产,不能简单地依据《国有土地上房屋征收与补偿条例》规定的标准予以补偿。普通不动产的征收,参照被征收房屋周边房地产的市场价值等,经评估机构评估后,予以补偿。但非国有不可移动文物周边房地产的市场价值,并不能真正体现非国有不动产文物的价值。不可移动文物承载着深厚的历史文化价值,其价值远远大于一般住宅的价值。如果在征收非国有不可移动文物时,仍按周边房地产的价值进行评估,是非常不利于保护非国有不可移动文物的。应当结合文物的文化价值,从公正、合理的角度给予补偿,“‘公正补偿’有利于政府将征收成本内在化,补偿所必须支付的高昂成本是防止政府过度使用征收权的最有效手段”。在参照周边房地产价格的基础上,可以给予所有权人一定的奖励,弥补补偿的不足。正如南京市中级人民法院在审理一起关于非国有不可移动文物补偿的判决中的观点,补偿决定书没有考虑被征收房屋的文物属性,而仅是从一般房屋的角度进行评估是不合理。

评估非国有不可移动文物时,不能由一般的房屋评估机构进行评估,应当根据相关文物鉴定机构的意见,出具考虑文物价值的评估报告。

四、结语

近年来,经济高速发展后,人们有越来越多的精力关注文化,对自身文化权利的行使与保障愈加重视。公民对文化权利的重视,客观上,需要国家对公民的文化予以积极的保障。非国有不可移动文物,虽然归个人所有,却也是人类重要的文化遗产。当所有权人的所有权与公民的文化权利发生冲突时,需要理清两种权利的本质,及公民文化权利对所有权进行限制的合理性,才能在保护私人财产权与保障公民文化权利中达到平衡。

参考文献

[1]周枏.罗马法原论:上[M].北京:商务印书馆,2016.

[2]梁慧星.中国物权法研究:上[M].北京:法律出版社,1998.

[3]梁慧星,陈华彬.物权法[M].北京:法律出版社,1997.

[4]梁慧星.中国物权法研究:上[M].北京:法律出版社,1998.

[5]王利明.物权法研究:上[M].北京:中国人民大学出版社,2007.

[6]余能斌.所有权社会化的考察与反思[J].法学,2001(1).

[7]江琳.从“文物保护”到“文化保护”[M].北京:新华出版社,2015.

[8][美]哈罗德·D.拉斯韦尔,迈尔斯·S.麦克道格尔.自由社会之法学理论:上[M].王贵国,总审校.北京:法律出版社,2013.

[9]张舜玺.习近平文物事业法治思想研究[J].中国法学,2017(4).

[10]莫纪宏.论文化权利的宪法保护[J].法学论坛.2012(1).

[11]孙宪忠.论物权法[M].北京:法律出版社.2001.

[12]易军.所有权自由与限制视域中的单双号限行常态化[J].法学.2015(2).

[13]李晓东.略谈文物法律体系与法治文化[C]//文物保护法研究专揖:Ⅱ.北京:文物法律出版社,2014.

[14][英]弗里德里希·冯·哈耶克.自由秩序原理:上册[M].邓正来,译.上海:上海三联书店,1997.

[15]潘汝欣,英美法中文物保护规定的评析[J].云南大学学报(法学版),2013(11).

[16]陈新民.法治国公法学原理与实践:上[M].北京:中国政法大学出版社,2007.

[17]许迎春.中美土地征收制度比较研究[M].杭州:浙江大学出版社,2015.

农户主体地位的解释论辨思

王立争①

摘　要　农户作为一种生产经营形式,与其作为民事主体并不矛盾。关于农户主体地位的体系解释,不能仅因其处于“自然人”章节中即轻率得出结论,而应结合《中华人民共和国农村土地承包法》以及其他相关法律进行系统分析。土地承包经营权的流转和退出,均以农户为主体,农户也是土地承包合同的相对人,司法解释已明确认可了农户的诉讼主体地位,由此使农户具有了规范的主体意义。“按人分配”的承包地分配标准,与土地承包经营权人的确定问题之间缺乏关联性。强化统分结合的双层经营体制,正是通过确认农户为土地承包经营人的方式进行的。将农户作为一类独立的民事主体,在解释论上具有充分的依据。

关键词　土地承包经营权　农户　主体地位　体系解释

围绕农户的主体地位问题,笔者曾撰写《农户主体地位的法政策学辨思》一文,从法政策学的角度对农户应当作为土地承包经营权主体的观点进行了深入的论证,并进而提出农户应为民法上的独立民事主体的主张。文章发表后,学界赞同者有之,反对者亦有之。在笔

---

① 王立争,天津商业大学法学院教授,博士。

者看来,农户作为独立的民事主体,不仅有深厚的法政策学依据,在解释论上亦是有据可循的。有鉴于此,本文以体系解释、目的解释等为研究方法,从法解释学角度就农户主体地位问题再次进行探索,以回应上述质疑,并期冀将该问题的研究引向深入。

一、关于农户主体地位的解释方法之辨

反对农户是独立的民事主体,其在解释论层面所持的理由主要有两个方面,一是农户是关于经营形式的表述,“是以自然人为基础的一种协作方式”,而非法律主体的界定,故农户不宜理解为民事主体的一种。二是我国现行法律最早对农户进行规定的,系《中华人民共和国民法通则》第二十九条,在法条结构上,该条处于《中华人民共和国民法通则》第二章“公民(自然人)”之中,根据体系解释,其属于自然人的一种。上述解释方法及其结论,难以经得住推敲。

首先来看经营形式与法律主体的关系。发轫于 20 世纪 70 年代末期至 80 年代的农村土地家庭生产经营方式,确系以农户为基本经营单位,在此意义上,关于农户属于经营形式的定位,并无不妥之处。然而,在肯定其为一种特殊的农业生产经营形式的同时,是否就足以否认其具有独立的民事主体地位?二者之间在逻辑上显然不能画上等号。其实,公司、合伙从诞生、发展到兴盛,又何尝不是一种生产经营方式的体现,但却无人认为它们不得充任独立的民事主体。而与农村土地制度密切相关的另一类生产经营方式——农民专业合作社,也早已完成了法人化的历程,被当作一种典型的法人类型来对待。实际上,考察民事主体制度的发展史,可以发现,正是因为各种经营方式的推陈出新,才促使不同的民事主体纷纷登上历史舞台,民事主体的类型才精彩迭出、纷繁复杂!而这些新型的民事主体,无一例外地都表现为以自然人为基础的协作方式,但均不妨碍其充当民事主体的角色。可以说,新型生产经营方式经过一定的法律化改造以后,均具有上升为民事主体的空间,公司、合伙、农民专业合作社如

是,农户亦如此。而没有经过法律化的改造或者不适宜进行法律化改造的一些生产经营形式,如家庭农场,则没有成为民事主体的可能性。正是农户的经济属性,构成了农户之为法律主体的重要基础。生产经营形式与民事主体地位并非同一层面问题,在逻辑上亦非绝对对立关系。

再看农户所处章节位置对其主体地位的影响。由于农户处于《中华人民共和国民法通则》(以下简称《民法通则》)第二章“公民(自然人)”之中,因此其常被定性为自然人的特殊表现形式,体系解释构成了这一结论的解释论理由。笔者认为,该结论的得出,罔顾《民法通则》制定的社会背景,仅以一种简单的逻辑推导过程即轻率地得出结论;而对于体系解释方法的运用,亦存在明显不妥之处。

其一,《民法通则》关于民事主体类型划分的历史局限性。众所周知,受制定《民法通则》时计划经济体制刚刚开始破除的社会背景以及“民法经济法之争”的学术背景等诸多因素的影响,这部法律最终“在艰难和妥协中出台”,这决定了《民法通则》的历史局限性,“在主要对传统大陆法系民法典总则进行某些并不完整的复制的同时,中国学者所努力做出的许多重要创新,似乎都不算是太成功”。表现在民事主体上,就是该法既借鉴了大陆法系关于民事主体的基本结构划分,同时又意图将当时改革开放初期刚刚出现的新型主体纳入其中:《民法通则》将民事主体的内容设计为第二章“公民(自然人)”和第三章“法人”两个部分,在第二章中纳入当时刚刚兴起的农村承包经营户,在第三章中则对不具有法人条件的法人联营问题进行了规定。这种看似不和谐的立法方式,无不是受当时社会现实影响而进行妥协的结果。以农户问题为例,1980 年代前后,有关农村土地承包问题的定性和走向,是当时非常敏感的政治问题。“包产到户”“家庭承包”等农村土地承包制度的核心精神,是一个逐渐确立的过程。在这个过程中,激烈的争议不可避免。而当时的农村改革,并没有在全国范围内进行大动员,更多的是由各省、区、市掌握,各地按照各自的理解贯彻执行,因此中央层面的立法就难以达致理想状态。在此情况下,将农户问题规定于自然人一章,既不会在学理上引起太大争议,亦可以避免给当时刚刚开始的农村改革产生不应有的消极影响。而《民法通则》在“法人”一章中规定非法人联营问题,既是反映当时社会现实的需要,亦是借鉴西方民法典立法的结果。西方民法典在法人制度中规定非法人组织是常见现象,如《德国民法典》总则第一章第二节“法人”中规定了无权利能力的社团,《意大利民法典》在第一编第二章“法人”中对非法人社团亦专门进行了规定,我国《民法通则》也采用了这种立法体例,但不论对西方民法还是我国《民法通则》,在解释论上从来不存在因非法人组织处于法人一章中,而将其定性为法人的结论。这是一种立法技术的运用,而不能简单地从体系解释的角度予以认知。《民法通则》将“公民”与“自然人”并列,可否从解释论上将二者理解为同义?皆因当时对二者关系界定不清所致,现已无实质的解释论意义。

《中华人民共和国民法总则》和《中华人民共和国民法典》(以下简称《民法总则》《民法典》)完全承袭了《民法通则》的做法,是否表明立法者坚定认为农户属于自然人的观点?答案也是否定的。《民法总则》系为《民法典》起草进行铺垫的,目的是作为《民法典》的总则编,因此,可以从《民法典》制定所遵循的一些基本要求角度探求上述做法的成因。《民法总则》的制定工作开始于 2015 年 3 月,其“以 1986 年制定的民法通则为基础”,故而沿袭《民法通则》的某些做法实属正常现象。同时,《民法典》制定本身亦遵循“编纂民法典不是制定全新的民事法律”的基本指导思想,这一步说明《民法总则》会承继《民法通则》的某些规定。就农户问题而言,《民法总则》和《民法典》对《民法通则》相关做法的承袭,也仅仅是上述立法指导思想的体现而已,并无充分论据表明其背后隐含了立法者的特殊价值判断。

其二,体系解释方法的僵化将导致否认非法人主体地位的结果。如果因农村承包经营户处于自然人一章,即将其简单地理解为是自然人的一种,将导致遮蔽非法人主体的解释难题。因为,循此解释思路,便可以进一步得出如下推论:由于《民法通则》关于民事主体的规定在章的划分上仅包括第二章"公民(自然人)"和第三章"法人",这就意味着其只承认这两类主体的法律地位,而并无承认第三类民事主体的空间。《民法通则》第二条关于调整对象的规定"中华人民共和国民法调整平等主体的公民之间、法人之间、公民和法人之间的财产关系和人身关系"亦未涉及非法人组织,如果按照上述僵化的体系解释方法,该条将进一步为否认非法人组织的主体地位提供所谓的解释论依据。然而,民事主体的三元论为我国学界公认,非法人组织的主体地位,并不因《民法通则》未予专章规定而遭到否认。此外,《民法通则》第二章第五节就"个人合伙"进行了专门规定,可否在体系解释上将该节所规定的所有个人合伙形式均理解为自然人的特殊表现形式?答案是否定的。因为该节所涉及的合伙范围,既包括不具有稳定组织形式的临时性合伙,也包括依法核准登记的合伙组织,后者显然不能为自然人所涵盖。而依前述所谓体系解释方法,个人合伙仅因处于自然人一章中,就应一概归入自然人的主体范围内,这种解释思路难以令人信服。

二、农户主体地位的解释论依据

前文对目前通行的关于农户主体地位的体系解释思路进行了辩驳。众所周知,所谓体系解释,即根据某一法条所处的编、章、节、条、款、项之前后关联位置,或相关法条之法意,阐明其规范意义之解释方法。据此,体系解释的思路至少包括两种,一是根据法条所处的位置进行解释,一是根据相关法条的法意进行解释。而所谓相关法条,不仅包括同一法律内部的其他法条,还包括同一法律部门内部的其他法律中的法条以及相关法律部门中的法条。当前学界关于农户主体地位问题所采用的体系解释方法,仅注重前一种解释思路,而忽视了后一种解释思路,这是导致既有研究结论经不住推敲的实质性原因。从相关法条法意角度进行体系化的解释,农户独立主体地位具有充足的解释论依据。

(一)农户是土地承包经营权互换、转让的主体

《中华人民共和国农村土地承包法》(以下简称《农村土地承包法》)第十六条规定:"家庭承包的承包方是本集体经济组织的农户。"第三十三条规定:"承包方之间为方便耕种或者各自需要,可以对属于同一集体经济组织的土地的土地承包经营权进行互换,并向发包方备案。"第三十四条规定:"经发包方同意,承包方可以将全部或者部分的土地承包经营权转让给本集体经济组织的其他农户,由该农户同发包方确立新的承包关系,原承包方与发包方在该土地上的承包关系即行终止。"根据上述规定,以互换、转让等方式进行土地承包经营权流转的,流转双方均是农户。这意味着,只有农户才是土地承包经营权流转的主体,农民个人、农户内的成员、农村集体经济组织成员等,均不是土地承包经营权流转的主体。如果农户不具有规范的主体意义,土地承包经营权的互换、转让无法进行规范运作。

(二)农户是土地承包经营权承包合同的相对人

《农村土地承包法》第二十二条第一款规定:"发包方应当与承包方签订书面承包合同。"即发包方应当与作为承包方的农户签订承包合同。该条第二款对承包合同一般应包括的条款进行了列举式规定,其中第一项即为"发包方、承包方的名称,发包方负责人和承包方代表的姓名、住所",所谓"承包方代表",即户主。也就是说,由户主代表农户与发包方签订土地承包合同。这一规定,既表明农户的个别家庭成员无法充当承包合同的主体,也表明农户的实践运作均以户主的行为来表征。户主制度的主要意义体现在户籍管理上,在土

地承包领域,其亦具有非常重要的法律价值,不仅由其代表农户签订土地承包合同,土地承包经营权流转合同的签订,亦由户主代表农户完成。现行法律仅规定户主为农户的代表,而其他家庭成员则不具有这一法律地位,至于农户的内部法律关系,则交由其内部自行解决,这在实践中引发了诸多矛盾,致使许多法律纠纷难以解决,如何进一步完善这一制度,值得学界研究,但这属于立法论层面的问题,不能由此否定户主的农户代表地位,也不能进一步推翻农户的主体地位。农户是法律明确规定的土地承包合同的主体,否认其具有规范的主体意义,将导致实践中土地承包合同无法签订的局面发生。

(三)土地承包经营权的退出以农户为主体进行

《农村土地承包法》对土地承包经营权的自愿退出进行了详细地规定,即该法第三十条规定:"承包期内,承包方可以自愿将承包地交回发包方。承包方自愿交回承包地的,可以获得合理补偿,但是应当提前半年以书面形式通知发包方。承包方在承包期内交回承包地的,在承包期内不得再要求承包土地。"据此,农户家庭的个别成员无法表达退出土地承包经营权的意愿,而必须由农户通过其户主来表达。在规范意义上,只存在农户的土地承包经营权退出机制,而不存在家庭成员的退出问题。如果否定了农户的规范主体意义,则意味着肯定了家庭个别成员可以退出土地承包经营权,这与前述法律规定显然是矛盾的,在解释论上无法成立。

(四)农户的诉讼主体地位已为法律所明确规定

《最高人民法院关于审理涉及农村土地承包纠纷案件适用法律问题的解释》(以下简称《解释》)第三条明确规定:"承包合同纠纷,以发包方和承包方为当事人。前款所称承包方是指以家庭承包方式承包本集体经济组织农村土地的农户,以及以其他方式承包农村土地的单位或者个人。"该司法解释第四条进一步规定了农户参与诉讼的具体操作方法:"农户成员为多人的,由其代表人进行诉讼。农户代表人按照下列情形确定:(一)土地承包经营权证等证书上记载的人;(二)未依法登记取得土地承包经营权证等证书的,为在承包合同上签字的人;(三)前两项规定的人死亡、丧失民事行为能力或者因其他原因无法进行诉讼的,为农户成员推选的人。”参与起草该司法解释的最高人民法院法官就此明确指出:“《解释》第四条规定农户代表人代表农户进行诉讼的目的是,坚持农户的诉讼主体地位,方便当事人行使诉权。……农户代表人并非诉讼当事人。其与所代表的农户是不同的民事主体,在农户才是当事人的诉讼程序中,农户代表人不具有诉讼当事人的地位。……在农户与相对方的诉讼中,农户一方只有一个当事人,即其自身,农户代表人在诉讼中则不具备当事人地位。换言之,此时不存在‘当事人一方人数众多的共同诉讼’。”虽然诉讼法上的主体与实体法上的主体不能完全画等号,但诉讼法关于诉讼主体的认定,可以为从实体上认定当事人提供一定的参考标准。就解释论而言,在程序法已经明确认可农户诉讼主体地位的法律现实面前,主张其在实体法上不具有规范的主体意义,不能令人信服。

三、结语

上述分析表明,农户是土地承包经营权互换、转让的主体,是土地承包经营权承包合同的相对人,土地承包经营权的退出亦以农户为主体进行,同时,农户的诉讼主体地位也已经得到了相关司法解释的明确认可,因此,农户作为独立的民事主体,在我国现行法律上有着广泛的法律依据,在解释论上完全能够成立。

最后需要说明的是,农户作为与我国社会传统密切相关的一类特殊主体,在比较法上甚难找到与其密切相关的现代法律意义制度之构建,尤其是与我国传统差异巨大的欧陆民法以及英美法中,相关立法例,难觅其踪。然而,与我国同为社会主义国家的越南却早在1995 年颁布的民法典中即明确承认了“家庭户”的民事主体地位,该法典第 116 条规定:“其成员拥有共同财产,共同使用土地,共同从事农、林、渔业及法律规定的其他生产经营领域的经济活动的家庭户,是以上各种民事关系的主体。”随后的第 117 条至 119 条分别规定了家庭户的代表、共有财产以及民事责任等问题。国内也有学者很早就关注到越南民法典的这一独创性规定,并从立法论层面呼吁在我国立法上予以借鉴。越南对家庭户的民事主体地位的明确规定,为我国将农户解释为独立的民事主体提供了比较法层面的解释论支持。不可否认,从现代化法理和法律体制视角来看,农户作为一类民事主体,确实存在着权利主体交错重叠、权利界限不清、权利主体与权利客体无法良好对应等缺陷,但这属于未来立法论层面应予以进一步完善的命题,而不构成解释论上否认其主体地位的依据。

参考文献

[1]王立争.农户主体地位的法政策学辨思[J].中南大学学报(社会科学版),2015(02):91-97.

[2]耿卓.家户视角下的妇女土地权利保护[J].法学,2016(01):115-124.

[3]刘敏.土地承包经营权继承的解释论——兼评《最高人民法院公报》所载“李维祥诉李格梅继承权案”[J].政治与法律,2014(11):117-126.

[4]沈文朋.农村承包经营户:从独立民商事主体到适当的有限责任[J].华南师范大学学报(社会科学版),2012(03):125-130.

[5]韩志才,袁敏殊.土地承包经营权主体辨析[J].安徽大学学报(哲学社会科学版),2007(04):96-101.

[6]龙卫球.法治进程中的中国民法[J].法制资讯,2008(2):56-57.

[7]尹田.民法调整对象之争:从《民法通则》到《物权法》[J].法

学论坛,2008(5).

[8]杜润生.杜润生自述:中国农村体制变革重大决策纪实[M].北京:人民出版社,2005.

[9]王晨.关于《中华人民共和国民法典(草案)》的说明——2020年5月22日在第十三届全国人民代表大会第三次会议上[J].中国人大,2020(12):13-20.

[10]梁慧星.民法解释学[M].北京:中国政法大学出版社,1995.

[11]王利明.法律解释学导论[M].北京:法律出版社,2009.

[12]王冠玺.我国农村土地、林木、农作物与相关权利主体的辨析——兼论我国民事法律体系建构的反思[J].政法论坛,2012(06):110-120.

[13]辛正郁.关于审理涉及农村土地承包纠纷案件司法解释的理解与适用[J].人民司法,2005(09):18-24.

[14]江伟.民事诉讼法[M].北京:高等教育出版社、北京大学出版社,2000.

[15]刘士国.俄、越民法典概要及对我国制定民法典的启示[J].法制与社会发展,1999(01):35-44.

紧急避险制度下见义勇为的规范空间

沃　耘[①]　黄天怡[②]

摘　要　《中华人民共和国民法典》规定的见义勇为制度为社会公德所倡导,亦为法律所选择。但由于见义勇为同紧急避险在法律适用中多有重合,故厘清两者的关系以及见义勇为制度独立存在的价值极为重要。价值层面,见义勇为制度将德法融合,一方面塑造了良好的社会风气,另一方面也为紧急避险型见义勇为在适用紧急避险制度的不足之处提供了弥补性功能。制度层面,见义勇为在构成要件、举证责任和救济规则方面享有自己的独特性,从而具有独立规范空间。综上所述,论述见义勇为的独立性在理论学界和司法实践中具有重要意义。

关键词　民法典　见义勇为　紧急避险

古语有云:“见义不为,无勇也。”谢觉哉也说:“不是不能见义,怕的是见义而不勇为。”中华民族自古至今都大力弘扬见义勇为行为,因为见义勇为是符合崇高道德的义举,所追求的是社会整体利益,为了义放弃了利。而道德的约束力正是通过将其规定为法律规

① 沃耘,天津商业大学法学院教授,法学博士,研究方向:侵权法。
② 黄天怡,天津商业大学硕士研究生,研究方向:侵权法。

则实现的,《中华人民共和国民法典》(以下简称民法典)规定见义勇为正是为了匡扶社会风气,让民众敢于救助他人。见义勇为的立法目的更着重于对见义勇为者的保护,防止他们流血又流泪。但是见义勇为中除了会对自己造成损害还可能会对第三人造成损害,此时会引起见义勇为和紧急避险制度的重合。而在存在重合可能性的情况下,不禁令人疑惑单设一个见义勇为制度的意义何在?所以,笔者认为不仅仅要探求见义勇为的独立价值,还要厘清见义勇为的独立规范空间。

一、讨论的前提:见义勇为与紧急避险的重合可能性

(一)司法实践中见义勇为与紧急避险重合之情形

在司法实践中不难发现,法院会在同一个案件中同时引用见义勇为和紧急避险两项制度进行说理。在冷某诉王某等身体权纠纷一案中,法院认为原告在发现森林火灾后积极主动上山救火,是在国家、集体或者他人的合法财产受到威胁时主动挺身而出,符合见义勇为的要件。同时原告为避免国家、集体和他人的合法财产遭受侵害,上山救火进而自身受到损害的行为,应被认定为紧急避险。而检索案例发现实践中也不乏当事人用见义勇为进行辩护,法院用紧急避险进行判决的案例。

以上现象说明见义勇为与紧急避险的关系存在一定的模糊程度。而我国民法典将这两个制度均规定于“民事责任”这一部分,这就需要厘清我国存在紧急避险制度的前提下,见义勇为的法律适用有何独特性?也更要探寻既然已经存在紧急避险,为何还要再设置见义勇为制度?

(二)见义勇为与紧急避险重合之原因

1.原因之一:见义勇为与紧急避险均有利他的制度目的

紧急避险是为了维护国家、社会、本人和他人利益而不得已侵害

了更小的利益的法律制度。① 紧急避险属于私力救济,是在公力救济来不及的时候保护他人利益的制度。而在见义勇为制度中存在一个基本共识:即利他主义是见义勇为的私法价值基础。例如:德国将见义勇为放在无因管理内进行调整,其价值基础是人类互助理论,即是在本人事物有不被干涉的权利和保护为了他人利益而进行善意救助的管理人之间寻求平衡,这种利他的思想正解释了干涉他人事物的合法性。而在意大利,见义勇为的私法价值基础是其宪法第二条规定的社会连带主义。我国自古以来也有人道互助的至高伦理义务。我国民法典虽然规定了见义勇为制度,却没有对其价值基础做出明确规定,但立法者论述其立法目的为弘扬社会主义核心价值观,为正义善举保驾护航,消除见义勇为者内心顾虑。统而言之,见义勇为具有典型的利他主义。

因此,不难发现两者的制度目的颇有重合之处,均是以自己的力量来维护他人的利益。正是因为价值目的同一性,才存在了两者交叉的基础条件。

2. 原因之二:见义勇为与紧急避险具有相似的前提条件

第一,见义勇为与紧急避险都要求有危险的存在。古语有云:"舍自己利而取义,急险中见勇。"并且见义勇为之所以有勇字,正是因为要求救助人挺身而出时被救助人正在面临一定程度损害的危险。这也是见义勇为区别于无因管理的原因之一,同样这也是区分见义勇为与一般善举的前提,例如灾区捐款因不符合"勇"的特征,只能将其认定为一般的善举而不能认定为见义勇为。而这其中,有关危险的程度不同学者有着不同的见解。比如有的学者主张被救助人需要面临高度的人身危险性,而有的学者则认为这只是影响了给予

① 参见张俊浩:《民法学原理》(第 3 版),中国政法大学出版社 2000 版,第 88 页。参见杨立新:《侵权法论》,人民法院出版社 2013 版,第 356 页。

奖励的金额。笔者认为，见义勇为虽然不同于一般的助人为乐，但是出于褒赞与鼓励的精神就不应采纳过高危险程度的认定标准，因为如果对危险采纳过高的标准，从而不利于认定为见义勇为，反而会影响路人伸出援手。然而，不论见义勇为要件中的危险程度为何，要件的底线还是存在一定程度的危险。而紧急避险顾名思义一定要有危险的存在。这两者在需要危险上存在重合可能性。

第二，见义勇为与紧急避险都以行为人不存在救助义务为前提。一方面，承担法定义务的人不能被认定为见义勇为，例如船长有救助船员的义务①，因义务的存在其英勇行为就不构成见义勇为。另一方面，承担约定义务的人不能被认定为见义勇为。例如银行的保安基于委托合同有约定的义务，不勇为即是不作为。而紧急避险同样不适用于职务上或者约定中有特殊职责的人。而救助义务中较为特殊的是先行行为引起的义务，而相关国内的论述较少，笔者认为可以借鉴美国法要求：其一是先行行为创设了风险；其二是根据社会一般观念该行为会产生该风险。例如：同去看球的两位朋友，其中一人被球击打坠落看台，此时另一人无救助义务。之所以如此认定，是因为根据社会一般观念不会产生该风险，若根据社会一般观念认为，产生了该风险就不能再认定为见义勇为。而在紧急避险制度中若先行行为产生了风险即会造成引起风险的人和紧急避险人是同一人的情形，其自然要承担损害赔偿责任，因为行为人要容忍自己招致的危险，而不能适用紧急避险。总之，认定见义勇为与紧急避险的前提都是不存在救助义务。

3. 原因之三：见义勇为与紧急避险规制同样的主体

第一，见义勇为与紧急避险规制的主体类型相同。因为法人非

---

① 《中华人民共和国海商法》第一百七十四条规定："船长在不严重危及本船和船上人员安全的情况下，有义务尽力救助海上人命。"

法人组织通常不能基于自身意愿见义勇为,此类主体不含有无高尚道德之分,而且因见义勇为是为了规制见义勇为者受到损害如何补救而设置,但法人非法人不具备人身利益。故见义勇为的主体必须是自然人,而紧急避险的主体也要求是自然人。故二者规制的主体类型是同一的。

第二,见义勇为与紧急避险对行为人的行为能力均无要求。见义勇为虽然不鼓励未成年人见义勇为,但是并未一定禁止,因为见义勇为是事实行为,而事实行为对于其行为主体的行为能力并无要求。紧急避险亦如此,此点上二者亦无矛盾。

二、紧急避险制度下见义勇为存在的独立价值

我国民法已经存在紧急避险制度且制度较为成熟,且见义勇为可用无因管理、紧急避险、正当防卫制度进行处理,那是否意味着见义勇为制度就毫无用武之地呢?其实不然,笔者认为见义勇为制度为弥足珍贵的正义之举护航,也为法制体系建设的完善添砖加瓦,在价值层面意义非凡。

(一)见义勇为可以塑造良好的社会风气

学者将紧急避险定义为针对紧迫之危险,出于不得已之行为,紧急避险存在一个独特要件为不得已也就不言则明,也即紧急避险要求存在实施某种避险行为的必要性。而见义勇为是善举,是一种与生俱来的人性,见义勇为者慷慨赴险使受益人脱离险境是应该被鼓励的。正如有学者在无因管理的框架下思考的见义勇为,其指出原则上所有人都只应该管理自己的事物,但如果是为了他人利益管理他人事物以帮助他人,乃至见义勇为,此种助人为乐的行为应该受到嘉奖。见义勇为条款为见义勇为者的利益保护提供了坚实的请求权基础,故其独特的价值意义不容忽视,该条十分符合社会主义核心价值观,是对见义勇为者的良好保护。对于见义勇为条款的溯及适用也是该条免除见义勇为者的后顾之忧,有利于社会良好风气的体现。

综上,见义勇为条款为见义勇为者提供了法律上的安全感,通过法律保护和激励有益的道德。尤其是在我国的责任保险不发达的现状下,见义勇为条款更有积极意义。

(二)见义勇为制度有独特的表彰功能

如果仅仅认定行为人是紧急避险而不认定为见义勇为,就没有表彰行为人的大义。正如有学者指出法院在既符合紧急避险又符合见义勇为的案件中,应用见义勇为制度处理。因此各地不仅有见义勇为基金奖励见义勇为者,还有见义勇为表彰大会和见义勇为荣誉称号。总之,笔者认为因为见义勇为有独特的表彰功能,故将符合紧急避险条件的见义勇为行为纳入见义勇为制度进行调整仍然有独特价值。

(三)见义勇为可以弥补紧急避险制度的不足之处

1. 见义勇为可以填补紧急避险制度的立法空白

紧急避险制度缺失对紧急避险人所受损害的救济。如果一个人既是紧急避险人又是见义勇为者,他在见义勇为过程中自己受到了损害,此时依据紧急避险是无法救济的,因为紧急避险制度着眼于避险人责任上,紧急避险制度并没有把重心放在侵权人或者受益人身上,那么他只能求助于见义勇为制度。意大利的法律适用也存在这个问题,例如《意大利民法典》第 2043 条同样是只规定了救助人对于第三人的损害,而没有关于救助人被损害的分析。意大利法学界认为如果救助人受损,对于其受到的损失如何补偿,是个法律解释的问题。

2. 见义勇为可以修正避险过当适用紧急避险制度的不合理之处

首先,避险过当中的责任承担在紧急避险型见义勇为案中缺乏合理性。

其一,避险过当责任承担主体缺乏合理性。如果见义勇为者在见义勇为过程中避险过当,此时过当的责任由谁来承担?根据民法典一百八十二条①紧急避险人即见义勇为者要承担适当的民事责任。例如在杨某、某某物业管理有限公司一案中,一个人驾车要冲撞保安,其他保安将其拽出车辆并按倒打伤,属于避险过当,法院认为避险过当自然就应该由几名避险过当人承担责任,就不再适用见义勇为规定。而德国法中有学者认为应该是避险人和受益人承担连带责任,我国《最高人民法院关于贯彻执行〈中华人民共和国民法通则〉若干问题的意见(试行)》第一百五十六条曾规定由受益人承担责任,但是我国民法典规定为避险人,有学者主张民法典规定的责任承担主体便利于受损人,受损人不用调查受益人是谁,而直接找到浮于表面的避险人即可,但笔者认为存在合理性的缺失。因为这虽然是自己责任的一个体现,因为避险过当自然有其过错在内,但这毕竟是在见义勇为起因下,会打消民众见义勇为的积极性。

其二,避险过当情形下避险人应可向受益人追偿。虽然见义勇为制度中并没有规定见义勇为者对第三人的损害由谁承担,但笔者认为可让受益人补偿一部分因见义勇为者避险过当而支付的费用。而法国法的独特处理可以借鉴:救助人在对受损害的第三人承担责任的情形下,被救助人若无过错,则救助人不能向其追偿。严格按照法条处理救助人的帮扶意愿会降低,故法国理论界产生了默示的救助合同理论来解决这一问题。救助人和被救助人之间达成一个默示合意,救助人对自身和他人的损害,有权从被救助人处获得赔偿。

其三,善用见义勇为基金来维护利益平衡。笔者认为见义勇为基金不仅可以用来奖励见义勇为者,还可以将其作为避险过当中见义勇为者赔付的资金来源,这也可以让见义勇为者不会为他人利益

---

① 《中华人民共和国民法典》第一百八十二条:因紧急避险造成损害的,由引起险情发生的人承担民事责任危险由自然原因引起的,紧急避险人不承担民事责任,可以给予适当补偿紧急避险采取措施不当或者超过必要的限度,造成不应有的损害的,紧急避险人应当承担适当的民事责任。

承担过重责任而致自己生活困难。例如新闻报道的张某晨练时看见一辆轿车突然失控撞向一个孩子，张某把孩子推开，自己和孩子都受到不同程度的伤害，不论法院将如何分配责任，这笔见义勇为奖金都可以用来补偿见义勇为者受到的损害和他可能需要给付的赔偿。

其次，在紧急避险型见义勇为案中避险过当判定易引发争议。如何判定避险过当在实践中也是存在问题的，例如某人在市区内骑摩托车追击抢劫犯，造成自己和他人财产损害十余万元。此时，其是否避险过当？若从结果看应该是避险过当，且其在市区内骑车追逐的行为也很可能被认定为紧急避险措施不当。而见义勇为者在见义勇为时，因为过于紧急很难进行利益衡量，而后因避险过当而要求其承担责任是否也有失公正？“法律秩序必须做出某种牺牲，它经常必须在两个同样无可指责的人中决定由哪一个来承担总得有人担负的损失。”虽然见义勇为者因为过当而不能认为其全然无辜，但其毕竟是为了受益人的利益，更何况见义勇为是被鼓励的行为，故法律必然需要在两者的利益中寻求一个最佳的平衡。

3. 见义勇为损害过线存在避险过当规制不到的对象

见义勇为损害的不仅仅包括第三人的利益，还可能包括实施侵权人的利益。而对于侵权人的损害不属于紧急避险规制的对象范围，因此针对侵权人的损害需要用见义勇为制度来规制。

三、紧急避险制度下见义勇为存在独立的规范空间

（一）见义勇为有独特的构成要件

1. 特定工作性质可否适用见义勇为需要分情况讨论

我国民法典中对于职务行为是否可以适用紧急避险没有明文规定。但笔者认为可以借鉴刑法中关于紧急避险不适用于职务上、业务上有特殊职责的人的规定，否则会出现刑法中认定不能构成紧急避险的情况，而在民法中却可以用紧急避险免责的荒谬结论。例如警察在执行公务中遇到了危险是不适用紧急避险的，因为警察的职

责就是排除社会中的不当风险，故警察不得躲避风险而不履行义务，否则社会安全系统将会崩盘。总之，如果允许为了自己利益而进行紧急避险，那么特定的工作性质引起的特定义务就失去了存在空间。而警察的救助行为能否认定为见义勇为是存在争议的。有学者认为警察是因为其职责而具有救助义务，故不能适用见义勇为。而笔者认为，救助义务的有无应该分情况讨论。首先，要区分工作与非工作时间，在休假期间制止侵权是可以认定为见义勇为的；其次要区分不同警种，例如一个交警阻止了一位当街杀人者应该认定为见义勇为，因为交警的职责中并不存在阻止犯罪而是指挥交通，故其对于犯罪行为是没有救助义务的。

2. 见义勇为的主观要件有非己性

见义勇为制度之所以被大肆宣扬和褒奖就是因为其精神内核是勇于助人、舍己为人，见义勇为的无私利他才符合见义勇为中“义”的特征。故而见义勇为具有典型的利他主义。而对于紧急避险制度而言，因为人趋利避害的本能，所以为自己利益避险也可以不承担或者减轻责任。不难发现，紧急避险可以是为了维护自己的利益，而见义勇为不能。

3. 见义勇为只要求主观的利他性

紧急避险要求进行利益衡量，如果被保护的利益小于被损害的利益，就属于避险过当要承担责任，故紧急避险的利他性具有客观性。而见义勇为是需要主客观相统一的利他性还是只需要主观的利他性？有学者主张应该有主客观的利他性。但笔者不赞成以上观点，见义勇为因为属于道德厚望，还伴有奖励，所以应该持高标准，但见义勇为的情形往往十分紧急，不等见义勇为者仔细思索就要进行，不能过分强调见义勇为的结果。而我国民法典第一百八十四条①也规定了见义勇为者造成受助者损害的不承担责任。正如康德所说，意志好坏的评判并不取决于结果及目的，而是取决于其自身的好坏。所以笔者认为还是应该取"主观的利他性"：主观上有利他的意思且不需要表示于外即可。而且从比较法角度看，日本对于损害的行政补偿没有以成功结果为要件。综上所述，见义勇为关注的是行为，而不仅仅是要求好的结果，因为若是要求见义勇为者在行为时先考虑后果和成功的概率，实在有违立法初衷。

4. 见义勇为不能随意中止

见义勇为虽然没有明文规定，但通常认为只要是开始救助，除非有专业人员到来并且接管被救助人，否则擅自离开就需要负责。因为开始见义勇为行为后，被救助人往往会相信行为人将继续救助，此时行为人若放弃救助，则严重违反了见义勇为制度设立的价值，而且阻碍了他人的见义勇为行为，因为他人在此时往往认为行为人会继续行为从而放弃自己的见义勇为行为。

5. 见义勇为有独特的危险紧迫性程度要求

紧急避险要求当场的急迫性，正是因为立法要在暴力和允许私力救济权益之间寻求平衡，所以紧迫性是紧急避险十分重要的时间要件。而相对而言，我国鼓励"巧为"，不要求见义勇为者一定要当场对抗，可以运用智慧提前阻止。虽然在急需被救助的人面临紧迫的危险时，见义勇为者伸出援手是见义勇为的典型形态，但是见义勇为更加强调见义勇为者运用谋计巧妙化解。故见义勇为要求的危险紧迫性程度有独特性。

---

① 《中华人民共和国民法典》第一百八十四条：因自愿实施紧急救助行为造成受助人损害的，救助人不承担民事责任。

(二)见义勇为有独特的救济规则

1. 见义勇为制度针对的方向不同于紧急避险

紧急避险是针对造成的第三人损害如何救济和免除紧急避险人责任的制度。而见义勇为条款是对于我国英雄既流血又流泪的回应,故见义勇为是对见义勇为者鼓励和补偿的制度,主要是针对见义勇为者因见义勇为受到损害如何救济的问题。

2. 见义勇为的法律适用要考虑社会影响

只有当保护的利益和自己完全不相关时才符合见义勇为,见义勇为有互惠利他性,深刻影响着社会安定与公正。正因如此,对于见义勇为行为的规制不单要考虑适法性,还要考虑案件所激发的社会效应。故笔者认为,见义勇为案件处理中,需要考虑见义勇为者的名声和社会还有立法本意对于保护见义勇为的初心。而紧急避险完全是私人的事情,并不存在对于社会大众的影响,故在判决时只需遵循法律。

3. 见义勇为案件中要联结公私法以促进救济方式的多样化

紧急避险只有私法属性,是两个利益的衡量并没有公法的价值。而见义勇为有其公法属性,因为保护国家、他人的利益本应属于国家的义务。正如有学者认为见义勇为的属性为行政协助行为,即其认为国家对见义勇为者承担行政补偿责任。不论见义勇为的属性采自何种学说,都不可否认见义勇为者和国家存在一种十分特殊的关系,因为此时还多了国家作为受益人。而国家作为受益人,其必然要有填补损害的责任存在,正如案例中①所示国家应该拿出财政经费来支持见义勇为,用见义勇为奖金来发挥补充性填补损害的功能。而比较各国的法律也体现了这一特征:典型如《欧洲示范民法典草案》104 条第 2 项将“合理地期待管理人从他处获得适当的赔偿”作为减免受益人偿付义务的事由。因此,笔者认为要综合运用多个法律部

① 参见浙江省温州市中级人民法院(2009)浙温民终字第 1081 号。

门以充分保护见义勇为者的利益,《见义勇为者员奖励和保障条例(草案公开征求意见稿)》就是运用刑事、民事、行政多种手段进行规制的立法体现。而且为了更好地保护见义勇为者,还应建立多元的救济方式,例如:奖金保险和社会募捐等。综上,见义勇为者的请求权不仅要在民法中探寻请求权基础,还要配合其他法律法规以及社会性救助,最终达成救济方式的多样化,从而更好地实现见义勇为制度的实效。

(三)见义勇为中有独特的举证责任分担

见义勇为本身是在面临紧迫危险时的英勇行为,很可能来不及保留对自己的有力证据,而我国的民事诉讼法又遵循"谁主张,谁举证"的原则,所以其在诉讼中可能会遭受不利从而打消见义勇为的积极性。而部分受益者又因为可能要负担补偿责任而不愿作证,更让见义勇为者寒心。笔者认为首先要在见义勇为者的举证要求方面放宽,例如让其负担初步证明责任,证明后由公安机关调查取证;其次可以采取一系列措施鼓励在场的公民作证,作证的费用可由受益者补偿或者由见义勇为基金承担。此外,还可以借鉴日本法上行为责任与结果责任相分离的制度,例如可以采取大致的事实推定。与此相对,紧急避险是私人事项,并没有对于紧急避险人特殊保护的必要,仍然遵循谁主张谁举证即可。紧急避险人是最为了解整个案情的人,由其来承担举证责任并无不当。其要证明危险的紧迫性、实施紧急避险的不得已和自己的措施并无不当等。

四、结语

见义勇为与紧急避险同时规定在我国民法典的民事责任一章,本应各有其适用范围,但是二者的法律适用多有交叉,指导案例98号①正是如此,在该案例中法院认为见义勇为导致违法犯罪者损害,

---

① 参见河北省唐山市中级人民法院(2018)冀02民终2730号民事裁定书。

构成正当防卫或紧急避险的,应依法免除或减轻侵权赔偿责任,由此看出法院认为可以将紧急避险制度作为见义勇为案件的责任阻却规定。不仅法律适用存在交叉,有学者也认为见义勇为的免责事由功能应被紧急避险和正当防卫吸收。但在笔者看来,见义勇为的主要目的不在于阻却责任而在于救济见义勇为者所受损害,这正是有别于上述两项制度的独特之处。因为每种立法行为要有其立法意义都需要合乎其立法目的,而我国单列出见义勇为制度,正是为了实现其特殊的调整目的,因此探求见义勇为制度独立的存在价值是题中的应有之义。法律固然是一条底线,但底线会随着社会道德提升而提升,这是法律和道德良性循环的必然结果,见义勇为正是从这种良性循环中孕育而成。良好的法律制度需要司法及时亮明态度,让人民群众在每一个司法案件中感受到公平正义,让见义勇为者的善意得到呵护,让社会正义更有底气,更好地实现良法善治。

参考文献

[1]博登海默. 法理学:法律哲学与法律方法[M]. 邓正来,译. 北京:中国政法大学出版社,2004.

[2]韩松. 民法总论:General introduction to civil law[M]. 法律出版社,2017.

[3]蒋言. 见义勇为救助人权益的私法保障——兼论《民法典》第 183 条与第 979 条之协调[J]. 河北法学,2020(11).

[4]肖俊. 意大利法中的私人救助研究——兼论见义勇为的债法基础建构[J]. 华东政法大学学报,2014(4).

[5]黄薇. 中华人民共和国民法典解读(1)[M],北京:法律出版社,2020.

[6]王雷. 见义勇为行为中的民法学问题研究[J]. 法学家,2012,1(5):68 -81.

[7]蔡唱. 先行行为导致的不作为侵权行为研究[J]. 湖南大学学报:社会科学版,2009(01).

[8]爱伦·M. 芭波里克. 侵权法重述纲要:第三版,许传玺,石宏,董春华,等,译,北京:法律出版社2016年版,第234–236页。

[9]史尚宽. 民法总论[M]. 北京:中国政法大学出版社,2000.

[10]易军. 无因管理制度设计中的利益平衡与价值调和[J],清华法学,2021,15(01):142–162.

[11]广东省高级人民法院专项调研组. 民法典溯及力问题研究[J]. 人民司法:应用,2020(31):51.

[12]奚晓明,王利明. 侵权责任法裁判要旨与审判实务[M]. 北京:人民法院出版社,2010.

[13]张谷. 论《侵权责任法》上的非真正侵权责任[J]. 暨南学报:哲学社会科学版,2010,32(003):43–51.

[14]庞德. 通过法律的社会控制法律的任务[M]. 沈宗灵,董世忠,杨昌裕,等,译. 北京:商务印书馆出版社,1984.

[15]王泽鉴. 民法学说与判例研究:重排合订本[M]. 北京:北京大学出版社,2015.

[16]富勒. 法律的道德性[M]. 郑戈,译. 北京:商务印书馆,2005.

[17]华特生. 康德哲学原著选读[M]. 韦卓民,译. 北京:商务印书馆,1993.

[18]黄茂荣. 债法通则. 之四,无因管理与不当得利[M]. 厦门:厦门大学出版社,2014.

[19]章程. 见义勇为的民事责任——日本法的状况及其对我国法的启示[J]. 华东政法大学学报,2014,17(4):48–57.

[20]邢捷. 论见义勇为人员的权益保障——政府责任与行政行为的规范[J]. 中国人民公安大学学报:社会科学版,2008,024(004):

34 -39.

[21]王亚新.对抗与判定:日本民事诉讼的基本结构[M].北京:清华大学出版社,2002.

[22]曾大鹏.见义勇为立法与学说之反思——以《民法通则》第109 条为中心[J].法学论坛,2007(02):76 -83.

[23]乌尔里希·克卢格.法律逻辑[M].雷磊,译.北京:法律出版社,2016.

“公司+农户”模式下的合同界定、风险及其防范探究

张春普[①] 黎洁莹[②] 孙丽聪[③] 江 岚[④]

摘 要 近年裁判文书网上有关“公司+农户”养殖模式中的合同判例名称、案由表述不同,结果各异。通过实地调研广西某源养殖有限公司推行的该模式与判例具有一定的相似性。其公司与农户所签订的合同包含委托、买卖与技术服务三个部分,立法上属于我国民法典中非典型合同;学理上比较符合混合合同中类型结合合同。鉴于该合同关系的复杂性,要针对订立与履行阶段中的不同风险,分别加强防范,以保障合同的正常履行,进而周到保护主体正当权益。

关键词 “公司+农户”养殖模式 典型合同 混合合同 给付义务

民事主体受近代契约自由精神的指引,出于各自利益的考量,通过双方自由意志所订立的合同,往往表现为非典型性,其在各行各业中均有所体现。由于非典型合同在现行法律中没有具体详尽的规

---

① 张春普,天津商业大学法学院教授,研究方向民商法学。
② 黎洁莹,天津商业大学法学院2018级本科生。
③ 孙丽聪,天津商业大学法学院2018级本科生。
④ 江岚,天津四方君汇律师事务所专职律师、高级合伙人。2020年04月天津市大学生创新训练计划项目《“公司+农户”养殖模式下合同的落实问题研究》的阶段性成果。

定,实践中会产生一定的风险。其中,“公司 + 农户”模式下的合同就是本文所要探讨的主题。

一、“公司 + 农户”养殖模式中的合同判例梳理与非典型合同界定

(一)“公司 + 农户”养殖模式中的合同判例梳理

笔者在中国裁判文书网以“公司 + 农户”、民事案由为关键词,在 2020 年 1 月 1 日至同年 12 月 31 日所公布的 600 多件案例中,发现 39 件“公司 + 农户”模式下以公司与农民二者之间出现纠纷为案件主要内容的判决书。上述判例当中,不同的公司对于合同的名称各异。同时也出现了不同公司所拟订的合同名称类似或者是相同,在法院判决中的案由不相同的情况,或者合同的名称不相同,但是案由又相同的情况。大致情况归纳如下:

表 1　合同判例梳理表

案由及案件数量	合同名称
案由 A:种植、养殖回收合同 数量:20	1.《广西某养殖有限公司肉猪委托养殖及担保合同》 2.《养鹅及商品鹅内购销合同》 3.《食用菌种植协议书》 4.《委托养殖协议》 5.《肉鸡委托代养合同》 6.《肉鸡委托养殖合同》(10) 7.《商品猪委托养殖合同》 8.《桂柳蛋鸭委托养殖合同》 9.《肉猪委托养殖合同》 10.《肉鸭合作养殖合同》(2) 11.《玛咖合作种植协议》(该案件的原案由为合伙协议,纠纷后改为种植回收合同纠纷) 12.《肉鸡委托代养合同》(倒数第二个案例)

续表

案由及案件数量	合同名称
案由 B:买卖合同纠纷 数量:12	1.《“公司+农户”合作发展生猪生产合同书》(6) 2.《养鹅及商品肉鹅购销合同》(3) 3.《某公司+农户+基地生猪养殖合同》(2) 4.《某饲养科技有限公司与饲养户合作饲养肉鸡合同》 5.《棚前代养合同》(法院认为该合同实质是“公司+农户”肉鸡代养合同)
案由 C:合同纠纷 数量:4	1.《肉猪委托养殖合同》 2.《饲养合同》 3.《“公司+农户”批次养殖协议》 4.《合作协议》
案由 D:委托合同 数量:1	1.《“公司+农户”家禽养殖合同》
案由 E:合作养殖合同纠纷(本案之前的案由为买卖合同纠纷,后法院认为是合作养殖合同纠纷) 数量:1	1.《生猪定向养殖合同》

在对案件的判决中,有的法院对合同当中的部分内容直接适用了相关有名合同的规定,有的法院则在判决当中采用了参照适用最相类似的法律规定对案件进行了审理。通过实地考察和中国法律文

书裁判网上部分合同摘录,在大部分公司加农户的养殖合同中①,都包含了以下三个内容,第一,公司向农户提供养殖需要的鸡苗、猪苗或提供种植所需的植物苗,并约定在养(种)殖过程中公司拥有公司所提供物品的所有权。第二,农户以记账欠款的方式从公司取走养殖需要的饲料或种植的肥料和相关药品。第三,公司向农户提供种植或养殖上的指导并按照合同约定的价格(不同的公司对于回收的价格有不同的计算方式)回收相关的成品。此外,不同养殖合同中,对于一些其他条款的约定并不一致。名称与内容的不同影响合同性质的认定以及法律的适用,笔者通过广西某某养殖有限公司(以下简称为“广西某某公司”)的合同相关内容进行进一步的分析。

(二)非典型合同的学理界定

合同依据不同标准,分类不同。依据法律是否有具体名称,可分为典型合同和非典型合同。我国民法典规定了 19 类合同;对于非典型合同,学者有不同的分类。史尚宽先生将其分为纯粹的非典型、准混合和混合三类合同。王利明也持此观点。根据史尚宽的观点。所谓纯粹的非典型合同,就是指在一个合同当中所约定的内容不能归属于任何一个典型合同的情况;准混合合同是指在一个合同当中,有

① 广西某某养殖有限公司《肉鸡委托养殖合同》部分内容节选:一、乙方(农户)凭甲方(公司)发放的《领取货物凭证簿》(饲料专用)向甲方以记账欠款方式按计划领取饲料;凭《领取货物凭证簿》(鸡苗药品专用)向甲方以记账欠款方式按计划领取鸡苗、疫苗、药品等物品。乙方所欠甲方货款为《领取货物凭证簿》(饲料专用)与《领取货物凭证簿》(鸡苗药品专用)登记金额之和。二、乙方(农户)可要求甲方(公司)按本合同规定回收正品肉鸡,甲方回收肉鸡后,乙方可要求甲方按照合同规定结算本批养殖报酬。三、甲方(公司)对乙方(农户)承包饲养的肉鸡进行服务及技术指导,在乙方要求提供技术支持时,甲方有责任提供帮助。四、乙方(农户)所承包饲养的肉鸡及其领取的饲料兽药及疫苗等物所有权(产权)属于甲方(公司),乙方不得变卖或有任何形式的转移,甲方有权对乙方承包饲养的肉鸡进行销售或处理,销售日期由甲方根据不同品种及上市日龄决定。五、不管任何原因,乙方(农户)承包饲养甲方(公司)的肉鸡结算出现亏本时,乙方所欠甲方货款,甲方有权从乙方所交的养殖保证金中扣还,若乙方的养殖保证金不够抵扣,甲方有权向乙方追偿所欠款项,并从结算日起,另外收取欠款额每日 5% 的滞纳金。

一部分的内容可归属于典型合同的内容，而合同主要内容的其他部分则不可以归属于任何的典型合同；混合合同是指以一个有名合同当中的内容和另一个有名合同当中的内容所混合而形成的合同。史尚宽将非典型合同与典型合同的不同结合，定义为非典型合同的不同类型；纯粹的非典型合同指的是整个合同内容当中没有任何有名合同内容的合同；混合合同则是有名合同与有名合同的结合；准混合合同，便是有名合同和非典型合同的结合，是非典型合同和混合合同的中间状态。

王泽鉴把非典型合同分为纯粹的非典型合同、合同联立和混合合同三类。崔建远、韩世远也认同这一分类。王泽鉴认为纯粹的非典型合同，是指在合同当中合同的内容不符合任何典型合同要件，所约定的内容全部都是法律没有明文规定的内容；合同联立是指在一个合同当中约定了属于不同的典型合同或非典型合同并且内容之间有相互结合关系的合同；混合合同是由多个典型或者非典型合同的内容作为合同组成部分而构成的契约。比较上述两种观点，笔者赞同王泽鉴的分法。虽然史尚宽的分法简单明了，但是联立合同的内容，并不能为有名合同全部包含，更宜认定为非典型合同。同时，王泽鉴的分法把合同联立列于非典型合同的分类之中，使非典型合同的内容更为完善。笔者也将从王泽鉴的观点出发，对“公司＋农户”养殖模式下的合同类型进行探讨。

二、“公司＋农户”模式下的混合合同分析

就整个肉鸡养殖合同来看，广西某某公司的养殖合同中，包含了委托合同、买卖合同、技术服务合同的内容。通过小组的走访调查发现，在广西某某公司与农户的合作中，如果农户不是与公司签订了委托养殖合同，就不能享受到公司的技术服务指导，双方就不会形成技术服务合同关系。同时，如果不是因为农户与公司签订了养殖委托合同，也就不会购买合同当中约定的、由公司销售的高于市场价格的饲料和药品等物品,买卖关系也将不复存在。所以在该合同中,三个典型合同为了实现一个主要的合同目的而结合在一起。其中,委托合同、买卖合同、技术服务合同是委托养殖合同下的组成部分。也正是因为如此,广西某某公司与农户所签订的合同,在性质上符合混合合同的特征。

王泽鉴参照德国通说,将混合合同分为了四类。下文将对广西某某公司养殖合同类型在混合合同范围内进行进一步分类。

(一)典型合同附其他种类的从给付分析

又称有名合同附其他类型的从给付或主从混合型合同,该种合同的实质是合同所追求的主要目的,旨在履行双方达成的一个有名合同。但在这个有名合同之下,又有了其他种类给付义务。而这种其他种类的给付义务,在合同目的实现过程中具有明显的附从性质。所谓的明显附从性质是指其他种类的给付义务相对于合同的主要给付义务而言,具有较弱的重要性。广西某某公司的合同主要内容由三个典型合同构成。其中,委托养殖合同似乎起到最为主要的作用。毕竟,如果没有委托养殖关系的存在,农户就不会与公司形成买卖合同关系,公司也不会与农户形成技术服务合同关系。但是,根据合同的内容,农户通过帮公司养殖肉鸡所获得的报酬以及药品和饲料等物品买卖合同当中的物品款项支付,都以委托养殖中肉鸡销售的货款作为基础。三个合同紧密相连,相互的内容不可拆分。同时,如果公司不提供养殖技术服务或者农户不接受其中关于饲料药品等的价格要求,该委托养殖合同的目的都不能实现。因而在广西某某公司的合同中,委托合同、买卖合同、技术服务合同是一个合同中的三个重要内容,三者之间并不存在附从的关系。

(二)双务混合合同分析

双务混合合同又称双重典型合同或对待给付非典型之契约又或者混血儿契约,其特征表现为,在单一合同中,双方互负符合典型合同规定的对待给付义务。但是,双方所承担的是各属于不同典型合同的主要给付义务。在《肉鸡委托养殖合同》中,养殖公司签订合同的最终目的是得到符合约定标准的成品肉鸡。而农户与公司之所以能够达成签订合同的合意,是因为农户希望通过自己的养殖管理活动获得劳动报酬。综合前述内容可知,在农户与广西某某公司合作的过程中,农户所承担的主要给付义务就是提供合格的肉鸡,而公司则承担了提供技术服务和饲料等义务。而公司和农户所承担的给付义务,又和双方签订的合同中各个有名合同的主给付义务相符。公司和农户之间并不是农户履行一个主给付义务,从而抵销了公司所履行的另一主给付以减少价金支付行为的关系。在广西某某公司的合同中,公司需要提供合同中约定的物品和服务,农户需要交出合格的成品。因此,在公司和农户的养殖合同中,公司需要承担由多项义务构成的主给付义务,双方之间并不是单一的合同之下因给付不同而形成的双务混合合同。

(三)类型融合合同分析

又称类型混合合同或狭义混合合同,该合同特征为,在一个合同的一个给付当中,给付的构成部分并不仅是符合一个典型合同的特征。混合赠予的例子便属于此种合同类型。在广西某某公司和农户的肉鸡养殖合同中,不同典型合同的存在使得缔约双方各负不同的给付义务。公司要提供合格的饲料等商品和有效的技术服务,农户要提供符合合同约定的合格肉鸡。在双方所形成的完整合同中,委托合同、买卖合同和技术服务合同虽然是养殖合同的构成部分,但各个合同的主给付义务并不是双方在委托养殖合同中主给付义务的构成部分。在广西某某公司与农户的合同中,公司通过提供技术服务完成了自己在技术服务合同中的主给付,通过欠款记账的方式向农户提供药品等物品以完成自己在买卖合同中的主给付义务,通过卖鸡所得收入减去用户赊借款返还农户所得的方式支付委托农户养鸡的费用。因而,在该委托养殖合同中,三个典型合同的各个主给付义务在合同履行中既不相同也未将公司和农户的给付义务融合为一个混杂了不同典型合同特征的给付。

(四)类型结合合同分析

该合同的特征为,合同一方当事人只有单一的对待给付或者没有任何对待给付,而另一方当事人,却负担着数个属于不同的契约类型,但又在合同中起着同样重要作用的给付义务。类型结合合同与典型合同附其他种类的从给付的最主要区别就在于,在类型结合合同当中所有的给付内容都处于同等重要的位置,不存在附从关系。王泽鉴称之为“同值的地位”。通过前文分析可知,在公司与农户的合同中,公司承担的义务与农户的主要义务在数量上并不一致,并且双方的主给付并不存在附从的关系。委托合同、买卖合同和技术服务合同三者在合同中的地位上具有平等性。因此,广西某某公司与农户的合同在本质上,是养殖公司在以记账方式提供饲料和药品等物品的同时提供技术服务,以达到自己获得合格肉鸡的目的所订立的混合合同。而这一种混合合同又恰恰具有类型结合合同的特征,应将其性质认定为类型结合合同。

三、“公司 + 农户”模式下类型结合合同风险及其防范

该模式运作多年取得了一定的成效,但也出现了履约不当、利益分配不合理等纠纷。由于民事主体在订立合同时是通过意思自治来约定双方的权利义务内容,所以,在“公司 + 农户”模式的合同中往往呈现出买卖合同、技术服务合同、委托合同等典型或非典型的混合合同形式。由于混合合同的法律关系复杂、合同内容形态各异、认定及审判难度较大,所以在订立合同时应当尽量明晰各类权利义务,同时还要注意减少不必要的其他风险。笔者将结合该模式合同纠纷的典型案例,从合同的订立和履行风险两方面进行分析。

(一)合同订立阶段的风险及防范

基于该模式下非典型合同特点,对于合同订立阶段的风险,不仅要避免在合同内容与形式两方面的固有风险，更要考虑该模式下农户较为不利的缔约地位带来的潜在风险。

第一，农户对公司主体资格和经营情况的审查不足风险与防范。

依据笔者实地调研所看到的不同公司合同文本发现，一些当地规模较小的企业倾向于通过预先收取保证金、押金等费用，来确认农户是否具备履行合同的能力与诚意，降低了农户违约给自身带来的风险。但该模式下的混合合同中普遍具有技术服务合同的内容，这对公司的技术水平、管理人员、种苗渠道也提出了较高的要求。根据裁判文书网的检索，从某江市某养殖有限公司与廖某买卖合同纠纷一案法院认定的事实部分可见，农户对公司的了解较为不足，甚至在农户的答辩意见中提出了公司无管理团队、无技术、无经验等情况。根据笔者调查还发现，部分农户反映提供技术服务的技术员技术水平参差不齐，有时无法提供有效技术指导的情况。这无疑为今后履行合同义务，实现合同目的埋下了较大隐患。对此建议：农户在签订合同时需要审查公司是否具有主体资格、代理人是否有代理授权、公司经营能力、有无债权债务纠纷、行业从业资质等基本情况。农户可以通过查询有关部门的登记信息、人民法院的判决书、执行名单、社会口碑、互联网公开信息等对公司的状况进行了解。大品牌、好口碑也可以作为一个考量的因素。农户如果在履行合同前发现主体、履行能力等方面存在重大缺陷，就应当审慎订立合同，防止合同不能履行造成损失；如果认为其在主体、履行能力等方面虽有瑕疵，但仍有可能实现合同目的，则应采取法定的风险防范措施，如要求对方提供财产担保、第三人保证等。

第二，农户对合同条款构成的理解不准的风险与防范。

在签订合同时，农户一定要把公司所有承诺的内容放到合同中去，因为一旦发生纠纷，合同是处理纠纷的核心依据。在安徽某鸭业集团有限公司与某种植养殖一案中，在签订合同之前，公司承诺给予农户补贴，并提供鸭苗和饲料。但是在合同文本中写明的是需要农户支付饲料费用,且没有任何补贴条款。人民法院本着以合同和客观证据为准的原则做出了判决。对此,笔者建议农户在签订合同时,要做好对合同文本的审查,包括对每一项条款是否符合自己预期以及公司承诺,合同用语应使用普通话,错字、别字或有歧义的语句也需要认真审查。

第三,农户对合同的内容判断不清的风险与防范。

由于公司和农户实际缔约地位上的不平等、农业生产周期长风险大以及农户水平参差不齐,在合同中对农户有较多的违约赔偿要求及预先缴纳保证金规定。笔者建议,合同内容不能无底线的向公司方妥协。首先,根据《中华人民共和国民法典》(以下简称《民法典》)第一百四十三条规定:"合同中违反法律、行政法规的条款无效。"通过实地调研,在该模式下合同中较为常见的违法条款有"本公司拥有合同的最终解释权""当发生自然灾害时由农户承担有关损失"等。对于此类明显的违法条款,建议农户在签订合同时要积极了解相关法律、仔细阅读每项条款,必要时可以诉诸法律途径。

此外,在该模式下签订的合同中,公司为了防止养殖户私卖或疏于养殖,往往对农户的各项违约赔偿规定较细,赔偿金额较高,有显失公平之嫌,违反公平原则。例如,在某禽业有限公司与周某种植养殖回收合同纠纷一案中,人民法院认为合同中的部分条款明显加重了农户责任,违反了公平原则。具体赔偿金额由人民法院酌情认定。对此,笔者建议,在签订合同时,不应把罚款、违约金等作为约束双方的唯一方式,可以通过约定赔偿损失等方式来达到公平合理的结果。

第四,农户对合同定性不明的风险与防范。

"公司+农户"模式下的合同往往混合了不同的合同类型,会导致在司法实践中对合同定性和法律适用的争议。根据前文对判例案由和合同名称的梳理,笔者发现法院对于该模式下签订的合同主要认定为种植、养殖回收合同和买卖合同。但这部分合同的合同名称均未体现出该合同的准确性质。这会对农户对于合同的定性产生一定的误导,使农户不能正确的行使权力和履行义务,还会带来司法途径上的风险。对于买卖合同的法律适用目前没有较大争议,但对于非典型合同法律适用的问题上,学界主要有四种思路:其一,结合主义,通过对混合合同进行分类,然后按照不同类型分别进行不同的法律适用;其二,吸收主义,主张合同的主要部分吸收合同的次要部分,适用主要部分有名合同之规定;其三,类推适用主义,在纯粹无名合同除适用法律行为及契约通则外,具体的就各契约之经济目的及当事人之意思,类推适用关于其类似之有名契约之规定;其四,对较成熟的混合合同进行有名化处理,如融资租赁合同。根据《民法典》第四百六十七条的规定:“结合公司加农户模式的实际情况,对于该模式下的种植、养殖回收合同纠纷,在司法实践中通常适用合同编通则、委托合同、技术服务合同、买卖合同的相关规定。”而依据这些规定所做出的判决结果,出乎大多农户在签约时的预料。对此笔者建议,由当地政府或村委会牵头进行定期普法活动和法律援助来帮助农户明确合同定性,正确预见风险。在调查中还发现,部分农户反映了法律援助没有准确解决困惑的问题。对此,笔者希望在举办类似活动时,主办单位应注意普法内容务必贴近实际,最好做到精准到户。

(二)合同履行阶段的风险及防范

第一,不可抗力、情势变更后果不清的风险与防范。

对不可抗力、情势变更导致标的物损毁致使合同目的不能实现的情况,债务人一方应根据《民法典》第一百八十、五百三十三、五百九十条的规定重新协商。同时,在影响消除后及时告知债权人,提前终止或解除合同,以避免通知滞后导致损失的扩大。此外,还有一类涉及政府补贴的分配风险的情形。鲁某某与雒某某杨某农业产业集团有限公司种植养殖回收合同纠纷一案就体现了这一风险的存在。

在此类风险中,较为突出的问题是当突发瘟疫灾害时,政府秉承扶农助农的政策通常会给予农户补贴。在委托合同中,通常会将受损农产品的所有权归于公司,则补贴也会给予公司,农户仅能得到少量补贴,对于受损农户来说比较不利。甚至在政府补贴不足以弥补实际损失的情况下,农户通常还有更多人力、物力的损失,这不仅加剧了弱势农户的经济损失,还违背了扶农助农的政策目的。对此笔者建议,可以通过在合同中预先约定分配方案或购买农业、养殖保险的方式,来减少此类损害的发生。

第二,对方拒绝、迟延以及瑕疵等履行的风险与防范。

根据民法典的有关规定,在债务人存在拒绝履行、迟延履行和瑕疵履行的情形时,债权人可主张法定解除权、约定解除权、不安抗辩权或要求债务人承担继续履行、采取补救措施、赔偿损失等违约责任或提供担保以保护自己的合法权益。吴某与某县天某食用菌有限公司、某县某凤食用菌有限公司种植、养殖回收合同纠纷一案表明,农户对公司迟延履行的催告难度较大,此外农户还可能存在农业贷款、交通费、误工费等额外损失。且由于农户留存证据的意识不强和对证据证明力等方面知识的缺失,其诉求较难得到法院支持。对此笔者建议,可以由政府牵头或者农户自发地组成合作社或养殖协会等具有一定知识技术水平和拥有一定影响力农户团体。债权人一方一旦发现对方存在违约行为,应用及时、恰当的方式进行催告,避免债权超过诉讼时效而导致的司法救济风险。债务人无法或延期履行合同义务的情况时,应及时通知债权人,与债权人达成协议补充、修改原合同,避免债权人依据原合同内容追责的风险同时及时防止各种损失的扩大。建议农户在发生突发情况时,首先应严格按照合同约定方式处理。若合同没有约定,则应与公司方协商达成新的约定。若协商不成可找到当地政府、法律援助机构、法定调解机构或诉诸法院。此外在整个过程中还应保留证据,有备无患。

综上所述,“公司+农户”模式下的合同,为混合合同当中的类型结合型混合合同。对该模式下合同的认定对纠纷当中的审判结果有重大影响,因而,对其风险防范应贯穿于合同订立和履行的所有过程中。无论是公司还是农户都必须审慎地对待合同条款和履行行为,充分了解相关法律知识,切实防范可能遭遇的法律风险。在该模式的进一步发展中,必须对该合同的性质和风险有正确的认识和防范意识。只有做到这些,才能更好地把“公司+农户”模式的发展更加规范化,以周到保护农户的正当权益。

参考文献

[1]王利明.合同法研究:第1卷[M].北京:中国人民大学出版社,2015.

[2]史尚宽.债法总论[M].北京:中国政法大学出版社,2000.

[3]崔建远.合同法[M].北京:北京大学出版社,2016.

[4]韩世远.合同法总论:第三版[M].北京:法律出版社,2011.

[5]王泽鉴.债法原理[M].北京:北京大学出版社,2009.

[6]谢震.论混合合同的法律适用[D].西北大学硕士论文,2015.

我国居住权制度浅析

张　涛[①]　马　昕[②]

摘　要　《中华人民共和国民法典》(以下简称《民法典》)回应“居者有其屋”到“住有所居”的时代需求,增设了一种新的法定用益物权——居住权。现有法律条文内容较为精简,未能概括居住权适用中的所有情形,需对《民法典》居住权条文进行规范性解释适用。尤其是在权利结构方面,要将居住权主体扩张为非自然人和居住权人的家庭成员及护理人员,居住权客体也应突破一物一权的限制;在其权利内容上,在居住权人有占有、使用的权利及不得转让、继承、出租的义务之外,将其消灭事由扩大为住宅灭失、依法征收、滥用居住权、居住权的放弃等情形。在物权变动时,要充分考虑与物权变动部分法条的体系性适用,并增设法定居住权。

关键词　居住权　居住权人　居住权消灭　法定居住权

一、居住权制度的域外发展比较与问题提出

党的十九大报告提出,“要加快建立多元化的住房保障体系,让

---

① 张涛,天津商业大学法学院讲师,法学博士。

② 马昕,天津商业大学民商法硕士研究生。

全体人民住有所居”。为积极响应党的号召，满足人民的生活需求，《民法典》物权编增加规定了一种新型的用益物权——居住权，这既是《民法典》的重大制度革新，也是《民法典》颁布的特色之一。居住权是传统民法理论中的一种人役权类型，最早出现于罗马婚姻家庭关系中。罗马法时期，将有关使用房屋居住的权利，即用益权、使用权、居住权都规定在人役权制度中，其中用益权是指用益物权人为维持其生活居住需要使用他人的物并获取收益，但不得改变物本身的性质和用途的权利；使用权是指在使用权人所需限度内，不改变用途的使用物的权利。使用权人的权利义务与用益权人的权利义务范围基本类似，但区别点在于用益权人不仅可以使用他人之物，而且可以获得收益，而使用权人仅可以使用他人之物，无法获取收益。居住权是指居住权人居住并使用他人房屋的权利，是为特定群体的利益设定，通过遗赠房屋的方式保障某些无法继承遗产而需受照料的家属的生活。

在罗马法的影响下，居住权制度在欧洲大陆各国逐渐走向制度繁荣。法国近乎完整地引进了罗马法相关制度，《法国民法典》专编规定了居住权制度①。区别于罗马法依遗赠设立的居住权，《法国民法典》规定："确立居住权依法或当事人意思自治。"同样受罗马法影响的《德国民法典》明确规定住宅权作为一种“限制的人役权”②，具有明显的人身属性，不允许继承和转让，只有在获得所有权人的许可时才可转让。随着社会的发展，现存制度已难以满足居住生活的需要，由是颁布了《住宅所有权及长期居住权法》，在打破一般居住权制度的限制的基础上，规定了一种允许转让和继承的长期居住权制度，具体规定居住权人有权对房屋进行出租并获得收益，这一定程度上

① 参见罗结珍译，《法国民法典》，北京大学出版社 2010 年版。
② 参见陈卫佐译，《德国民法典》，法律出版社 2020 年版。

满足了人们生活和投资的双重需求。在“西学东渐”的过程中,东亚各国普遍接受了以法德为代表的物权制度,但在移植过程中却缺失了居住权制度。随着《民法典》的颁布出台,居住权制度的新设成为社会一大关注热点,但从规范性法律条文的设置来看,仅有的六条规定不足以解决现实生活中的实际需求,由此可以试图通过对《民法典》实施的居住权法条规定进行必要解释,并针对现有规定的不足之处进行完善,实现真正意义上的人人住有所居。

二、居住权主体范围的确定

为满足居住权人生活居住的需要,基于特殊的身份关系,往往涉及特殊群体的利益,居住权设定的主体一般限于自然人,但随着社会的发展,投资性居住权日益显现,那么法人、非法人组织是否属于居住权主体?对此学者有不同的争论,持反对观点如学者钱明星认为“居住权的产生以家庭为纽带,牵扯到特定群体的权益,居住权仅为自然人设立”①;房绍坤教授也认为从《民法典》现有条文规定来看,居住权在“住宅”上设立,以适应特定人的居住需求,主体应局限为自然人。而持支持观点如学者申卫星认为“将来发展的居住权应留有一定的空间以满足投资等需求,所以有关投资性居住权的主体可以是非自然人”②。本文认为,居住权主体不应只涵盖自然人,非自然人也可成为居住权主体。一方面,《民法典》规定当事人应当对“名称和住所”做出明确约定,且基于平等原则,法人、非法人组织亦可成为居住权合同中的所有权人或居住权人;另一方面,社会性居住权仅能满足特定群体的居住利益,难以适应社会的发展需要,而具有投资性功能的居住权蓬勃发展,例如一些法人团体通过开设民宿、分时度

---

① 钱明星:《关于在我国物权法中设置居住权的几个问题》,《中国法学》2001 年第 5 期,第 18 页。

② 申卫星:《视野拓展与功能转换:我国设立居住权必要性的多重视角》,《中国法学》2005 年第 5 期,第 88 页。

假房等投资居住权，不仅可以激发市场活力，而且可以实现投资的多元化。同时《德国民法典》明确了非自然人可以作为居住权的主体，可以予以参考。因此我国《民法典》应明确法人、非法人组织应与自然人享有平等的居住权，对居住权的主体范围扩大至非自然人主体。

基于身份关系导致的共同生活事实，房屋的使用非限于居住权人本身居住，那么居住权人的家庭成员及护理人员能否享有居住权？依《民法典》第三百六十六条文义来看，居住权主体仅限于居住权人，这一解释与现实生活并不相符，居住权人通常处于大家庭环境中，与其配偶、父母、子女等亲属以及长期为权利人及家庭成员提供医护或家务的人员共同生活居住，有着密不可分的联系。当居住权人因组建家庭或者因年迈、疾病需要护理时，居住权人的需求范围不仅局限于个人生活需求，而是扩展到配偶、子女以及护理服务照顾人员。若居住权仅限于居住权人享有，则无法满足居住权人的生活照顾护理需求，这与居住权的立法目的并不相符。对此我国可以借鉴德国的相关经验，明确规定居住权人有权与家庭成员及必需的照料人员共同居住。因此基于以人为本的理念，我国《民法典》应对居住权主体作扩大性解释，居住权人的家属成员或为其提供生活照顾的护理人员等也享有居住权，法律应允许居住权人自由选择可以进入居住空间的人员。

另外，将居住权的主体仅限于自然人过于狭隘，应拓宽主体视野，不仅非自然人主体可以成为居住权主体，尤其体现在投资性居住权领域，而且居住权人的亲属及需共同居住权者也可以有居住权。

三、一物一权原则在居住权设立中的突破

从《民法典》现有条文来看，居住权是在自己所有权外的房屋之上设立的，可见房屋是权利的客体。一般居住权在整套房屋上设立，但实际经常出现就一栋房屋的楼层或单独的房间设立居住权的情况，对此我国《民法典》并没有做出明确具体的规定，那么房屋的一部分是否可以设定居住权？一个物上仅能设立一个所有权,也就是说同一房屋上不能有两个内容相冲突的权利,但现实生活中大部分人仅有一套房屋,若严格按照一物一权原则,以房屋整体设定居住权,就无法为权利人带来利益,居住权制度就无法发挥功能。从比较法的角度来看,《德国民法典》规定:“居住权人可以就建筑物整体或部分享有居住权。”对此可以参考德国法规定,为充分发挥居住权的功能,居住权人既可以就房屋的全部,也可以就房屋的部分享有居住权,例如房屋所有权人在一套房屋上设定数个居住权,这意味着房屋的部分也可以成为居住权客体。居住权自登记时设立,但不动产登记簿一般登记为一套房屋的整体,若居住权在部分房屋上设立,那么就房屋的部分是否需要登记？有观点认为房屋的部分使用范围无须进行登记,可以由当事人之间进行协商。如果要进行登记,登记机构需要更加准确的判断以及申请人需要为了确定部分房屋边界范围收集更为详细的材料,如房屋结构、界址、面积等,这无疑给申请人和登记机构带来了负担,因此可以明确居住权登记的范围为房屋整体,而对于以部分房屋设立居住权的具体事由可以由当事人进行协商。例如明确部分房屋的使用范围,以双方达成合意签订合同的形式保障居住权人的利益;持相反观点认为不动产物权变动采取登记生效主义,即使在部分房屋上设立居住权,也要将其使用范围明确记载于不动产登记簿上,必要时将房屋部分的图纸、图像等作为登记簿的附件,明确居住权人享有的部分房屋居住权。本文认为,登记居住权产生效力的要件,即使是部分房屋,也必须进行登记,根据我国《不动产登记暂行条例实施细则》的规定:“房屋既包含单独的整体,也包含可分割的部分空间。”因此,部分房屋的使用必须进行登记,并且需将使用范围、权利等具体事项记载于不动产登记簿。

房屋的一部分设立居住权后,行使居住权还会牵涉水、电、卫生间等附属设施,《德国民法典》规定:“居住权人可以利用与其生活居住需求相适应的配套设施。”本文认为可以予以必要借鉴，应对附属设施的使用应该区别情况：一方面，倘若附属设施是满足居住利益必要的，则可以在该设施上设立居住权；另一方面，倘若附属设施不是生活所必要的，比如车库、车位等，并不是生活居住的必要设施，居住权人能否使用，可以由当事人一致约定协商，若所有权人未明确表示反对，则居住权人有权使用。对此我国应当明确居住权的客体是他人住宅的整体还是一部分空间，当居住权的客体为住宅的一部分时，居住权人有权使用满足其生活必需的附属设施，若居住权人无法使用，将对其生活居住造成不利影响，则与居住权设立的初衷不相吻合，因此所有权人应当容忍居住权人的使用。

综上，居住权的客体不应仅局限于一整套房屋，突破一物一权规则的束缚，具体情况具体分析，对房屋的部分也可以设立居住权，并将使用范围等事项记载于不动产登记簿。此外，对于附属设施的利用，所有权人应当容忍居住权人。

四、居住权设立方式的分析与扩张

（一）基于合同的居住权设立

《民法典》规定订立居住权合同应选择书面形式，并对合同内容进行了提示性规定。基于合同方式设立的居住权，必须采取书面的形式，有利于保留证据，减少和解决纠纷。依第三百六十八条的规定：“居住权自登记时设立。”根据区分原则，不对居住权进行登记的，不影响合同生效，居住权经登记成立，一经登记居住权人便取得居住权。登记生效是我国不动产物权变动的方式，因此基于合同方式设立的居住权不仅应采取书面形式，还必须登记。

（二）基于遗嘱的居住权设立

《民法典》明确规定：“基于遗嘱的居住权设立，应参照居住权制度的相关规定。”首先，应当参照基于合同设立居住权的规定，记载于书面，遗嘱中必须明确立遗嘱人、居住权人以及作为居住权客体的住宅,其中包含的居住条件和要求、期限、是否无偿、是否可以转租等,居住权人应遵循遗嘱的内容,不得违背遗嘱的规定,不得擅自变更遗嘱内容;其次,第三百七十一条并未明确规定基于遗嘱设立的公示方法,那么是否需要登记,以及未登记的居住权效力如何?对此学术界颇有争论。最高院贯彻实施民法典工作领导小组认为,“我国采遗产继承宣示主义,居住权若基于遗嘱形式设立,则不宜适用第三百六十八条的规定,否认居住权登记生效主义,因遗嘱人死亡引发物权变动的属于非基于民事法律行为的物权变动,登记并非必要条件,因此无须登记就可设立”①;而持不同观点的学者认为,既然第三百七十一条并未作规定,则应自然参照第三百六十八条的规定和不动产物权变动的一般性规定,需对基于遗嘱形式成立的居住权进行登记,未办理登记则不产生效力。本文认为,根据《民法典》相关条文规定,“根据继承引起的物权变动,应在继承开始时产生效力”,也就是说,遗嘱继承是非基于民事法律行为的物权变动,被继承人死亡时居住权人取得居住权,并不需要登记,即可发生物权效力。

(三)基于裁判的居住权设立

对于居住权的产生方式,除物权编规定的基于合同和遗嘱形式以意定方式设立的居住权外,有的学者还主张设立法院裁判方式的法定居住权。从比较法的角度来看,除意定居住权外,法定居住权也是权利设立的重要方式,如《法国民法典》规定:“用益权可以基于法律规定产生。”在我国审判工作中法院通过裁判为当事人设立居住权的案件大量出现,法院依裁判为当事人一方在另一方当事人的住宅上设立居住权,有以下两种情形:其一是夫妻双方离婚时,根据《民法典》明文规定,当出现离婚后一方生活遭遇困境的情况时,由具备经

① 参见最高人民法院民法典贯彻实施工作领导小组编:《中华人民共和国民法典物权编理解与适用》(下),人民法院出版社 2020 年版。

济实力的另一方给予适宜的救济，为此法院可以判决有经济能力的一方应对没有住处生活困难的一方进行帮助；其二是人民法院在办理有关亲属间负有法定义务的案件上，在赡养义务人、抚养义务人的住宅上为被赡养人、被抚养人设立居住权。根据《民法典》的具体规定，父母与子女之间及近亲属之间有抚养和赡养的义务，基于特定的义务，上述主体间可以为彼此设定居住权。赡养义务人和抚养义务人的赡养、抚养义务不仅仅限于支付赡养费、抚养费，还应当为被赡养人、被抚养人提供住房，为此法院可以根据实际情况裁判为被赡养人、被抚养人在赡养义务人、抚养义务人的住宅的一部分或者整体上设立居住权。那么以法院裁判方式设立的居住权是否需要登记呢？根据《民法典》的相关规定："法院做出的生效判决直接发生物权变动，无须进行登记或交付。"因此，以法院裁判方式设立的居住权属于非基于民事法律行为的物权变动，不需进行登记，就可以生效。

综上，应对居住权的设立方式进行区别，分为基于民事法律行为和非基于民事法律行为设立的居住权，基于民事法律行为设立的居住权变动应遵循不动产物权变动的原则，通过登记发生效力，而对于非基于民事法律行为的居住权变动则不需要进行登记，登记并非生效效力。需要明确的是，要注重与物权变动法条的逻辑关系，并对居住权的设立方式进行扩张。

五、居住权的内容与边界

《民法典》规定居住权人可以占有、使用住宅，但不得转让、继承和出租。从现有条文规定来看，最明显的不足在于规定不明确，缺乏可行性，并未涵盖实际生活中居住权适用的全部。从文义解释的角度而言，其仅包括占有、使用房屋的权利以及禁止转让、继承和出租的义务，除此之外修缮房屋权、优先购买权、物上请求权等权利以及合理使用保管房屋、必要修缮费用承担、返还住宅等义务也应是居住权适用的本身应有之义。

(一)居住权的积极性权利内容

居住权人除有法条规定的占有、使用房屋的权利外,还可以行使修缮、优先购买、物上权利救济等权利。

其一,对房屋进行修缮。居住权对住宅中的有权部分享有排他性权利,因此为了提高生活质量及保障居住条件,只要不超出生活居住的用途限制,且不影响所有权人对住宅其他部分的使用,居住权人可以在不改造房屋整体构造和功能的前提下,对房屋进行修理或对房屋进行装饰等添附行为。

其二,住宅优先购买。在房屋所有人出售房屋时,居住权人和承租人均有购买房屋的权利,但在相似的条件下,居住权较租赁权的房屋保障效力更高,居住权人与房屋的联系更紧密,应当赋予居住权人相应的住宅优先购买权。

其三,物上请求保障。居住权是用益物权,可以排除他人干扰及对抗第三人的物权效力。居住权人在行使占有、使用的权利时,可以行使基于物权产生的请求权,包含排除妨碍、消除危险、恢复原状等。

(二)居住权的消极性权利边界

居住权人在拥有权利的同时,还必须承担某些义务,严守权利行使的消极性边界,除条文中明确规定的不得转让、继承及出租的义务外,还必须合理使用与保管、必要修缮、返还住宅。

其一,合理使用、保管的义务。居住权人应尽到谨慎地为自己行为负责的法律义务,同时应合理使用他人住宅,不得随意破坏房屋结构,毁损房屋设施,保障住宅的居住功能处于良好的状态,居住权人在使用房屋时,应当根据房屋的一般功能恰当使用房屋,若房屋可能毁坏消灭时,应当尽快通知房屋所有权人或及时采取正当的措施。

其二,必要修缮与费用承担的义务。为满足基本生活需要以及保障房屋的正常使用,居住权人需对房屋进行必要的修缮,产生的费用自行承担。对于“必要的修缮”,《德国民法典》第一千零四十一条规定:“修缮和更新必须注意保持物的经营上的状态。”如果为保持房屋的居住功能,修缮是必需的,则由居住权人负担。但当房屋出现如屋顶、墙体裂开等危及安全的情形需要重大修缮时,所产生的费用由所有权人承担。

其三,返还住宅的义务。居住权归于消灭,应当立即归还住宅。如果居住权人的死亡导致居住权消灭,那么继承人应及时归还房屋。若明显超过正常损耗范围,应对房屋所有权人进行赔偿。

综上,我国《民法典》物权编对居住权人的权利和义务规定过于笼统,不够细化,因此应当对居住权的效力进行扩张性解释,明确居住权人享有的权利和需履行的义务。

六、居住权消灭事由的扩张

从《民法典》现有规定来看,居住权到期或权利人死亡的,居住权归于消灭。居住权的期限设定应取决于合同的约定或遗嘱人的意思表示,若合同中没有明确约定期限,那么居住权及于权利人的终身,居住权人死亡的,居住权归于消灭。但仅以条文规定的消灭事由过于简单、不够全面,除此之外还应从以下几方面具体规定居住权消灭的其他事由。

其一,因住宅灭失的消灭。居住权是为满足生活居住利益而在房屋上设立的物权,住宅的存在与否对居住权目的的实现起着至关重要的作用。因此,如果住宅灭失,居住权就发挥不出来其应有的功能,居住权的目的无法实现,就没有存在的意义。如果住宅部分灭失的,还可以在残存的部分设立居住权,此部分继续存在;如果住宅全部灭失,居住权不因有替代物不归于消灭。

其二,居住权因住宅被依法征收而消灭。根据《民法典》的具体规定:“为了实现公共利益,国家可以征收组织、个人所有的房屋。”由于房屋被征收后用途往往发生改变,难以继续为居住权人继续居住,故此时居住权消灭。

其三,滥用居住权的消灭。居住权是为满足居住权人的生活需要而设立,居住权人应合理使用住宅,不得故意毁损住宅结构、擅自出租或擅自改变住宅的居住功能,为保护住宅所有权人的利益,应允许其有撤销的权利,居住权则处于消灭状态。

其四,居住权的放弃。居住权是一项私权利,权利人可以自动放弃。居住权人明确对所有权人表明放弃居住权的,居住权归于消灭。居住权人做出放弃的意思表示,非经得所有权人的同意,不能随意撤销。

综上,居住权因上述事由消灭后,会发生以下法律后果:其一,返还住宅。居住权期限届满后,居住权人必须返还住宅,同时住宅应当符合双方约定的状态。其二,赔偿损失。当住宅无法恢复至约定的原始状态时,所有权人可请求居住权人赔偿损失。其三,办理注销登记。居住权经登记生效,《民法典》明确规定:“须办理注销登记才能使得居住权消灭。”因此,为使居住权变动的真实情况得以公示,应及时办理注销登记,以恢复权利的圆满状态。

七、结论与展望

《民法典》新增的居住权仅规定六个条文,不足以解决现实生活中遇到的各种复杂问题,为使居住权发挥其应有的功效,应在司法实践中通过必要的条文解释不断地丰富居住权制度的既有内涵。当然,随着《民法典》的推进与实施,新情况、新案件不断涌现,也要在总结经验的基础上积累相关制度的完善可能,并注重与物权变动其他法条的规范与协调。有理由相信,随着中国法治化进程的推进与社会治理能力现代化水平的提升,相关法律制度会愈加完善,一定会对社会稳定与民生发展提供更为强大的制度性合力。

参考文献

[1]谭启平,付一耀.《民法典》居住权制度体系及其实现路径

[J]. 江西社会科学,2020,40(12):148-159.

[2]孙茜.《民法典》视野下居住权制度的理解与适用[J]. 法律适用,2020(21):26-35.

[3]屈然. 论我国居住权的设立方式与登记效力[J]. 法学杂志,2020,41(12):90-99.

[4]肖俊. 居住权的定义与性质研究——从罗马法到《民法典》的考察[J]. 暨南学报(哲学社会科学版),2020,42(12):79-89.

[5]房绍坤.《论民法典中的居住权》[J]. 现代法学,2020(4).

[6]曾大鹏. 居住权的司法困境、功能嬗变与立法重构[J]. 法学,2019(12):51-65.

[7]王利明. 论民法典物权编中居住权的若干问题[J]. 学术月刊,2019,51(07):91-100+148.

[8]申卫星. 从“居住有其屋”到“住有所居”——我国民法典分则创设居住权制度的立法构想[J]. 现代法学,2018,40(02):105-118.

[9]申卫星,杨旭. 中国民法典应如何规定居住权?[J]. 比较法研究,2019(06):65-83.

[10]王者洁. 论居住权权利框架体系的构建[J]. 江西社会科学,2016,36(02):164-170.

[11]辜明安,蒋昇洋. 我国《民法典》设立居住权的必要性及其制度构造[J]. 西南民族大学学报(人文社科版),2020,41(02):106-114.

[12]鲁晓明.“居住权”之定位与规则设计[J]. 中国法学,2019(03):223-239.

[13]肖俊.“居住”如何成为一种物权——从罗马法传统到当代中国居住权立法[J]. 法律科学(西北政法大学学报),2019,37(03):96-106.

[14]崔建远.民法分则物权编立法研究[J].中国法学,2017(02):48-66.

[15]单平基.《民法典》草案之居住权规范的检讨和完善[J].当代法学,2019,33(01):3-15.

法 律 探 析

大数据时代下的电子证据的证明力

崔　磊[①]　叶柔洁[②]

摘　要　大数据时代的到来，影响着社会生活的各个方面，司法实践也不可避免；大数据时代不仅赋予电子证据许多新的特征，同时也对电子证据的证明力产生了一定的冲击力；对电子证据的证明力的判断作为认证的一个重要部分，左右着个案审判的价值趋向；为了充分地发挥大数据对电子证据的积极作用，我国可以通过培养大数据专业化的人才，凸显电子证据的司法鉴定意见，完善相关的证据规则来应对大数据时代带来的挑战。

关键词　大数据时代　电子证据　证明力

一、电子证据的证明力与其影响因素

(一)电子证据的证明力

证据在司法程序中的运行主要分为取证、举证、质证与认证这四个环节，最关键的为认证，认证决定了司法审判的走向。认证包括对证据能力和证明力两个方面进行判断，目前多数学者都更注重研究电子证据的证明能力，对证明力的研究相对较少。

---

① 崔磊，博士，天津商业大学法学院副教授，硕士生导师，主要从事中国刑法研究。

② 叶柔洁，天津商业大学刑法学硕士研究生。

电子证据的证明力指的是证据对证明案件事实的真实性能够起到多大程度的作用,作用越大的证明力越高。立法没有做出明确的规定,但理应当从电子证据的完整性、可靠性、关联性三个方面进行考量。

(二)电子证据证明力的影响因素

1. 完整性

完整性是指电子数据本身和电子数据所依赖的计算机系统都具有完整性。对于电子证据完整性的认定,主要通过以下两种做法:一是与原件进行对比的方式,即拿证明电子数据与原件进行比对;二是推定的方式,即通过证明电子数据所依赖的计算机系统的完整性来证明电子数据的完整性。

2. 可靠性

可靠性是指电子证据的真实情况。电子证据具有脆弱性的特点,电子证据容易被人篡改和伪造,在认定电子证据是否具有可靠性时会面临以上困境。面对这种困境,法官通常有以下三种做法:一是直接认定法,即对电子证据形成的每一个环节进行审查,以确保电子证据的真实性;二是鉴定法,为确保电子证据的真实性,由具有专业知识的人对电子证据进行鉴定;三是间接认定法,即对电子证据的可靠性认定转化为对其所依赖的电子设备可靠性的认定,如果其依赖的电子设备是可靠的,就具有证据的可靠性。

3. 关联性

关联性指的是电子证据和案件的待证事实的相关性程度。电子证据的关联性认定和传统的证据认定并无差别,仍旧是依靠法官的自由裁量。主要通过以下三个方面判断电子证据与案件的待证事实的相关性程度:一是该证据证明的事实是什么,二是待证事实是否具有实质性,三是该事实对争议的解决是否具有实质性。

二、大数据时代的电子证据的新特点

自 2012 年《中华人民共和国刑事诉讼法》将电子证据纳入法定

证据种类后,《中华人民共和国民事诉讼法》《中华人民共和国行政诉讼法》相继将电子证据规定为一种新的证据种类。与传统证据相比,电子证据具有高科技性、脆弱性和复合性等特征,电子证据作为独立的证据种类在给传统的证据规则带来挑战的同时,也在司法实践中发挥着重要的作用。大数据时代对政治、经济、文化等社会的各个方面影响深远,在司法实践中大数据技术的运用也日益广泛,从而赋予电子证据海量性、稳定性、可预测性等新特点。

(一)海量性

大数据的显著特征之一便是海量性,截至目前,人类生产的所有印刷材料的数据量是200PB(1PB = 210TB),而历史上全人类说过的所有的话的数据量大约是5EB(1EB = 210PB)。当前,典型个人计算机硬盘的容量为TB量级,而一些大企业的数据量已经接近EB量级。公开数据显示,互联网搜索巨头百度2013年拥有数据量接近EB级别。阿里、腾讯都声明自己存储的数据总量都达到了百PB以上。此外,电信、医疗、金融、公共安全、交通、气象等各个方面保存的数据量也都达到数十或者上百PB级别。在贵州省遵义市破获的首例非法洗钱案,警方向媒体披露了该案侦破的详细经过,据悉为查证涉案账户,光是银行流水就打印了1600多页。

(二)稳定性

与传统证据相比,电子证据具有脆弱性的特点,电子证据容易被人篡改和伪造,由于缺乏专业知识,人们很难辨别真伪。篡改电子证据的过程中往往会留下痕迹。比如,使用Word对文档修改后,仍然可以通过多种途径恢复文件。并且在大数据技术背景下,无处不在的电子数据存储位置可能同时在不同的终端与互联网的云端,即使在某一地方电子数据遭受破坏,在另一终端对于电子数据的证据效果也会得到补强与相互印证。

(三)可预测性

大数据是指在海量数据的基础上,通过大数据技术对数据进行的分析和运用。大数据最大的魅力在于通过对数据的分析,寻找隐藏在数据背后的规律,并借此来预测未来。比如,高德地图可以根据交通大数据预测不同路段的拥挤程度,为用户选择最佳的路线,避开拥堵路段。在司法实践中,许多犯罪并不是偶然发生的,而是有一定的规律,大数据的预测功能能够帮助司法工作人员锁定犯罪嫌疑人。

三、大数据时代电子证据证明力面临的新挑战

(一)海量性增加电子证据收集审查难度

大数据时代人类的活动得到了前所未有的记录,司法工作人员可以通过大数据的运用寻找与案件相关的信息。但是海量的电子数据,对于电子证据的准确搜索带来了巨大的挑战,尤其是在侦查人员不明确其要寻找的电子证据的方向时,还要花费时间排除无效的信息干扰。一台私人电脑中可能包含形形色色的数据信息,如电脑自身运行产生的自动备份、自动更新、系统运行日志等,也有机主与他人的聊天记录、微博信息等,甚至包括网络入侵痕迹,而对案件有价值的数据可能只是其中很小的一部分。即便收集到相关电子数据,如何对电子证据进行审查也是重要问题,由于电子数据具有脆弱性,在海量数据中审查认定电子数据原件也面临着巨大的困难。

(二)可预测性降低电子证据的关联性

大数据的核心目的在于寻找数据背后的规律,从而对未来进行预测。在司法领域,大数据的预测功能被广泛地应用于犯罪预防。虽然事前预防比事后惩罚更好,但如果过分地依赖大数据的预测功能,可能会造成司法不公的现象。比如通过大数据分析某人未来可能会实施某一行为,但某人未来是否实施该行为不得而知,因此,不得对其采取进一步的措施。所以在大数据背景下,对于电子数据的收集应当更注重证据本身的关联性而非单纯依赖数据显示的因果关系。

四、大数据时代增强电子证据证明力的措施

(一)培养专业的人才

电子证据的科技含量高,不论是电子证据的收集、固定、保存和认定都离不开专业的人才。对电子证据证明力的判断更具专业性，审判人员长期从事司法工作，虽然具有较高的法律专业素养，却缺乏有关电子证据的专业知识，将很难对电子证据的证明力进行判断。这导致在司法实践中审判人员对电子证据认定意愿偏低。有学者为了解我国实践中电子证据的采信现状，从中国裁判与“电子证据”“电子数据”相关的裁判文书进行统计分析，结果表明，绝大多数情况下法庭对电子证据未明确做出是否采信的判断，其占比92.8%；明确做出采信判断的只是少数，仅占比7.2%因此，要逐步地培养专业性人才队伍，在目前还没专门性人才队伍尚未健全的时候，则要加强对司法工作者进行有关电子证据的培训。

（二）重视电子证据的鉴定工作

电子证据具有海量性、脆弱性等特点，而司法工作人员往往缺乏电子证据的专业知识。因此，必须由具有相关知识的人员或机构进行电子证据的鉴定。对于电子证据的鉴定工作我们应当注意以下几个方面：首先，要简化申请鉴定的相关手续，烦琐的申请手续会使司法工作人员不愿委托相关单位从事电子证据的鉴定工作。其次，明确电子证据的鉴定原则，比如程序性原则、有效监督原则、安全性原则、保密原则等。再次，规范电子证据的鉴定程序，未按照法定程序进行鉴定得出的鉴定结论将无法被采纳。最后，要求出具的相关结论简单易懂。鉴定专家出具的鉴定专业性比较强，对于司法工作人员来说往往是很难理解的。

（三）运用大数据技术对电子数据进行保管

国外对电子证据的保管已经建立了完备的证据保管链制度，证据保管链是指从获取证据到将证据提交法庭为止，有关证据及其改变的情况，以及保管人员变更的情况。一旦证据保管链存在断裂，该证据便可能不被法庭所采纳。我国目前并未建立起证据保管链制度，只是在一些法律规定中能够体现出证据保管链制度的精神，如

《中华人民共和国刑事诉讼法》第一百四十条规定:"搜查的情况应当写成笔录。"因此,我国司法实践中存在证据保管不当的情形,导致证据发生变化,甚至灭失。初步体现证据保管链制度要求的是公安机关《勘验与检查规则》和检察院《鉴定规则》,公安机关要求搜集电子证据是,采用封存的方式去保管电子证据的原始存储介质,一旦由于复制、鉴定等原因破坏了封存状态,就应当重新封存并制作相应的记录,然而电子证据被封存后仍存在被破坏的可能。运用大数据技术对电子证据进行保管,不需要存储介质,而且将电子证据存储于服务商文件系统,能够保障电子证据链条的完整性,一旦发生变化,可以运用大数据进行分析得出分析报告。

(四)完善电子证据的原件理论

英美法系的最佳证据规则,要求在能够提供原件时,只有原件才能被采信,在确实无法提供原件时,才允许提供与原件一致的副本。最佳证据规则要求出具原件是为了保障电子证据的真实性。我国立法虽然没有明文规定最佳证据规则,但一些法条中体现了最佳证据规则的精神。比如《关于适用〈中华人民共和国刑事诉讼法〉的解释》第八十四条规定据以定案的书证应当是原件。取得原件确有困难的,可以使用副本、复制件。

电子证据的原件载体说认为电子证据原件的标准和传统证据类似,即电子数据的原始载体就是电子证据的原件,不同于电子数据能够长期存在,电子数据原始载体寿命是有限的。并且侦查人员在获取之电子证据后,往往将其拷贝到U盘,或刻录成光盘的形式提交给法庭,按照原件载体说,这种转化之后的电子证据并不属于原件,在这种情况下重构电子证据原件理论显得极为重要。最佳证据规则旨在确保电子证据的真实性、完整性。因此,我国可以借鉴英美法系中的"拟制原件说"与"功能等同说",只要电子数据复制件能够与原件达到同等的证明效力,应同属于电子数据的原始存储介质,除非认定复制件的效力之后,对方当事人有足够理由怀疑并且会造成诉讼的不公平,才可以排除复制件的使用。

(五)重视电子证据的关联性

在大数据时代,人们在互联网的所有活动都被记录下来,我们可以基于一个人过去的行为预测他未来的行为。因此,大数据在侦查中往往能够帮助侦查人员快速地锁定犯罪嫌疑人,但预测结果并非必然发生,依据大数据得出的结论往往只能作为破案的线索,而不能作为证据使用。英美法系中的品格证据规则规定关于某人品格或性格的证据,不得用于证明该人在特定场合下实施了与其品格或性格特征相符的行为。品格证据受到严格的限制是因为品格证据会使法官形成偏见,不利于公正审判,大数据预测同样也会使法官产生偏见。因此我们在使用大数据技术收集证据时,要重视电子证据的关联性,明确案件待证事实是什么,该证据能否对该事实的真实性产生影响。

参考文献

[1]王春妍.大数据与计算机信息处理技术[J].黑龙江科技信息,2016(03):164.

[2]张吉豫.大数据时代中国司法面临的主要挑战与机遇——兼论大数据时代司法对法学研究及人才培养的需求[J].法制与社会发展,2016,22(06):52-61.

[3]刘品新.印证与概率:电子证据的客观化采信[J].环球法律评论,2017(04):111-129.

[4]陈永生.电子数据搜查、扣押的法律规制[J].现代法学,2014,36(05):111-127.

[5]刘品新.论电子证据的原件理论[J].法律科学-西北政法大学学报,2009(05):119-127.

对休息权的宪法思考

付　琳[①]　南庚鑫[②]

摘　要　《中华人民共和国宪法》明确规定了休息权。休息权是我国人权体系发展中不可或缺的重要组成部分。从基本权利分为单一型和复合型两种类型来看,休息权属于复合型权利,具体包括休整权、休假权、修养权和安宁权。从基本权利的双重属性即自由权和社会权的角度来分析,休息权则兼有自由权和社会权两种属性,但主要属于社会权的范畴。从宪法和其他法律的规定来看,将休息权的主体界定为劳动者,具有其合理性。但随着经济社会的高速发展,出现了不同的主体关于休息权利被侵犯的现象,因此应将休息权的主体扩大到公民。

关键词　休息权　自由权、社会权　休息权主体

一、休息权:单一型权利还是复合型权利

基本权利的分类有多种[③],如果以基本权利的内在结构是否单

---

① 付林,天津商业大学法学院教授,研究方向:宪法学。

② 南庚鑫,天津商业大学2019级宪法学与行政法学研究生。

③ 张翔教授在《基本权利的双重性质》(载《法学研究》)中认为基本权利均包含主观权利和客观法的双重属性,在分类方面较为模糊;周刚志教授在《论"消极权利"与"积极权利"——中国宪法权利性质之实证分析》(载《法学评论》)中认同基本权利分为积极权利与消极权利;胡玉鸿教授在《论我国宪法中基本权利的"级差"与"殊相"》(载《法律科学》)中将基本权利分为不受限定的权利、受法律约束的权利与附条件的权利这三种;上官丕亮在《关于宪法基本权利性质的重新思考——兼论宪法上的生命权之性质》中详细地论述了自由权与社会权的分类。

一为标准的话,似乎也可以将基本权利划分为单一型和复合型两种类型。前者指基本权利的结构单一、无法再具体划分为若干子权利的基本权利,而后者则恰恰相反,指结构具有多层次性、可以再具体划分为若干子权利的基本权利。以选举权和被选举权为例,选举权是指选举代议机关的成员或国家公职人员的权利,被选举权指被选为代议机关的成员及国家公职人员的权利,这两项结构单一,不能再具体划分出子权利,即属于典型的单一型基本权利。集会、游行、示威也属于该类型。再以人身自由为例,狭义上的人身自由即身体自由,属于单一型的基本权利;广义的人身自由由于包括通信自由和通信秘密不受侵犯的权利、住宅不受侵犯的权利等,应归为复合型基本权利。外国宪法中的表达自由即属于典型的复合型基本权利。

依据上述标准,休息权应该属于复合型的基本权利,具体讲,它包括如下几项子权利:

1. 休整权

顾名思义,休整权就是关于劳动者歇息的权利。它强调的是对劳动者工作时间的限制。众所周知,保障劳动者在工作中得到短暂的休整,可以使劳动者缓解疲劳,快速恢复精力,进而提高劳动效率,是劳动者进行再生产的必要前提。休整权在法律中的体现主要是工作时间的规定、延长工作时间的替代方式等。世界各国法律大都规定每天8小时工作制,我国的法律也是这样规定的①。关于延长工作时间,法律也有详细的规定,如《中华人民共和国劳动法》第四十三条规定可以延长工作时间,但一般每日不得超过一个小时,有特殊情况的最多可以每日延长三个小时,但每月不得超过三十六个小时。根据《中华人民共和国劳动法》第四十四条,延长工作时间的,需要支付

① 《中华人民共和国劳动法》第三十六条规定:国家实行劳动者每日工作时间不超过八小时、平均每周工作时间不超过四十四小时的工时制度。

加班费。

2. 休假权

休假权强调的是对劳动者工作时间外假日、假期的保障。休假权在法律中的体现主要是关于节假日的保障①。节假日包括节日和假日,对此法律都有明确具体的规定,以充分保障劳动者节假日权利的实现。《中华人民共和国宪法》第四十三条原则性地规定了休假制度,《中华人民共和国劳动法》具体规定了带薪年休假制度。相关的行政法规也有更为具体的规定。

3. 休养权

休养权也可以称之为休闲权,强调的是通过物质或精神上的支持,保障劳动者身心得以放松。休养权其实也就是一种福利制度保障,因为休养权的实现以提供社会公共休闲设施为前提。当代社会生活节奏比较快,社会分工也比较精细,劳动者对休息方式的追求也越来越高,所以在实现休息权的过程中保障劳动者的休养权至关重要,必须引起重视。

4. 安宁权

安宁权强调的是在工作时间、工作场所外使劳动者得到放松的保障。安宁权是休息权的重要内容,若安宁权得不到有效保障,劳动者会时刻在工作时间外或者是休假休整的时间内担忧工作情况,精神保持高度紧张,会导致身心俱疲,不利于劳动者进行再生产再创造活动的实现。

二、休息权:自由权还是社会权

基本权利按其性质不同可以划分为自由权与社会权,这是被当前理论界普遍接受的一种分类模式。自由权和社会权本身并不是具

① 根据《全国年节及纪念日放假办法》规定,我国的法定节假日有新年、春节、清明节、劳动节、端午节、中秋节、国庆节等。

体的权利,而是划分权利的类型。这两种权利类型都是随着基本权利的内涵不断扩展而逐渐产生的,其在产生的时间上是有先后顺序的,先有自由权概念的出现和诞生,然后才有社会权概念的产生与发展。

自由权源于自然法的理论,与自然法理论一脉相承。该理论认为人身自由权、平等权、生命权等属于天然就享有的一种权利类型。自由权通常与国家的消极义务相对应,也可以称之为消极权利,也就是说,权利的实现,仅要求国家履行不作为义务。所以自由权就是指权利的实现不需要国家的帮助和干预,追求自由的价值,在自由的范围内仅要求国家消极不作为的一种权利类型,这种权利类型可以充分发挥权利主体的主观能动性和积极创造性。例如自由权,早在资本主义诞生初期就已被广泛讨论和追求,从最开始的“天赋人权”到当代人权体系的发展,无一不在展现自由权类型的巩固与演进,人身自由权、言论自由权等都是自由权的典型体现。

随着资本主义的发展与福利国家观念的出现,在第二次世界大战后逐渐产生了社会权这一权利类型。社会权通常与国家的积极义务相对应,也可以称之为积极权利,是指权利的实现要求国家履行积极作为的义务。具体地说,社会权就是指要求国家以作为的方式提供物质上的帮助,追求平等的价值,在合理的范围内给予权利人支撑的一种权利类型。这种权利类型侧重于对弱者的帮扶以及在国家层面对立法、执法、司法等方面的完善。

第一次工业革命后,经济发展加上人口流动,出现了新兴资产阶级,此时自由权的发展已无法适应新兴阶级的权利要求,新兴阶级在稳定之后开始争夺更多的政治权利以维护本阶级的利益,社会权的概念应运而生。例如经济、社会、文化权利,在积极国家观影响下,社会权的发展越来越快,就弥补了仅有自由权的不足。《公民权利和政治权利国际公约》《经济、社会、文化权利国际公约》从国际层面肯定了自由权与社会权的重要性。

根据上述原理来具体分析《中华人民共和国宪法》中的休息权，本文认为，休息权的性质并不应简单地被归为自由权或者社会权，后两种权利属性在休息权中都有所体现。换言之，休息权既有社会权的属性，也有自由权的属性。略予分析如下：

首先，休息权是一种社会权。在《中华人民共和国宪法》第二章“基本权利”中，先规定了平等权、人身自由权、人格尊严权等自由权，紧接着规定了劳动权、休息权、教育权、经济文化权等，因此从宪法文本的位置安排来看，休息权列于传统自由权之后。这种安排从侧面反映了立宪者将休息权视为社会权的一种。另外，从以下几个方面来看，休息权也属于社会权：其一，从社会权的基础含义来看。前已述及，社会权要求国家积极作为、主动提供相关保障措施，而休息权在实现的过程中总会遇到各种各样的挑战，防止各类主体的侵犯，例如用人单位对劳动者休息权的剥夺、单位领导对劳动者休息权的压榨以及公共休闲设施不足对劳动者休息权的干扰等，这些挑战对于劳动者个体来说肯定难以有效应对，此时就需要国家积极干预，如制定相关法律法规为休息权实现提供制度保障、完善救济程序为休息权实现提供司法遵循、增强休养休闲基础设施的发展为休息权实现提供物质和精神保障，进而全面有效地推动劳动者休息权的充分落实。所以从这一方面来看，休息权当然具有社会权的属性；其二，从休息权的内容来分析。前文提到休息权具有四个子权利，分别是休假权、休整权、休养权和安宁权。其中休假权涉及劳动者假日的法律规定、休整权关涉工作时间的法律限制以及休养权与福利设施保障的规定密切相关，这三个方面都需要国家的积极义务才能实现，由此可以充分地说明休息权具有社会权的属性。

其次，在某种意义上，休息权也具有自由权的属性。从休息权在宪法文本中的位置来看，虽然其被列于社会权类型中，但如从其他方面来看,休息权仍然具有一定的自由权属性。原因在于:其一,从休息权的目的来看。法律赋予劳动者以休息权,一方面是为了解决法治实践中出现的越来越多侵犯劳动者权利的现象,从而完善社会主义法律体系,这在本质上就是属于社会权这一权利类型的内容,当然具有社会权的属性;但另一方面也是为了更好地增强工作效率、提高社会生产力,若要实现这一目的,必须给予劳动者一定的休息时间,以便休养生息、养精蓄锐,从而产生更强的劳动创造力,从这个角度分析,休息权属于劳动者原本就应享有的基本权利,不需要国家的积极干预便已存在,而这正是自由权的题中应有之义。由此表明休息权具有自由权的属性;其二,从自由权的基础含义来分析。上文已叙及,自由权要求国家不作为,而休息权的实现最初就是为了防止国家公权力的侵犯,即劳动者要充分享有休息权,首先必须预防国家公权力部门对劳动者休息权利的剥夺,其次才是防止其他主体的侵犯,从这方面来看,自由权的实现需要国家履行消极义务即不作为,此时休息权的属性自然被自由权所涵盖;最后,从休息权的内容来分析。上述休息权的四个子权利中,安宁权对于劳动者实现个体自由至关重要,其中对劳动者身心放松的规定可以充分激发劳动者个人的主观能动性。劳动者在实现安宁权的过程中不需要国家的干预,自然而然的享有这些权利,因此休息权从理论和实践方面都具有自由权的属性。

综上所述,休息权兼具社会权与自由权两种属性,但从主要属性来看,其社会权的属性占相当大的比重,因此,它属于社会权,但不应因此而忽略其在某种意义上具有自由权的属性,针对这两种不同的属性,国家应履行不同的义务,因此,全面认识休息权的属性是有意义的。

三、休息权的主体:劳动者还是公民

《中华人民共和国宪法》明确规定,劳动者享有休息权①,并且

---

① 《中华人民共和国宪法》第四十三条:"中华人民共和国劳动者有休息的权利。国家发展劳动者休息和休养的设施,规定职工的工作时间和休假制度。"

《中华人民共和国劳动法》中有专门的篇章规定休息权的具体内容以及救济措施与程序。因此上至根本法下至基本法,理论上休息权的主体就是劳动者,这几乎是没有任何争议的。另一方面,在法治实践中,休息权受到侵犯的案件主要集中于用人单位或用工单位对劳动者休息休假以及工作时间的挤压,基本不涉及其他主体,所以法律规定休息权的主体是劳动者具有其合理性。

但随着经济社会的高速发展,出现了不同的主体关于休息权利被侵犯的现象,例如学生群体。劳动者一般是指依靠体力或脑力进行劳动进而获取报酬,并以此为生的人。而学生这一主体并不符合劳动者的条件,虽然学生也进行了脑力劳动但并不以此为生存方式,所以严格意义上不属于法律规定的劳动者,不具有劳动者的身份。但在现实当中,学校或老师通常会以学习名义对学生的课余时间以及节假日进行压榨,以此达到提高学习成绩的目的。可是牺牲休息时间,只是增加了学习强度,并不一定就能提高成绩,此时便出现了学生反对休息时间被压缩、学校不分情况加强学习强度的种种矛盾,在这一过程中学生群体正常休息的权利如何保障便出现了问题,学生的休息权利也可以和劳动者一样受到宪法的保护吗?再例如儿童群体。儿童当然不具有法律规定的劳动者身份,但儿童一定享有休息的权利,这是自由权的体现,那么儿童的休息权可以和劳动者一样受到宪法的保护吗?其他的主体也会有这样的疑问,劳动者的休息权作为宪法的基本权利,其他的主体是否也同样享有呢?

关于休息权主体的研究,理论界有三种模式,分别是劳动者主体模式、公民主体模式与复合主体模式。这几种模式的实践源于世界各国宪法的明确规定。例如我国宪法以及意大利的宪法就明确规定了劳动者作为休息权的主体[①];俄罗斯的宪法则规定公民是休息权的主体[②];古巴的宪法不仅规定劳动者是休息权的主体,也规定儿童享有休息的基本权利。还有另一种理论认为我国宪法中规定休息权的主体是劳动者,但劳动者的外延应进一步做扩大解释,将其他主体包含在内。

我国宪法之所以规定休息权的主体是劳动者而不是公民,本文认为应综合分析。首先从劳动者与公民的外延以及实践角度分析:劳动者的外延要小于公民,劳动者包含具有劳动能力的人,不包含不具有劳动能力的人和不劳动的人;而公民则包含我国领域内的所有人。在公民的外延下,那些不劳动的人与不具有劳动能力的人包括儿童、学生、失去劳动能力的残疾人等,在实践的层面鲜有被侵犯休息权的现象出现,在宪法层面对其进行规制缺乏现实可能性,所以我国宪法规定休息权的享有者为劳动者。其次,从宪法的解释角度分析:宪法中的规定具有纲领性、原则性、普遍性的特征,在宏观的层面规定基本权利,一方面需要在具体的微观实践下另行通过其他制定法进行延伸才能落实;另一方面需要专责机关对相关的宪法规定进行解释方能实现其效能。在劳动者享有休息权的基本权利中,对劳动者这个主体已经通过制定劳动法进行了系统的规定。劳动者的休息权已有立法方面的保障。非劳动者的休息权应该得到关注。本文认为,结合人权保障条款,时机成熟时,有必要及时修改宪法,将休息权的主体扩大为公民。具体条文可以表述为:中华人民共和国劳动者及其他公民有休息的权利。

四、结语

当今的中国正在蓬勃发展,这其中当然离不开劳动者个体的推

---

① 《意大利共和国宪法》第三十六条:“劳动者有权享有每周一次和每年一次的带薪休假,且不得放弃。”

② 《俄罗斯联邦宪法》第三十七条第五款:“每个人都有休息权。”

动,更离不开劳动法律体系的完善。休息权作为宪法规定的基本权利,同时也是劳动法律体系的关键环节。对休息权的属性及其主体的分析研究既有利于劳动法律体系的健全,也有利于推动国家义务的实现,对包括劳动者在内的公民人权保障具有积极意义。

参考文献

[1]金哲.休息权及其法律保障机制研究[D].吉林大学博士论文,2010.

[2]蓝寿荣.休息何以成为权利:劳动者休息权的属性与价值探析[J].法学评论,2014,32(04):84-96.

[3]张志伟.劳动者休息权之检视[J].江西社会科学,2010(11):245-249.

[4]周刚志.论"消极权利"与"积极权利":中国宪法权利性质之实证分析[J].法学评论,2015,33(03):40-47.

[5]田冉.论人权两公约中的自由权与社会权[J].法制与社会,2012(26):1-2.

[6]张翔.基本权利的双重属性[J].法学研究,2005(03).

[7]冯彦君.劳动权的多重意蕴[J].当代法学,2004(02):40-45.

[8]冯彦君.劳动权的双重属性:社会权与自由权属性[J].中国劳动保障报,2004.

[9]郭曰君.休息权的权利主体新论[J].广州大学学报(社会科学版),2014,13(03):16-20.

[10]黄镇.语境与语义:休息权主体之再确定[J].法律方法与法律思维,2016(1):247-252.

[11]刘伟.论现代"公民"概念的基本内涵与外延[J].魅力中国,2015(29).

著作权侵权损害赔偿困境及出路

李　静[①]　高晨思[②]

摘　要　著作权侵权损害赔偿一直是困扰司法实践的一个难题，也是近年来学术界讨论的热点问题。2020 年 11 月出台的著作权法第三次修改，确立了著作权侵权的惩罚性赔偿制度，增设了“权利使用费”这一损失额计算路径。然而，上述修改并没有从根本上解决损失额计算困难这一根本性难题，因此，法定赔偿方式泛化以及赔偿额差异过大问题依然不能得到解决，惩罚性赔偿也无法开展。因此，只能考虑程序性困境解决出路。具体可以通过完善证据制度，扩宽救济途径等，使问题得到根本性解决。

关键词　著作权侵权损害赔偿　损失额计算　诉讼程序

一、引　言

信息网络技术的迭代更新，促使着人类获取知识的多样化，最终带来著作权保护方式的革新。任何技术的进步与变革，都有可能导致著作权法所寻求的在作者与作品使用者之间存在的利益平衡天平产生倾斜，为了适应不断发展的新技术，著作权法总是有规律地不断

---

① 李静，天津商业大学法学院教授，主要研究方向法学理论。
② 高晨思，天津商业大学法学院硕士研究生，研究方向法学理论。

修正。互联网技术背景下的作品复制变得极其容易,几乎可以忽略不计的侵权成本,与作品原件相比无损耗的复制品,侵权损害赔偿额低于侵权获利,这些都使得著作权侵权行为频发。

为了更好地保护著作权,平衡著作权人与作品使用者之间的利益,鼓励创作与作品传播,著作权法进行了第三次修改,在著作权领域增设惩罚性赔偿制度,以期解决著作权侵权损害赔偿额较低和侵权行为频发的问题。在我国加强知识产权司法保护的宏观背景下,著作权侵权赔偿数额是司法保护力度的最直接体现。从当事人的角度看,最核心的诉讼请求就是侵权损害赔偿,而法院的裁判最终也落脚于损害赔偿的数额上。然而,著作权法的最新修改以及相应的司法解释,只是明确了著作权侵权的惩罚性赔偿条件以及倍数,并未从根本上解决损害赔偿额的计算难题,因为无论是补偿性还是惩罚性赔偿,根本问题还在于首先要解决实际损失、违法所得或者权利使用费(第三次修改增设)的证明以及计算问题,而这一问题才是真正困扰著作权侵权损害赔偿的根本问题。这一问题不解决,作为递补性解决方案的法定赔偿适用泛化现象就不可能有根本性的改变。而法定赔偿适用的泛化恰恰是著作权赔偿额度低、差异大等问题的症结所在。因此,可以说解决著作权侵权赔偿问题的实体法路径已基本穷尽,剩下的问题应该改变思路,从程序法角度考虑获得突破。

二、《中华人民共和国著作权法》第三次修改后侵权损害赔偿制度的重大发展

(一)增设“权利使用费”的计算路径

修改后的《中华人民共和国著作权法》第五十四条[①]增设了“权

① 《中华人民共和国著作权法》第三次修改后第五十四条第一款:“侵犯著作权或者与著作权有关的权利的,侵权人应当按照权利人因此受到的实际损失或者侵权人的违法所得给予赔偿;权利人的实际损失或者侵权人的违法所得难以计算的,可以参照该权利使用费给予赔偿。对故意侵犯著作权或者与著作权有关的权利,情节严重的,可以在按照上述方法确定数额的一倍以上五倍以下给予赔偿。”

利使用费”的计算路径，并将其作为第二顺位的计算方式，在权利人的“实际损失”或者侵权人的“违法所得”均难以计算的情况下适用。一方面，增设“权利使用费”表明了立法者希望减少司法实践中法定赔偿的适用，即在计算著作权侵权损害赔偿的数额时，要尽可能地采用“实际损失”“违法所得”或者“权利使用费”的计算方式，将法定赔偿应作为替补性的计算方式，只有在上述三种方式无法计算时，才可以结合具体案情适用法定赔偿的计算方式。另一方面，增设“权利使用费”的计算路径，也在一定程度上降低了当事人的举证难度，当权利人无法提供证据证明自己因侵权所遭受的损失时，也无法举证证明因主要证据掌握在侵权人手中的证据时，权利人可以参照权利使用费请求损害赔偿，这就避免了当事人因举证不能而适用法定赔偿的情况。

（二）确立惩罚性赔偿制度

修改后的《中华人民共和国著作权法》第五十四条确立了著作权领域的惩罚性赔偿制度，并且明确了适用惩罚性赔偿的适用条件，即主观上存在故意且情节严重的侵权行为。惩罚性赔偿制度的确立，使得此前学术界关于是否在著作权领域引入惩罚性赔偿制度的争论落下帷幕，体现了我国对知识产权进行保护的决心，加大了对故意侵害著作权行为的惩罚力度。

此外，修改后的《中华人民共和国著作权法》第五十四条与《中华人民共和国民法典》第一千一百八十五条①的规定相衔接，与《中华人民共和国商标法》《中华人民共和国专利法》的侵权损害赔偿制度也保持了一致性，有利于形成知识产权侵权损害赔偿制度的系统化。如王利明教授所言，商标权、专利权与著作权具有同质性，按照

① 《中华人民共和国民法典》第一千一百八十五条：“故意侵害他人知识产权，情节严重的，被侵权人有权请求相应的惩罚性赔偿。”

“类似问题类似处理”的现代法治社会所要求的平等原则,在侵害知识产权的情形下,惩罚性赔偿的适用也应当贯彻平等原则,采取一体化的处理方法。

(三)惩罚性赔偿的计算基数不包括法定赔偿

法定赔偿是指在实际损失、违法所得和权利使用费都无法计算的时候,由法院根据案件的具体情节,在法定限度内自由裁量确定赔偿数额。在著作权领域尚未确立惩罚性赔偿制度时,在司法实践中主要采用法定赔偿的方式来计算存在故意且情节严重的侵权行为。修改后的《中华人民共和国著作权法》第五十四条第一款后半段“可以在按照上述方法确定数额的一倍以上五倍以下给予赔偿”,这里的“上述方法”显然仅指第一款中的实际损失、违法所得和法定赔偿,而不包括第54条第2款的法定赔偿。

目前,在司法实践中,法定赔偿的适用存在泛化问题,如果惩罚性赔偿的计算基数包括法定赔偿的话,那么法定赔偿的泛化问题将更为严重。法定赔偿本就是法官在法律规定的限度内,通过自由裁量权确定的赔偿数额,如果将法定赔偿作为惩罚性赔偿的计算基数,将会导致赔偿数额不合理性的扩大,不利于合法合理地确定赔偿数额。因此,修改后的《中华人民共和国著作权法》将法定赔偿剔除出计算基数,是较为合理的。

三、《中华人民共和国著作权法》第三次修改后侵权损害赔偿制度的实施困境

经过上述分析,《中华人民共和国著作权法》第三次修改后侵权损害赔偿制度有了重大发展,但基于著作权自身的特殊属性和实体法的局限性,有些根本性问题依然存在。

(一)困境的表现

1. 赔偿基数确定困难导致惩罚性赔偿难以实现

根据修改后的《中华人民共和国著作权法》第54条第1款,惩罚

性赔偿的计算基数包括实际损失、违法所得和权利使用费三种方式，但三种方式均难以计算出具体的赔偿数额，从而导致惩罚性赔偿的适用也难以实现。

首先，著作权人的实际损失难以计算。根据《最高人民法院关于审理著作权民事纠纷案件适用法律若干问题的解释》第二十四条①，实际损失的确定要先确定复制品发行减少量或者侵权复制品销售量，但在实际上，侵权并不必然导致复制品发行量减少，即复制品发行量的减少与侵权行为之间具有因果关系是难以举证证明的。被侵权人也很难查清楚侵权复制品的销售量，原因在于侵权复制品的生产具有隐蔽性，证据通常掌握在侵权人手中，而侵权复制品的销售量的大小与侵权作品之间并不必然有因果关系，有可能是侵权作品中非侵权部分受到市场的欢迎，那么，此时用侵权复制品的销售量来计算赔偿额是极为不合理的。以权利人发行该复制品单位利润作为计算参数也是不科学的，因为大多数作品的定价和市场销售价并不完全一样，所以权利人发行该复制品单位利润是不确定的。实际损失的适用范围较为狭窄，仅适用于传统纸质媒介被完全翻印的情形，在如今网络侵权行为频发的时代，实际损失的计算方式难以起到遏制作用。

其次，违法所得的计算方式表面上符合“任何人不能从侵权行为中获利”的伦理观，但该计算方式会让权利人在提起著作权侵权损害赔偿诉讼时陷入困境，原因在于权利人在提起诉讼时，必须在诉讼请求中提出明确的赔偿数额，而案件受理费、律师费等都与涉案标的相关联，如果权利人提出的赔偿额过高，就增加了诉讼成本；如果权利

① 《最高人民法院关于审理著作权民事纠纷案件适用法律若干问题的解释》第二十四条：“权利人的实际损失，可以根据权利人因侵权所造成复制品发行减少量或者侵权复制品销售量与权利人发行该复制品单位利润乘积计算。发行减少量难以确定的，按照侵权复制品市场销售量确定。”

人提出的赔偿额过低,那么即使在案件审理过程中查明违法所得比诉讼请求高,权利人也无法得到超出诉讼请求的那部分金额。以侵权获利来计算赔偿额的方法适用范围太窄,仅适用于侵权人获利的情况,但侵权人没有获利并不意味着权利人没有因为侵权行为受到损失,而且侵权人即使获利了,他也可以通过提供不真实的财务账册来证明其未获利,从而规避承担赔偿责任。

最后,权利使用费是指著作权人与第三人签订独占、排他或者普通使用许可合同,约定使用时间和地域范围,收取一定的使用费用。在司法实践中,参照权利使用费的计算方式也存在困难,例如,著作权人很有可能在被侵权之前尚未与第三人签订许可使用合同,从而难以确定涉案作品的权利使用费。如果考虑采用参照其他同类作品的权利使用费方法,那么如何确定同类作品也是一个难题,因为每一个作品的价值是不固定的,可能随着市场产生波动,而作品是作者独特思想的外在表达,每一种思想的主观价值是难以衡量的。退一步说,即使法官在综合考虑案情的基础之上,确定了可参照的权利使用费,并因此酌定案件的许可使用费,这样是否违法了惩罚性赔偿的计算基数应当确定的立法原意?

2. 法定赔偿适用泛化仍未得到解决

著作权侵权损害赔偿额难以计算,究其本质,原因在于实际损失、违法所得和权利使用费这三种方式无法得到准确的数额。面对频发的著作权侵权案件,立法者试图让案件的解决适用顺位在先的三种计算方式,避免采用法定赔偿方式。即法定赔偿的适用泛化现象与惩罚性赔偿的有无没有关系,关键还在于三种计算方式得以计算出准确的赔偿数额。根据上述分析,三种计算方式在司法实践中的适用均存在问题,难以计算出准确的赔偿数额,尤其是面对互联网技术背景下的网络侵权行为。不难预见,法定赔偿适用泛化的问题仍难以得到解决。

3. 法定赔偿去差异化无法实现

笔者曾统计过京津冀地区在2020年1月至9月共1164件著作权侵权案例,调研数据来源为中国裁判文书网。在北京市共738件案例中,约有99.8%的案例采用法定赔偿的计算方式;在天津市共334件案例中,除有238件案例以原告方撤诉处理,其余案件均采用法定赔偿的计算方式;在河北省共92件案例中,约有98.5%的案例采用法定赔偿的计算方式。

在京津冀三地的样本案例中,确认侵权的案例法院最终判决的赔偿数额分布较广。北京市认定侵权案件的赔偿最大数额为50132500元(该案件是侵害计算机软件著作权纠纷,同时涉及不正当竞争行为),最小数额为180元,二者之间存在约278514倍的差距;天津市认定侵权案件的赔偿最大数额为40000元,最小数额为800元,二者之间存在50倍的差距;河北省认定侵权案件的赔偿最大数额为11000元,最小数额为2500元,二者之间存在4.4倍的差距。适用法定赔偿的计算方式,法院判赔额最大值和最小值之间存在较大差异,如果无法量化这种差异,那么法定赔偿去差异化也无法实现。三地的法官在确定最终的赔偿数额时,并没有一个明确具体的标准,而是依靠自由裁量权,在法律限定的范围内充分发挥自己的公平正义理念,这也导致法官无法在判决书具体阐明赔偿额的由来。

京津冀三地样本案例的裁判文书在说明确定赔偿额的考量因素时,通常做法是罗列多个考量因素,如"本院综合考虑涉案作品的性质、被告侵权的过错程度及给原告带来影响的程度,对经济损失予以酌情支持"。这种笼统的说理方式与直接得出赔偿额没有本质的区别,因为其并没有表明涉案作品的性质如何,被告的过错程度,原告遭受的影响有多大,更没有将具体的考量过程论证完整。这也导致著作权侵权诉讼的裁判文书在说明赔偿额的确定方面具有高度的相似性。

三种计算方式无法计算出准确的侵权损害赔偿数额,导致法院不得不采用法定赔偿的计算方式,那么法定赔偿适用泛化的现象也无法从根本上得到缓解,法定赔偿的适用需要法官行使自由裁量权,即使修改后的《中华人民共和国著作权法》将法定赔偿的幅度限定在五百元以上五百万元以下,法官在判决书中也无法阐明赔偿数额的明确计算过程,只能笼统的一笔带过,法定赔偿的差异化依然存在。

(二)实施困境的原因

尽管《中华人民共和国著作权法》经过三次修改,著作权侵权损害赔偿的数额的认定始终是一个难题,笔者认为,导致上述困境的原因主要有以下两点:

1. 著作权侵权自身的特殊性

著作权自身的非物质性,导致著作权的自身价值和损失都难以评估。著作权作为一种无形资产,法律对著作权的保护实质上是对作者富有独创性思想的外在表达进行保护。人们对它的“占有”不是一种实在而具体的控制,而表现为认识和利用。对著作权的侵害就是对无形资产的侵害,其实质是对著作权自身的价值造成损害,知识产权的资产价值,即市场上得以量化的价值,是知识产权价值评估与损害认定的基础。而这种无形资产及其价值都是难以评估的,损害后果和范围也难以界定,再加上侵权行为与损害后果之间的法律上的因果关系难以证明,网络侵权行为难以取证,部分侵权造成的著作权价值减少难以评估等,都增加了著作权侵权损害赔偿额计算的难度。

此外,著作权侵权行为一般都具有隐蔽性,互联网技术下的侵权行为则更加难以取证,侵权成本极低而造成的损害极大。基于互联网有传播速度极快、侵权主体难以确定的特点,一个侵权行为常常会引发一系列的侵权现象,不论这些侵权行为是否都获利,对著作权人来说,其造成的损害后果都是极为严重的。

2. 实体法的局限性

《中华人民共和国著作权法》第三次修改之前，针对著作权侵权损害赔偿方面的问题，不少学者从比较法、法经济学、实证调研等视角对该问题进行研究，提出的建议在第三次修改的文本中有所体现，在实体法上已经不断完善，但仍无法完美解决著作权侵权损害赔偿问题。

著作权法有固有的局限性，作为实体法规范，其自身的概括性、抽象性必然导致实体法的不周延性。立法者由于主观因素和个人的客观能力因素对问题的理性认识是有限的，法律条文作为一种以文字为载体的规范表达形式，从其所表达含义之角度来看也具有局限性。著作权法作为实体法，需要程序法来保障其具体的应用，若仅有著作权侵权损害赔偿的实体法规定，而未在科学合理的具体程序中进行实际的计算和责任归结，实体法中规定得再完备也是空谈。

（三）困境出路——程序性的路径设计

著作权侵权损害赔偿问题在实体法上不断完善，但根本性问题依然存在。如果研究问题将实体与程序严格分开，那么实体问题是无法得到完美解决的。实体是程序的场景，程序是实体的工具。既然在实体法上达不到理想状态，不妨把目光投向程序法，试图在程序上有所缓解。

四、我国著作权侵权损害赔偿额计算的程序性建议

（一）完善证据规定

以实际损害、违法所得和权利使用费三种方式计算著作权侵权损害赔偿的数额，最大的难题在于证据的举证证明，这一难题有必要从程序性的角度予以缓解。三种计算方式的关键在于被侵权作品的价值确定，作品的市场价值评估需要评估人进行主观性的价值判断，而主观性的判断标准是难以控制和量化的，所以建议引入专家证人制度，对涉及主观性价值判断的问题进行评估。由拥有专业知识或

者从事著作权行业经验丰富的专家进行价值判断,其评估结果更具有说服力也更为合理。专家证人可以有双方当事人依申请或者法官依职权聘请,由专家证人来判断涉案作品的价值,从而保证涉案作品价值评估的合理性。

另外,对涉案作品的价值可以参考著作权集体管理组织的建议,著作权集体管理组织作为对著作权或者与著作权有关权利的社会团体,主要负责订立许可使用合同、收取使用费等业务。著作权集体管理组织对作品的市场价值较为了解,对作品的市场价值波动也较为敏锐,并且可以保证其专业性和中立性,因此在司法实践中,可以参考著作权集体管理组织的建议,从而合理的判断涉案作品的市场价值。

(二)拓宽救济途径

有人提出,针对著作权的专业性问题,应当建立著作权侵权纠纷强制仲裁制度,即在著作权领域,引入强制仲裁制度。笔者认为,这是不合理的。不合理之处在于仲裁适用于有合同约定的情形,而著作权侵权一般是没有事先约定合同的,事后在双方当事人存在较大利益冲突的情况下,也不存在约定合同的可能性。同时,如果不把仲裁作为一裁终局的纠纷解决方式,设立著作权强制仲裁,还会造成司法资源的浪费。所以,建立强制仲裁制度是不合理的。

目前,主流观点在于用司法保护著作权,不断提高专业审判水平,充分发挥司法保护知识产权主导作用。为了更好应对知识产权的专业性问题,国家建立知识产权法院,因此,既然建立著作权侵权纠纷强制仲裁制度不合理,那么可以改革知识产权法院,使其具有司法和仲裁双重属性。

知识产权法院在人员设置上,可以参考仲裁制度,设立专职法官和兼职法官,使人员组成更加专业化,同时也能缓解知识产权案件不断增加的压力,让法官的数量与不断激增的案件量相匹配。知识产权侵权案件往往具有较高的专业性,让专门法官精通知识产权的所有技术知识是不现实的,所以,可以设置兼职法官,这样既保证了员额制的数量,又对审判人员的专业化进行了提升。

五、结语

著作权侵权损害赔偿数额的确定,关乎著作权的司法保护力度,是实现著作权保护中的重要一环。基于著作权侵权自身的特殊性和实体法的局限性,损害赔偿额的计算问题在实体法上已经无法得到完美解决,应及时转变思路,从实体法与程序法关系理论出发,不断完善证据规定,改革知识产权法院的人员设置,以期在程序上得到缓解。

参考文献

[1]王利明. 论我国民法典中侵害知识产权惩罚性赔偿的规则[J]. 政治与法律,2019(8).

[2]吴汉东. 知识产权法学[M]. 北京:北京大学出版社,2013:7,15.

[3]吴汉东. 知识产权损害赔偿的市场价值分析:理论、规则与方法[J]. 法学评论,2018,36(01):65 - 74.

[4]胡宇驰. 论我国著作权保护的主要困境及出路[D]. 武汉大学硕士论文,2020.

[5]周强. 最高人民法院关于知识产权法院工作情况的报告[N]. 人民法院报,2017 - 09 - 02(02).

轴辐协议反垄断法规制的困境与应对

刘　剑[①]　郑　侠[②]

摘　要　轴辐协议是区别于常见的横向垄断协议与纵向垄断协议的新型协议。轴辐协议同时具备横向、纵向垄断协议的因素,即协议涉及的经营者分属两个层次——彼此不存在竞争关系的上下游经营者、通过特定经营者组织而完成信息交换的数个具有竞争关系的经营者。即数个同一层次的经营者因此采取相对一致的商业行动,从而出现在本层次内经营者之间不竞争的情形。《中华人民共和国反垄断法》修改之际,应当摒弃垄断协议二分的固有习惯,增加调整轴辐协议的法律规范,在本身违法原则的指导下,对其适用"一般禁止+特殊除外"的规制模式。

关键词　轴辐协议　横向垄断协议　纵向垄断协议　本身违法原则

一、问题的提出

2014 年一桩电器企业诉讼案引发学界的热烈讨论,案情如下:上海某公司受制于某电器(中国)有限公司组织发布的《某电器(中

---

① 刘剑:天津商业大学法学院副教授,硕士研究生导师。
② 郑侠,天津商业大学法学院 2018 级经济法专业,硕士生。

国)华东最终用户一体化管理章程》,在章程中规定,某电器(中国)公司的下属经销商们各自圈定客户范围,并且各经销商之间不可以交叉销售产品。若销售产品则需要将价格抬高15%,如果违反规定,就会受到来自上游供应商停止特价供应产品的惩罚。某公司以分割销售市场为由,将某电器(中国)公司及其下属经销商一同诉至法院。本案中的某公司及其他经销商都是某电器(中国)公司所指定的经销商。在审理过程中,法院认为某公司以横向垄断协议为由起诉,存在主体不适合的问题,故判决驳回某公司的诉讼请求。

事实上,本案的主体因为涉及上下游的经营者,按照学理划分当属于纵向垄断协议,某公司主张的横向垄断协议无法获得法院的支持。但是通过分析可知,处于上游的某电器(中国)公司通过制定章程的手段,与其下游经销商之间构成纵向协议的关系;而经销商之间虽然没有就圈定客户这一行为有直接的协议关系,但却在实施效果层面导致了分割销售区域的结果。缺乏直接的法律规制依据给该类型案件的执法工作造成了许多不便。由于本案的特殊情况,使得对其适用《中华人民共和国反垄断法》的过程产生了争议。

二、轴辐协议法律性质辨析

轴辐协议已经在法律实践中出现,由于其内部的复杂结构和其产生的现实的反竞争效果,使其成为反垄断法所关注的对象。但是,这种特殊类型的行为,在反垄断法的视角下,尤其是在我国反垄断法对垄断协议二分为横向垄断协议和纵向垄断协议的背景下,应当如何对其进行法律适用,成了颇有争议的问题:适用反垄断法关于横向垄断协议的规定,还是适用纵向垄断协议的法律规范,抑或已有的两种法律规范都不适宜,需要另辟蹊径?综合考察国内外学术界的文献,可以总结出两种有代表性的观点,分别为:学者尼古拉斯·萨胡格特(Nicolas Sahuguet)提出的——“轴辐协议是横向协议同时涉及竞争者及其共同的供应商(或零售商),并以混合有横向因素和纵向因素的协议形式表现出来的协议。”以及王先林教授提出的——“轴辐协议实质上是存在竞争关系的经营者们通过与一个中间者的联络,最终达成了一个具有横向限制的垄断协议。”

上述观点的主要不同之处在于:第一种观点,国外学者将该协议认定为以横向协议为基础的混合型协议;第二种观点,则通过抽离其中的部分主体要素,从实际效果角度将其直接认定为横向垄断协议。在反垄断法修改的过程中,对于此一争议有所回应。《中华人民共和国反垄断法》(专家修改建议稿)及详细说明中提出了对于这一协议的界定:“轴辐协议一般情形下可以界定为:以特定的主体为中心,多个具有竞争关系的主体之间达成的限制产品价格、数量、销售地域等条件的垄断协议形式。”

由此可见,更权威的观点倾向于打破我国反垄断法将垄断协议划分为横向和纵向二分法的固有思路,对于兼具横向和纵向特征的轴幅协议拟作为一种新的垄断协议类型。

三、轴辐协议反垄断法规制的困境

由于轴辐协议在其结构上兼具横向垄断协议和纵向垄断协议的双重特征,因此根据我国现行的《中华人民共和国反垄断法》,无法对其直接通过横向或纵向垄断协议的法律条款进行调整,这种情形成为《中华人民共和国反垄断法》规制的空白地带。具体而言,反垄断法对其规制的困境主要表现在以下几个方面:

(一)对轴辐协议的规制缺乏直接依据

从现有的法律规范来看,将轴辐协议置于滥用市场支配地位的范畴进行规制,明显存在不合理性。因为,对于滥用市场支配地位的经营者来说,首先,应当界定相关市场并确定经营者是否在相关市场具备市场支配地位,其次,需要判定协议行为是否属于垄断性高价、低价或掠夺性定价等违法行为。以前述电器企业诉讼案为例,据法院审理,某电器(中国)公司并不具备相当程度的市场势力来限制竞争,而且特价供应也不能说明产品定价存在垄断性或掠夺性。如此,则对某电器(中国)公司限制竞争的行为无可用之法律规范。

根据我国的法律,垄断协议的表现形式包括:横向垄断协议与纵向垄断协议。这就使得学界和法律执行的过程中形成了对垄断协议二分而治的思路。由于轴辐协议的本质是协议、共谋,但是面临的问题是,在垄断协议相关法律不存在直接用以规制轴辐协议的法律规范。具体而言,一方面,如果根据《中华人民共和国反垄断法》第十四条,由于其仅仅适用于纵向价格垄断协议,对非价格因素的协议无能为力,并且轴幅协议中的反竞争行为是由横向经营者(其他具有竞争关系的经营者)实施的,纵向垄断协议并不调整横向主体之间的竞争关系。强行运用该规范进行规制的缺陷在于,忽视了反竞争的真正行为主体,以及由于主体的行为活动所造成的恶劣影响。另一方面,对于第十三条而言,规定的是横向垄断协议,对纵向主体的行为无法评价。特定经营者某电器(中国)处于竞争环节的上游,并且在具体协议的达成过程中发挥了重要的作用,如果运用该规范规制则会因为无法适用于某电器(中国)公司而造成对其规制的遗漏。再者,如果同时运用这两个法条,优点是可以对这两类主体同时进行规制,但是问题在于双重规制之下的具有竞争关系的经营者被重复评价,毕竟其仅实施了一个行为,借鉴刑法当中的一个行为不得多次评价的精神,所以同时运用两个法律规范也不妥帖。

(二)识别轴辐协议违法性的分析框架不明确

在众多同时涉及横向协议因素与纵向协议因素的案件中,由于识别轴辐协议的基本分析框架不明确,使得案件处理的结果并不尽如人意。如某公司“异烟肼原料案”,对于涉案行为违法性的分析,从其行为与法律条款的对应性角度入手。由于涉及纵向的经营者的主导性行为,因而最初将该案认定为滥用市场支配地位,但据调查可知,该公司在相关市场并不单独具备市场势力,所以“市场支配地位”

的认定存在不合理性。该经营者的行为与电器公司诉讼案相似,上游供应者通过非价格的协议形式,与下游特定的经销商之间建立联系,经销商之间采取一致行动导致最终在销售市场上构成不竞争的状态。因此,导致对某公司异烟肼原料案违法行为的处理遇到障碍。事实上,某公司"异烟肼原料案"与电器公司诉讼案,两个不同结果的案件都是由于缺乏基本分析框架而无法剥离案情中的复杂因素所导致的。

根据我国的反垄断法,并没有针对轴幅协议的直接可用的法律依据,同时,也没有可以一般性适用于未被立法所列举的其他类型垄断协议的一般条款。所以,当一种新型垄断协议出现,由于没有明确的分析框架作为指引,立法中没有明确的法律依据可以援引,往往因为具体案件的行为关系不能被具体法律依据所调整而未能被识别为违法行为,从而免于被处罚。这就可能放任此类行为,破坏良好的竞争秩序。

对此,有学者从比较法的角度谈道:"在《欧共体条约》中考察垄断协议分为两个步骤:首先,考察协议是否有限制竞争的目的或效果;其次,对限制竞争的协议,进一步考察确定其是否可以豁免。"并且,在比较法中,《欧共体条约》和美国的《谢尔曼法》都没有对横向与纵向协议进行区分。所以,如果没有一个较为明确的分析框架存在的情况下,则会更多地关注涉案行为的具体表现形式,而不是更多地关注该涉案行为产生的实际效果,不是更多关注其对竞争秩序的影响。由此,则可能使得某些实际上破坏竞争、限制竞争的行为逃脱法律的制裁。

(三)规制轴辐协议的法律原则尚不确定

在反垄断法发展过程中上,本身违法原则和合理原则相继出现,并且被确定为基本原则。但是,二者的侧重点有所不同。本身违法原则更有助于实现法律规制的效率,节约法律适用的成本;合理原则更有助于对不同行为进行个性化分析,更有助于实现实质正义。有学者主张,轴辐协议所形成结构是有助于实现共谋的,并且轴辐协议中信息交流已经超过了默契勾结的程度。按照轴辐协议通常发生的场合以及协议主体的动机来看,其可以被认定为横向共谋。该观点以轴辐协议的结构为着眼点,认为轴辐协议的结构中,特定经营者的作用就是竞争者之间相互沟通的渠道,在特定经营者的帮助下,协议结构变得复杂,竞争者之间敏感信息的交换变得不那么明显,是横向合作中信息交换的新形式。其中各经营主体之间的关系远超过一般的共谋,是一种十分稳固的利益勾连体。横向协议一般较纵向协议的危害性更大,为了肃清市场环境,对于轴幅协议行为应当执行本身违法原则。如此一来,省去了将轴辐协议中纵向协议单独评价的烦琐过程,大大提高了效率。此外,特定经营者并不会因为其非竞争的身份而免受处罚,从而肯定了其行为的违法性,并保证了轴辐协议的整体性。

当然,也有学者主张适用合理原则。因为合理原则更多观察限制性协议的目的、力量和最终的影响。如:“忽略轴辐协议的结构,而直接以反竞争效果对纵向协议适用本身违法原则的做法有待商榷。”该观点则认为,在轴辐协议这个三角结构中,获益的是被辐射到的原本应当彼此竞争的横向经营者们,而与之不存在直接竞争关系的第三者是否获得直接利益,以及其究竟在协议中扮演怎样的角色也同样值得研究。也有学者通过我国当前的经济发展状况主张:“在经济转型和体制转轨的后期,当以合理原则为主、本身违法原则为辅。”

由此可知,对于轴幅协议究竟适用本身违法原则,还是合理原则,不仅欠缺立法的明确规定,同时,在法律实践中也存在着不同的观点。

四、反垄断法对规制轴辐协议需求的制度回应

轴辐协议是实践中产生的问题,面对这一具有反竞争效果的垄断行为,完善对该协议规制措施十分必要。新类型垄断协议的出现虽然不断挑战原有的分类原则,但也助推着新的类型化原则的出台。所以轴辐协议带来诸多法律问题的同时,也推动着反垄断法解释论以及反垄断法文本的完善。

(一)完善规制垄断协议类型的法律依据

1. 增设调整兼有横、纵属性垄断协议的条款

兼具横向、纵向双重属性的垄断协议在现实经济活动中大量出现,这一现象对我国反垄断法垄断协议二分的模式提出了严峻的挑战。并且,随着学界对轴辐协议研究的日益深入,理论上轴辐协议已具备独立类型化的条件。我国诸多法律规范中,对违法行为的规制一直秉承这样的模式:对典型违法行为的具体列举 + 一般性条款的概括兜底。反垄断法的规制模式也不例外。

反垄断法颁布实施十多年之后,由于新的经济形势变化迅猛、日新月异,垄断协议的表现也有新的变化,反垄断法列举的垄断协议类型也应与时俱进地更新。为了提升认定轴幅协议这一垄断协议的效率,提高反垄断法的确定性和可预测性,应当对轴幅协议这一已经具有一定现实性的违法行为明确列举。在 2020 年 1 月公布的《〈中华人民共和国〉反垄断法修订草案》(公开征求意见稿)第十七条规定,禁止经营者组织、帮助其他经营者达成垄断协议。虽然没有明确使用轴幅协议的概念,但是,结合反垄断法修订的背景以及这一条款在垄断协议一章所处的位置来看,笔者认为,这一条款即是为规定兼有横向和纵向双重性质的轴幅协议而设。

2. 明确垄断协议的一般性条款

一般性条款,也被称作概括性条款,指性质上由一般性的、概括性的不确定法律概念或需价值补充的法律术语所组成,能够最大程度包含相关法律事实的法律条款。在反垄断法的语境之下,一般条款是相较于典型列举条款而言的,是指反垄断法中关于垄断协议的

部分所设立的、包含了垄断协议行为构成要件的概括性规范。与列举条款不同,一般条款并不指向某种特定类型的垄断协议,而是禁止那些法律没有列举的其他垄断协议的类型。

《中华人民共和国反垄断法》(以下简称《反垄断法》)第十三条的第二款规定:"本法所称的垄断协议,是指排除、限制竞争的协议、决议或协同行为。"对于这一规定,有的学者将其理解为横向协议的兜底条款,并且,该表述也引发了学者们对于其能否作为纵向协议具有违法性的实质要件的讨论。同时,也有学者认为这一条款实际上是适用于各种垄断协议的一般性条款。因为,限制排除竞争是垄断协议的必要条件,一旦经营者之间的串谋或共谋被认定为垄断协议行为,那么其行为无论实施与否都会给竞争带来破坏作用。故而可以将表述置于垄断协议整体内容的首条,以此来表彰其对于识别和规制垄断协议的重要意义。

一般性条款的设立使得法院在处理垄断协议案件时能够有法可依,以为经营者能够通过一般性条款维护自身参与市场竞争的正当权利提供了法律依据。一般性条款的设立更具灵活性,可以使执法、司法充分立足于个案,考虑案件所包含的各因素,使得一般性条款更好地发挥其规制垄断协议的弹性功能。因此,对于垄断协议类型的列举难免存在列举不全、不周延的弊端,一般性条款在此方面可以弥补前述漏洞;同时从法制发展的角度而言,也为其他新的类型垄断协议出现后法律应对留有余地。

(二)明确本身违法原则对轴辐协议的适用

近年以来,运用合理原则判断案件是否违法成为一种趋势。但基于轴辐协议的特定效果及其勾连的经营者的数量来看,单一适用合理原则难以达到法律规制的效果。合理规则很大程度上依赖于一个潜在成本高昂的调查,调查过程需要较长的时间、专业的人员、缜密的评估,并且调查的结果仍具有很大程度的不确定性。这些问题的存在对于轴幅协议的反垄断法规制而言是低效的。

轴幅协议是一种新的垄断协议类型,如果在没有明确法律依据的情况下,可以通过合理原则对其行为性质和行为效果进行分析,轴幅协议这一协议类型的违法性是明确的,对于竞争秩序的破坏是确定的。因此,应当通过增补相关条款的方式对其适用本身违法原则加以明确的规定。因为,在轴辐协议这类型的案件中,虽然横向协议与纵向协议相互交织,但是横向垄断协议是核心部分,纵向协议促进横向协议的情况较多,纵向协议成为实现横向限制的必要部分。其次,与最终的反竞争效果相比而言,轴幅协议的重心在同一经济层次的经营者,这个范围内的不竞争的状态,所以它重心是横向垄断协议,从而可以适用横向垄断协议的本身违法原则。再次,本着一行为一评价的原则,而将轴辐协议看作是一个有机整体。如果具有竞争关系的经营者适用的本身违法原则,那么特定的经营者应与其保持一致。实际上特定经营者作为轴辐协议的枢纽,它起到了连接横向与纵向关系形成的纽带作用,纵向关系通常是掩盖横向协议关系的手段。特定经营者的行为关系着整个轴辐协议的成立与实施。

所以,就实质竞争效果来说,轴辐协议的反竞争效果同横向垄断协议的反竞争效果存在相似性,使用本身违法原则,更具效率。此外,从垄断协议的整体逻辑来看,法条所列举的横向垄断协议、纵向价格垄断协议、行业协会垄断协议都具有本身违法的特性,出于法律规范的统一性和稳定性,轴辐协议也应当适用本身违法原则。

(三)秉持“一般禁止+特殊除外”的规制模式

对于某一经营者的行为是否规定为垄断行为,根本的原因在于其对自由竞争机制的破坏、对于充分竞争秩序的破坏;将其规定为违法行为并追究其法律责任,是在其不可欲的实质之上披上的形式外衣。因此,究其本质,是否禁止经营者的某种行为,最深层的原因不在于其是否违法,而在于其对自由竞争和市场机制是否有益。在复杂的经济生活中,经营者的行为最终产生的效果是积极的、抑或是消极的,在一些情况下是复杂的、可变的。正是基于如此的考量,反垄断法即便在遵循本身违法原则的基础上,对典型违法行为的表现形式进行了明确列举,但是同时,也出于合理原则的指引,在明确列举之后会有相应的适用除外条款作为特例。我国《反垄断法》第十五条即是垄断协议的适用除外的特殊规定,经营者能够证明所达成的协议为本条列举的特殊情形的,并且完成相应举证责任之后,可以不被认定为横向垄断协议或纵向垄断协议,从而免于承担相应法律责任。

遵循我国《反垄断法》的既有立法模式,第十五条的适用除外是针对所有的垄断协议类型而言。因此,对于轴幅协议也应适用“一般禁止 + 特殊除外”的规制模式。可以根据反垄断法上一般垄断协议的适用除外规定,应当允许经营者完成相应举证责任的证明义务之后,获得适用除外的豁免。

综上而言,轴幅协议是一种新的行为类型,对相对滞后的立法提出了挑战,为了加强对市场竞争秩序的维护,应当在遵循反垄断法相关基本原则和价值判断的基础上,对其进行深入分析、合理规制。并且,力争通过完善相关立法内容和立法技术提升反垄断法的作用。

参考文献

[1]Nicolas Sahuguet, Alexis Walckiers. Hub - and - Spoke Conspiracies:the Vertical Expression of a Horizontal Desire[J]. Journal of European Competition Law & Practice. 2014. (5):711.

[2]王先林. 论我国垄断协议规制制度的实施与完善[J]. 安徽大学学报(哲学社会科学版),2020(1):117.

[3]时建中.《中华人民共和国反垄断法》专家修改建议稿及详细说明[M]. 北京,中国政法大学出版社,2020:42.

[4]许光耀.“反垄断法”中垄断协议诸条款之评析[J]. 法学杂

志,2008(1):18.

[5]Gian Luca Zampa,Paolo Buccirossi. Hub and Spoke Practices: Law and Economics of the New Antitrust Frontier[J]. Competition Law International. 2013. (9):92.

[6]Erin Garrity. A New Chapter in Antitrust Law: The Second Circuit's Decision in United States v. Apple Determines Hub - and - Spoke Conspiracy Per Se Illegal [J]. Boston College Law Review. 2016. (57):84.

[7]余东华. 反垄断经济学[M]. 北京,经济科学出版社,2017:207.

[8]侯利阳. 垄断行为类型化中的跨界行为[J]. 中外法学,2016(4):1044.

论《中华人民共和国民法典》中生态环境损害救济制度的建立

刘秋姝[①] 张 敏[②]

摘 要 传统的环境侵权理论体系对生态环境自身的关注几不可查,但良好的生态环境是人类生存的必需品,在侵权体系中增加生态环境损害赔偿责任是必要的。伴随《中华人民共和国民法典》的施行,生态损害救济制度开始构建,它涵盖了生态环境损害赔偿和生态环境修复两种救济方式,这种多元化的救济模式有利于生态环境保护。在厘清生态环境损害的相关概念基础上,分析了建立生态环境损害救济制度的必要性,探讨了生态环境损害救济制度与环境公益诉讼、检察机关监督机制以及环境侵权举证责任等现行制度的衔接。

关键词 生态环境损害 生态环境修复 生态环境损害赔偿 《中华人民共和国民法典》

在我国当前的立法背景下,生态环境损害的救济方式包括生态环境修复和生态环境损害赔偿两种。学界关于生态环境损害救济制度的研究焦点之一,即:生态环境法益具有公益性,是否应该被纳入

① 刘秋姝,天津商业大学法学院讲师,理学博士。
② 张敏,天津商业大学法学院 2020 级经济法学硕士研究生。

保护私益的民法体系？在法律层面,很长的一段时间内,有关生态环境损害的立法都处于真空状态。随着《中华人民共和国侵权责任法》(以下简称《侵权责任法》)和《中华人民共和国环境保护法》(以下简称《环境保护法》)的相继颁布,环境污染侵权体系进入大众视野。但是环境污染损害赔偿一般是针对因为环境污染造成的人身、财产的损失进行赔偿;例如:工厂排放污水导致周围居民身患某种疾病,或者因为排污导致周围农作物减产等。由此可见,在环境法领域的侵权责任体系忽视了最重要的、也是本源性的保护对象,即生态环境本身。随着经济发展的起飞,越来越多的人认识到良好的生态环境是人们生活的必需品,在法学领域开始关注生态环境本身和生态环境救济。将破坏生态行为在法律中加以规定,是在 2014 年修订的《环境保护法》中,至此,环境污染和生态破坏都由法律进行规制。同时,《环境保护法》中还规定了破坏生态行为所应承担的责任,但并没有对责任承担做细致性规定,而是通过《侵权责任法》进行规定。这就产生了新的问题,生态破坏不属于《侵权责任法》规定的侵权行为,为了弥补法律漏洞,最高人民法院出台了相关的司法解释,但是,该解释并没有将生态破坏侵权作为重点进行规定,而是在大篇幅解释了环境污染侵权后对生态损害做了补充性规定,说明破坏生态行为也适用该解释。这就导致生态损害侵权空有其名,在司法实践中难以成为法律依据。真正将生态损害纳入侵权体系是在《中华人民共和国民法典》(以下简称《民法典》)出台后。《民法典》在第七编"侵权责任编"中的第七章中规定了环境污染和生态破坏责任,其中《民法典》第一千二百三十四条、第一千二百三十五条规定了生态破坏侵权责任,将生态环境修复责任纳入侵权责任体系中,提供了生态损害赔偿新思路,使得生态环境本身也成为保护对象,这是国家在法律层面保护生态环境的一大进步。

一、生态环境损害相关概念释义

生态破坏被纳入法律体系时间较短,其相关概念的释义没有定论,若想解决生态环境修复责任在司法实践中的问题,必须明确生态环境损害及相关概念的内涵。

生态环境损害赔偿和生态环境修复都属于生态环境损害的一种责任形式。生态环境损害的内涵是充分认识生态环境损害救济制度的基础,所以必须明晰生态环境损害的内涵,才能更好地理解生态环境损害赔偿制度。

(一)生态环境损害

虽然同属于环境法领域的概念,环境污染与生态环境损害的侵权损害模式不同,环境污染是"致害行为——环境媒介——个人利益"的侵权模式,而生态环境损害是"致害行为——生态本身——公共利益"的侵权模式。在我国的现行法律文件中没有对生态环境损害的定义,只是在个别单行法领域对生态损害相关概念进行规定,如在《中华人民共和国海洋环境保护法》中提到的"海洋环境污染损害"、《中华人民共和国水污染防治法》中涉及的"水污染"的概念。这些零散提及的概念并不能涵盖生态环境损害的全部特征,它们只是生态环境损害中的一部分,这种"列举式"定义的方法可能造成司法实践混乱,应该在立法上,对生态环境损害进行直接定义。

当然,因为立法上对生态环境损害没有明确定义,在学理上,就有不同领域的学者对此概念进行了探讨。在法学领域目前比较受认可的是竺效教授对生态环境损害的定义,他认为生态损害是指人为的活动已经造成或者可能造成人类生存和发展所必须依赖的生态环境的任何组成部分,或者其多个部分相互作用而构成的整体的物理、化学、生物性能或生态服务功能的重大退化。另外,一些政府文件中也对生态环境损害做出了解释,例如,在《生态环境损害赔偿制度改革方案》中指出,生态环境损害是指因污染环境、破坏生态致使环境要素和生物要素的不利改变,以及生态系统功能的退化。比较上述两个定义,可以看出生态环境损害的关注点在生态本身,是以生态环境为出发点进行的定义,里面不包括传统的环境侵权中重点关注的民事主体的人身损害和财产损害。

(二)生态环境损害赔偿

在生态环境损害赔偿中,“赔偿”一词侧重于金钱的补偿。根据《民法典》第一千二百三十五条的规定,可以看出,此处的生态环境损害赔偿指的是在生态系统或者是生态要素遭到不利改变时,为了弥补生态环境损失,恢复生态环境的基本经济功能,由赔偿义务人承担的财产性质的赔偿。①

(三)生态环境修复

在我国,生态修复在多个领域都有展开,其概念和内涵还没有定论,有的学者认为,生态修复需要人工措施和自然修复的结合,在这两种力量的结合下,使生态环境恢复原有的生态功能和经济功能。

值得注意的是,生态环境修复应当与生态环境恢复作区分。生态环境恢复是从日本引入的概念,其内涵是使已经遭受损害的生态系统回归到初始状态。然而初始状态是一个难以界定的状态,要耗费大量的资源,才可能得到一个相对准确的结果。所以初始状态并不是生态环境修复所要达到的目的,生态环境修复要求的标准是使受损的生态环境及时修复,使其恢复到正常的经济功能,即生态保护红线是生态环境修复的最低标准。

生态环境修复责任是在《民法典》第一千二百三十四条②规定的,根据法条的规定,可以看出该条确定了侵权人承担生态修复责

---

① 《中华人民共和国民法典》第一千二百三十五条规定:“违反国家规定造成生态环境损害的,国家规定的机关或者法律规定的组织有权请求侵权人赔偿下列损失和费用……”

② 《中华人民共和国民法典》第一千二百三十四条:“违反国家规定造成生态环境损害,生态环境能够修复的,国家规定的机关或者法律规定的组织有权请求侵权人在合理期限内承担修复责任。侵权人在期限内未修复的,国家规定的机关或者法律规定的组织可以自行或者委托他人进行修复,所需费用由侵权人负担。”

任,并且要求国家规定或者法律规定的国家机关监督损害赔偿人及时履行。这代表了生态环境修复责任的正式确立。

(四)生态环境损害救济制度

根据前文生态环境损害的定义,我们可以得知,生态环境损害关注点在生态环境本身。传统的环境侵权法律体系已经将因环境污染侵权遭受损失的民事主体进行了较为全面的保护,但是却不能救济生态环境本身受到的损害。笔者认为,生态环境损害救济制度是指在生态环境受到损害时,为了对生态环境本身进行补偿和恢复,通过一系列法律手段要求赔偿义务人承担法律责任的制度。

二、确定生态损害救济制度的合理性与必要性

(一)在侵权责任体系中规定生态环境损害的合理性

在《民法典》第七编"侵权责任编"中规定生态损害修复责任是饱受争议的。因为有的学者认为基于马克思主义公共产品理论等相关学说,生态环境具有公共产品最重要的特征——公益性,因此环境法益不属于私益范围,生态环境损害修复责任是对公共利益的补偿。而民法是的性质是私法,是以保护私益为目标的,所以就有很多学者在探讨,保护公益的生态损害赔偿是否可以被规定在民法中。从比较法角度来看,因为生态环境损害强调的是公共利益受损,各国立法中都在有意规避将生态环境损害赔偿列入民法体系。在我国《民法典》"侵权责任编"起草时,张宝新教授就认为,是否在《民法典》侵权责任中将保护范围扩大到"生态环境"本身是有待商榷的。

但是,笔者认为,将生态环境损害纳入其安全责任体系是正确的。

1. 民法保障生态法益与符合现代社会保护环境,维护生态的需求

民法固然是应该保护私益的,但是如果沿袭之前《侵权责任法》的思路,将生态环境损害排除在外,与当前社会急需保护的生态环境的现状不符。在现代社会,我们已经充分认识到生态环境对人类的重要意

义,《民法典》基本原则中新增的绿色原则也体现了对生态环境的重视。我国是世界上最大的发展中国家,发展经济的同时势必会对生态环境造成不利影响,面对生态危机,我们必须要在法律层面规定保护生态的有效措施,又因为生态破坏侵权是比较常见的,对生态环境最有力的保护就是在侵权责任体系中规定生态破坏侵权的责任。

2. 生态环境法益兼具公权和私权的性质

生态环境损害赔偿进入侵权责任体系的最大阻碍在于环境法益的公益性,与民法保护私益的目的不符。若生态环境损害缺乏被民法保护的理论基础,那么生态环境损害责任自然不能成为一种责任承担方式。但是从实践中来看,破坏生态行为会造成不同的损害,其直接也是必然的是造成生态环境本身损害,有些行为还会造成个人的人身、财产损害。所以,生态环境损害直接破坏的是公共利益,但是也会对私益造成不利影响。根据生态环境损害的复合性来看,生态破坏侵权的过程可以表述为"破坏生态——环境——'人'或生态"。所以说生态破坏与环境污染是不可分割的两个概念,生态破坏必然引起环境污染,从而造成私益的损害。只不过生态破坏与私益受损之间没有明确的因果关系,但是最终破坏生态的不利后果会由人类承担。所以不能说环境法益是一个完全的公权,它兼具公权和私权的性质,可以成为民法保护的对象。

3.《侵权责任法》与《环境保护法》之间存在立法差异

前文已经提到,《侵权责任法》没有承接《环境保护法》中规定有关生态破坏侵权责任的内容,这使得生态环境损害赔偿于法无据。此后,《最高人民法院关于审理环境侵权责任纠纷案件适用法律若干问题的解释》发布,值得注意的是,在这个解释中亦没有关于破坏生态的侵权责任、举证责任以及诉讼程序的规定,只是说明将生态破坏侵权行为适用该司法解释。这种笼统的补充性规定对审理生态破坏侵权不能提供任何帮助,生态环境破坏纠纷在司法实践中依旧面临重重困难。在《民法典》实行以前，法院在审理生态破坏侵权纠纷案件时往往面临无法可依的困境，生态破坏案件无直接案由，案件判决书中也对《侵权责任法》中的环境侵权责任条款进行了“回避”，这就使得《环境保护法》新增的生态破坏的规定形同虚设。《侵权责任法》与《环境保护法》在规范上的脱节，造成了生态破坏行为的无法律监管，最终危害人们的权益。所以，在《民法典》“侵权责任编”中规定生态环境损害救济制度，这可以使相关法律更好地衔接，保持法律体系内部的一致性，保护公众环境权益。

（二）生态损害修复责任确立的必要性

一方面，传统的法律制度不能为环境提供有效的救济。前文已经提到，在传统的遵循民法学的研究思路中，环境侵权纠纷，侵权人承担的责任是因环境侵权造成的人身和财产损失，很少会对生态环境本身进行补偿，“重视人身财产，忽视生态环境”已经成为环境侵权损害赔偿的思维定式。这种仅仅对被侵权人进行人身、财产等方面的救济必然是不充分的，也是不稳定的。

“不充分”是指在生态环境受到损害后，遭受损失的分别是生态环境本身和与生态环境密切相关的私人财产权益和人身权益。在适用传统的环境侵权理论时，赔偿义务人弥补了受损的人身和财产权益，却忽略了生态环境自被侵害之日起至其恢复到基本标准这个时间段中生态环境丧失的服务功能的价值。所以说，传统的环境侵权救济不充分。

“不稳定”是指在传统的环境侵权救济中，被侵权人在获得赔偿后，都会把这部分赔偿用来弥补个人损失，不会用来修复生态环境。因为法律上没有明文规定要恢复生态环境，法官亦不能判决要求用赔偿金去修复受损害的生态环境，所以这个时候对生态环境损害的修复的决定权就落在被侵权人的手中，他们可以自由地支配和处置获得的赔偿金。

另一方面,生态环境损害赔偿应当以恢复为原则,以金钱补偿为例外。生态环境良好的重要性毋庸置疑,《民法典》中的绿色原则也关注到了生态环境本身。所以我们对环境侵权的赔偿不能局限于补偿个人的私益,应该重视生态环境自身的良好运行。所以在生态环境损害赔偿中应当以恢复为原则,以金钱补偿为例外。《民法典》确立了生态环境修复责任和生态环境赔偿责任,这两种责任的结合,恰好可以实现对生态环境损害的充分救济。

综上所述,在《民法典》中规定生态环境损害救济制度是符合法律内在逻辑的,符合社会发展中要求的重视生态环境的趋势。

三、生态环境损害救济制度与相关制度的衔接

(一)与环境公益诉讼制度的衔接

在《民法典》施行之前,我国对生态环境公共利益的保护主要是通过环境公益诉讼实现的。环境公益诉讼制度是在 2017 年修订的《中华人民共和国民事诉讼法》(以下简称《民事诉讼法》)中规定的。该项制度的确立可以看出国家对环境问题的重视,在立法层面规定是保护生态环境的重大举措。在保护生态环境中发挥了重要作用。该法第五十五条已经规定了环境公益诉讼制度①,为何还要在《民法典》中再次提出？生态环境损害救济制度怎样与环境公益诉讼衔接?

其实在《民法典》再次提出环境公益诉讼就是为了保障环境公益诉讼制度的平稳运行。因为一项诉讼制度不仅需要程序性的规定,亦需要由实体法规定其核心问题。在环境公益诉讼问题中,不仅是涉及诉讼主体、管辖法院的问题,还牵涉到实体的权利义务分配的问

① 《中华人民共和国民事诉讼法》第五十五条:“对污染环境、侵害众多消费者合法权益等损害社会公共利益的行为,法律规定的机关和有关组织可以向人民法院提起诉讼。

人民检察院在履行职责中发现破坏生态环境和资源保护、食品药品安全领域侵害众多消费者合法权益等损害社会公共利益的行为,在没有前款规定的机关和组织或者前款规定的机关和组织不提起诉讼的情况下,可以向人民法院提起诉讼。前款规定的机关或者组织提起诉讼的,人民检察院可以支持起诉。”

题，只有在实体法中对提起诉讼的条件，侵权人需承担的责任规定，在司法实践中对环境公益诉讼的判决才能做到有法可依。

根据上文所述，生态环境损害救济制度与环境公益诉讼具有共同的目标，就是保护生态环境公共利益。所以二者在操作上不存在冲突的问题，是实体与程序的衔接。二者规定的诉讼主体并无差异，只是用实体法丰富了环境公益诉讼的内涵，两种制度共同构成了我国生态环境损害纠纷的解决机制。

（二）与检察机关监督权关系的处理

根据《民法典》的规定，生态环境损害纠纷的诉讼主体是“国家规定的机关和法律规定的组织”。那么何为“国家规定的机关和法律规定的组织”？在环境公益诉讼的司法实践中可以得出，国家规定的机关应该是指检察机关和国家环保行政机关；法律规定的组织亦有标准。限制诉讼主体是为了保障环境公益诉讼能够发挥最大的作用。

国家环保行政机关和法律规定的组织成为诉讼主体是没有什么争议的，但是检察机关是以何种角色参与到环境损害纠纷诉讼中？在我国，检察机关是法律监督机关。所以检察机关不具有像环保行政机关那样直接提起民事公益诉讼的权利，它只能监督和督促符合资格的民事公益诉讼主体及时提起诉讼。从国家监察机关的职能上看，它应该代表社会公共利益，但是生态损害纠纷属于民事侵权范围，与污染环境罪是有本质区别的，所以检察机关不适合直接成为诉讼主体，应该充分发挥它的监督职能，起到监督作用。

（三）生态环境损害纠纷中的举证责任

根据《民法典》第一千二百三十条的规定，生态环境侵权中采取的举证模式是举证责任倒置①。这主要是因为环境侵权具有特殊

---

① 《中华人民共和国民法典》第一千二百三十条：“因污染环境、破坏生态发生纠纷，行为人应当就法律规定的不承担责任或者减轻责任的情形及其行为与损害之间不存在因果关系承担举证责任。”

性,侵权人往往是公司、企业,相较于被侵权人,这些侵权主体往往掌握侵权的证据,拥有强大的实力,诉讼双方在举证能力上存在明显的差距。在环境侵权中规定举证责任倒置是为了更好地保护被侵权人的利益。

如果继续采用“谁主张,谁举证”的举证规则,将不利于被侵权主体。一般认为,举证责任倒置只适用于环境侵权等私益诉讼,那么在生态环境损害赔偿纠纷的公益诉讼中是否还适用举证责任倒置?

王利明教授认为,举证责任倒置不适用于公益诉讼有一定的合理性,但是要分情况讨论,在诉讼主体是国家环保行政部门时,不适用举证责任倒置;在诉讼主体是法律规定的社会组织时,应当与环境公益诉讼一样,适用举证责任倒置。因为公益诉讼的诉讼主体是国家环保行政机关时,相较于个人,环保行政机关具有较强的举证能力,他们有能力查清侵权人的违法行为,不存在举证能力上的差异,不需要采用举证责任倒置。而当公益诉讼的诉讼主体是社会环保组织时,它们不具有像行政部门那样强大的举证能力,仍然面临举证困难,所以仍然有必要采用举证责任倒置。

若想保证生态环境损害救济制度良好地运行,就必须处理好它与相关制度的衔接问题,可以通过法律解释减少法律条文之间的理解差异,让生态环境损害救济制度成为一套成熟的制度。

四、结语

《民法典》侵权责任编中对生态环境损害救济制度的建立,是法律层面对生态环境保护的里程碑式的进步。在明确了生态环境损害救济制度的重点在保护生态环境本身之后,可以充分认识到生态环境损害救济制度建立的必要性。在《民法典》中规定这项制度虽然有些争议,但是符合社会发展规律的,也是有助于保护私权的,所以在“侵权责任编”中规定生态环境损害救济制度是有充分理由的。法律体系中的任何一个制度不是孤立存在的,若想要产生积极的效果,必须与其他相关的制度进行磨合衔接。生态环境损害救济制度就要与环境公益诉讼制度和《民法典》中其他有关环境侵权的规定相衔接，对模糊部分进行解释和明确，才能更好地发挥作用。

参考文献

[1]丁霖.论生态环境损害代修复——兼论《民法典·侵权责任编》(草案)第1234条的完善[J].吉首大学学报(社会科学版),2020(03).

[2]吕忠梅.环境司法理性不能止于"天价"赔偿:泰州环境民事公益诉讼案评析[J].中国法学,2016(03).

[3]竺效.生态损害的社会化填补法理研究(修订版)[M].北京:中国政法大学出版社,2017:42.

[4]徐以祥.《民法典》中生态环境损害责任的规范解释[J].法学评论,2021(02).

[5]杨少林,孟菁玲.浅谈生态修复的含义及其实施配套措施[J].中国水土保持,2004(10).

[6]吴一冉.生态环境损害赔偿诉讼中修复生态环境责任及其承担[J].法律适用,2019(21).

[7]卢瑶.生态环境损害赔偿研究——以马克思主义公共产品理论为视角[M].北京:中国社会科学出版,2019.

[8]张新宝.侵权责任编起草的主要问题探讨[J].中国法律评论,2019(01).

[9]高一飞.生态环境损害责任的规范构造——以《民法典》侵权责任编为切入点[J].华中科技大学学报(社会科学版),2021(01).

[10]吕忠梅.论环境侵权纠纷的复合性[N].人民法院报,2014-11-02(08).

[11]竺效.建立生态(环境)损害预防与救济长效法律机制[N].中国环境报,2017-12-22.

[12]徐忠麟,宋金华.民法典视域下生态环境损害赔偿制度的内在冲突与完善[J].法律适用,2020(23).

[13]吕梦醒.生态环境损害多元救济机制之衔接研究[J].比较法研究,2021(01).

[14]廖华.生态环境损害赔偿的实践省思与制度走向[J].湖南师范大学社会科学学报,2021(01).

[15]王利明.《民法典》中环境污染和生态破坏责任的亮点[J].广东社会科学,2021(01).

欺诈消费者的惩罚性赔偿适用问题探究

刘　哲[①]　冯　浩[②]

摘　要　欺诈消费者的惩罚性赔偿是给予经营者在弥补消费者损失基础上的经济处罚，以调动消费者私人执法积极性，在惩罚与威慑不法行为中维护社会公共利益。作为一种保护弱势群体利益的制度，在保护消费者权益方面有其独特的作用。但目前在法律适用上仍存在以下问题：对消费者的界定有分歧，对欺诈的认定看法不一，举证责任分配不合理等。造成同类案件裁决结果迥异的情况，影响了法律的公正性、权威性。为了解决这些问题，应当明确消费者的界定标准，明确欺诈的认定要求，合理分配举证责任。

关键词　消费者　欺诈消费者　惩罚性赔偿

一、问题的提出

1993 年，《中华人民共和国消费者权益保护法》（以下简称《消费者权益保护法》）规定了对欺诈消费者的经营者的惩罚性赔偿责任。这也是惩罚性赔偿这一项制度首次出现于我国的立法之中。其初衷

---

① 刘哲，天津商业大学法学院副教授，硕士。研究方向：经济法学、民商法学。
② 冯浩，天津诺承律师事务所主任。

是给予经营者在弥补消费者损失的基础上的经济处罚,以达到对于消费欺诈的警示和惩罚的预期效果。惩罚性赔偿中的处罚是通过法律严厉的制裁手段纠正和规制违法行为,强制性的令违法行为人不得不承担对其不利的法律后果。与传统的补偿性赔偿不同,惩罚性赔偿虽然具有弥补权利状态的基本功能,但其主要功能是惩罚施加损害的人的违法行为。不同于一般的损害赔偿制度,惩罚性赔偿的功能或目标不仅是去赔偿遭受损害的人所失去的一切经济上的损失,还有惩罚施害人以及震慑有这样的想法去实施类似违法手段的其他人,于是一个非常具有特色的结构形成于双方的法律关系之间:双方虽然处于同等法律地位,但是一方可以根据法律的规定对另一方进行惩罚。受害人在赔偿之下弥补了自己的损失,并可要求违法行为人继续支付一笔惩罚性赔偿金。这种权利和义务状态几乎完全破坏了补偿制度的结构和原则。私法关系中双方的平等地位在惩罚性赔偿制度中有所突破。故惩罚性赔偿是一种特殊惩罚制度,实质上它授予了消费者一定的惩罚的特权,用以弥补刑法在保护公共利益中的不足。它不仅可以保护诚信的消费秩序,而且对和谐稳定的经济结构也能够起到促进的作用。2013修订后的《消费者权益保护法》在此基础之上进一步对这项制度进行调整,具体体现为赔偿额度的提高。即经营者如果对于提供的商品或服务存在欺诈行为的,那么应按照消费者提出的要求来增加赔偿其因此受到的损失。增加赔偿的数额是消费者为购买商品所支付的价款或为接受服务所支付的费用的三倍。若增加赔偿的数额不足500元,则为500元。法律如果对此另有规定的,那么依照其规定。这一规定彰显了其独特的价值,对于消费者而言是保护自身权益的有利法律工具,在一定程度上扭转了消费者在交易过程中由于信息不对称所导致的劣势地位,也有利于诚信秩序的构建和发展。但在适用过程中却也暴露出了一些不容忽视的问题,对此无论理论界还是司法实践都存在激烈的分歧,需要进一步探讨。

二、欺诈消费者的惩罚性赔偿适用问题的具体表现

(一)对消费者的界定有分歧

根据《消费者权益保护法》第二条,消费者在为生活消费的需要而购买、使用商品或接受服务时,其权益受该法保护。此为目前为止相关法律中最正面揭示消费者含义的一个条文,由此可认为,消费者的概念最核心的构成因素是为了日常的生活需要,针对商品或服务的消费。但如何认定生活消费?特别是知假买假者的身份如何?是消费者抑或不是消费者?不同的判断决定了其能否适用《消费者权益保护法》来解决争议。对此学术界主要有三种观点。

1. 转售说

该学说主张认定消费者的标准是购买之后是否转售,消费者不能够以营利为目的去对商品或服务进行销售。并且认为只要进行交易的目的不是为了再次转手交易赚取利润,便可以被认定为消费者。在司法实践中也有相关的判例。例如在无锡吴某林案中,一审和二审法院都认为其购买行为并非日常生活的消费行为,因而不属于消费者。后江苏省高院裁定再审,再审法院以上述观点认定了其消费者的身份。

2. 动机说

该学说主张消费者的判断标准是购买者的动机和目的,消费者的消费目的必须是为日常的生活需要而去进行商品或服务交易。而知假买假者其消费行为的目的不是为了生活需要。进而否定了知假买假的人是消费者。他们认为由于知假买假的人是希望借此来获取利益,并非为了生活需要而进行交易行为,所以,他们不是消费者。还有的人认为,《消费者权益保护法》所倾向保护的是在交易过程中处于弱势的消费者,而知假买假者并不处于信息不对称等不利地位,所以不应该将其作为消费者来对待。

3. 属性说

该学说主张消费者的判断标准为购买者购买的商品属性为一般意义上的生活消费品。何山作为《消费者权益保护法》起草者之一,便持有这种观点。他的主要理由是只要属于购买一般生活消费品的购买者,无论购买动机是为物质文化需要的满足而消耗掉,还是以打假为目的,同样属于消费者。

(二)对欺诈的认定看法不一

根据《消费者权益保护法》,若经营者提供的商品或服务存在欺诈行为,那么消费者即可向其主张惩罚性赔偿的请求。就一般意义而言,“欺诈”是行为人对相对人故意不告知真相或构造虚假事实的行为。由于《消法》并没有揭示欺诈的含义,学界就如何认定存在分歧。这也成为司法实践当中审理此类案件的难点。

《中华人民共和国民法典》中关于欺诈的表述在第一百四十八条,可归纳为,如果一方当事人实施了欺诈手段,而使得对方即受害人违背了内心真实的想法的情况下所为的行为,受害人有权利请求法院或仲裁机构给予撤销。民法学界传统欺诈理论认为欺诈构成须具备四个要件:第一,行为人在客观上具有了欺诈相对人的行为;第二,行为人主观上必须有欺诈相对人的故意;第三,相对人因此而陷入认识错误;第四,相对人因陷入错误认识而为意思表示。对此需要说明的是:第一,行为人客观地实施欺诈。该行为的具体表现是故意将真实情况隐瞒或告知对方的事实是虚假的。这种行为也可以分为两种情况,即积极行为以及消极行为。在法律有规定或合同有约定时,行为人负有告知的义务,但由于其对应尽的义务持沉默的态度,则构成不作为的欺诈。第二,关于主观故意,是指行为人明明知道传达给对方的信息不是真实的信息,该信息会致其误判,但行为人仍向对方予以告知,或允许对方获得该信息,那么,行为者的心理状态就是故意。对于故意可从两方面来认识,即故意将对方引入错误的认知,另外故意将对方引入错误的认知后致使其做出了相应意思表示。第三,行为人的行为使得对方陷入错误理解,包括对商品信息或交易合同事实的错误理解。在民事欺诈中,行为人有欺诈相对人的行为,相对人因此而陷入认识错误。如果该行为仅仅只具有导致对方陷入认知错误的可能性,但由于其他原因,相对人并没有陷入认知错误,则认为构成不了民事欺诈。第四,由于认识错误,相对人做出错误的意思表示。几个要素之间有着密切的关系。但在识别构成要件的过程中,我们可以将其分开看待。

《最高人民法院关于贯彻执行〈中华人民共和国民法通则〉若干问题的意见(试行)》第六十八条中指出,审判实践中认定欺诈,要求行为人具有故意,即将真实情况隐瞒或告知对方的事实是虚假的主观故意,不仅如此,而且要求对方做出相应的意思表示。判断是否属于所谓欺诈的情形下订立的合同,要看被指控欺诈的一方是否存在欺诈行为,还要看对方是否因欺诈而陷入错误判断,并基于错误的判断,做出了违背其真实意图的意思表示,两者缺一不可。而民事欺诈的构成要件是否同样适用于消费欺诈,学界仍有争论。

部分学者认为,《消费者权益保护法》并未排斥合同关系。从本质上说,由于消费行为,于是一种特殊的合同关系在消费者和经营者之间形成,而上述的特殊性恰恰是《消费者权益保护法》赋予消费者的,根本目的是为了将二者交易过程中不平衡的地位利用法律的倾斜保护实现实质上的公正。既然《消费者权益保护法》适用于合同关系,就不能违背民法当中的公平的基本原则。即只有上述四个要件全部满足的情况下,经营者才会构成消费欺诈。在主观上,行为人应具有故意。客观上将真实情况隐瞒或告知对方的信息是虚假的,而使对方做出了不真实的意思表示。倘若消费者购买时已认识到经营者所出售的商品信息是虚假的,没有因此发生错误的认识,那么欺诈就不成立。由于知假买假者在与经营者交易时,清楚交易的标的在信息、质量等方面是有问题的,所以持这种观点所得出的结论往往就是将知假买假者排除在消费者之外。

但是部分学者认为,消费欺诈不应等同于民法上的欺诈,二者是有区别的,对此应作特别解释。认定欺诈的核心在于经营者有无真实情况的隐瞒或告知对方的事实是虚假的客观行为,而最后是否相对人因此而被误导则不予考量。采用客观标准,也就是说,只要经营者实施了客观的欺诈行为,那么欺诈就成立。而不考虑经营者的内心是否为故意,更不用考虑消费者因此是否产生认识错误和产生不符合内心想法的意思表示。仅仅基于经营者的欺诈行为就可以认定,以降低消费者举证成本。这种情况下,知假买假者因为不考虑购买者的判断和意思表示,将被肯定和认可为消费者。

(三)举证责任分配不合理

举证责任分配是当事人诉权的基本内容之一,消费欺诈中的举证责任的主要难题在于欺诈由哪一方来举证。由于《消费者权益保护法》中对此并未做出规定,因此学术界对举证责任的分配存在不同的意见,主要分歧是在于适用举证责任一般原则还是举证责任倒置,这个问题可能会导致裁判结果完全不同。

举证责任的一般规定体现在《中华人民共和国民事诉讼法》第六十四条,对于自己提出来的主张,当事人有责任为此提供证据。通常被称为"谁主张,谁举证"。因此在法律实践的层面上,根据民事诉讼一般举证规则,基于消费者所提起的因交易导致的民事诉讼纠纷当中,对于经营者的主观心理状态、其所出售的产品存在的问题,以及对经营者主观故意之下的客观行为表现等由消费者承担举证责任,提供相应的证据。

而消费者在交易过程中,其证明能力及信息掌握情况皆居于弱势地位,常常是他们无法拿出经营者在欺诈行为中存在主观故意的证据。如果将此证明责任按照一般原则归于消费者,则对消费者而言是明显不公平的。

三、解决欺诈消费者的惩罚性赔偿适用问题的建议

(一)应明确消费者的界定标准

司法实践中由于消费者的界定标准不一,裁决结果各异,影响了法律的公正性、权威性。因此,对消费者如何界定一事应予以明确规定。

基于以下考量,转售说较切合实际。第一,在实践当中,消费者购买商品或服务的目的难以确认,难以判断是否属于为生活需要而购买。就动机理论而言,消费者的购买动机很难判断,除非自己承认,不然很难知道其内心的真实意思。就商品属性理论而言,其最大的难点在于无法简单判断购买的物品是否为"生活消费品"。有些物品的属性比较简单,只可以用于生活或者生产其中之一,比较容易判断。但是还有一些商品的属性使得其既可以用于日常生活,也可以用于生产消费,例如木材等。因此简单地以物品属性来判断并不适合。第二,实践中有知假买假者将《消费者权益保护法》作为其因交易中的消费欺诈而产生的惩罚性赔偿的索赔依据,以此获得了利益。但从客观的角度看,也使经营者的欺诈行为有所忌惮和收敛,遏制了假冒伪劣行径,净化了消费的环境,维护了消费者应有的权益。

依据梁慧星教授对当时立法考量的阐述,制定《消费者权益保护法》时采取了"二分法",即经营者和消费者的对立,非此即彼。确实没有想到过会出现知假买假这样的以索赔为目的之行为。但实际上,《消费者权益保护法》之所以对欺诈消费者的经营者施以惩罚性赔偿,不仅仅是为了从微观上保障消费者的正当权益,而且也是为了从宏观上调动私人的打假积极性,维护诚信的经济秩序。知假买假寻求惩罚性赔偿的做法一定程度上起到了这样的作用。我们不应排斥知假买假者的消费者身份。此外,根据《最高人民法院关于审理食品药品纠纷案件适用法律若干问题的规定》第三条,涉及药品、食品

的质量方面的纠纷,购买者主张赔偿的,经营者以购买者对于该质量问题知情而进行抗辩的,人民法院不予支持。此条规定也体现了在我国认定消费者时不考虑知假买假的因素是被肯定的。用转售说认定消费者,可操作性强,同时又具有合理性。

(二)明确欺诈的认定要求

对于《消费者权益保护法》中欺诈的构成,立法机关可以通过立法或法律解释来予以明确。对消费欺诈应当与《消费者权益保护法》这样一个具体的部门法语境相结合来理解其本质,对其做出特别解释,经营者只要客观上实施了欺诈行为,就构成欺诈消费者,至于消费者是否被误导或因此做出意思表示不予考虑。经营者实施的欺诈行为具有客观性,而且应是依其单方行为就能定性的,购买者的主观心态不应影响对于欺诈的认定,无论其是否知悉该欺诈行为,经营者的行为违法性都是可以确定的,是从法律价值上应被否定的,故购买者的心理不应影响欺诈事实的违法性质。这样可以提高消费者的维权意识和经营者的守法意识,同时增加经营者的违法风险,使得更多的违法经营者受到法律的制裁,增强法律的威慑力。也能更好地促进《消费者权益保护法》实施,实现守法经营从一个刚性的外部规制到行业的整体自觉的全方位转变。

(三)合理分配举证责任

由于消费欺诈的纠纷中,在程序上存在着消费者主张权利时面临举证难、鉴定贵的障碍,可通过立法规定采取举证责任倒置的例外原则,让经营者承担相应的举证责任,证明其行为并不具备欺诈故意,更没有进行对消费者的欺诈行为,即由经营者提供自己没有"欺诈故意+欺诈行为"的证据。这样的责任分配对消费者运用法律维护自身的正当权益有极大的帮助,可有效改变消费者所处的弱势地位,促进经营者合法经营、严格管理、健康发展,从而构建诚信的市场秩序。

四、结语

迄今为止,针对欺诈消费者的行为而引入的惩罚性赔偿制度已有近30年的历史,这是《消费者权益保护法》的重要组成部分,产生了积极的成效,但在司法实践中却也发现了一些具体适用的问题,不利于促进诚信交易、构建良好的经济秩序。

消费者及欺诈的认定分歧巨大、模糊不清是造成适用问题的主要原因,应当对此做出明确的规定。证明责任的分配方面,鉴于消费者与经营者实际上的不平等地位,以及具体的诉讼案件中消费者要证明经营者构成欺诈的难度,有必要对举证责任加以平衡分配,适用举证责任倒置的原则,减轻消费者的举证责任。

参考文献

[1]吴汉东.知识产权惩罚性赔偿的私法基础与司法适用[J].法学评论,2021(03):26.

[2]王利明.消费者的概念及消费者权益保护法的调整范围[J].政治与法律,2002,000(002):3-12.

[3]梁慧星.消费者权益保护法第49条的解释与适用[N].人民法院报,2001-03-29(003).

[4]时明涛.论我国民事欺诈制度的基本构成——以《民法典》第148,149条的解释为中心[J].西部法学评论,2021(1):13.

[5]胡翔,王洋.经营者虚假宣传构成欺诈的认定[J].人民司法,2017:73-75.

[6]高志宏.国家保护消费者权益的实现机制[J].求是学刊,2018,45(06):110-121.

[7]李明发.欺诈消费者行为及惩罚性赔偿责任[J].西北政法学院学报.1997(06).

[8]高志宏.惩罚性赔偿责任的二元体系与规范再造[J].比较法研究,2020(06):185-198.

法 律 适 用

论逃税罪中“以刑补行”的理念及适用

刘媛媛[①] 麦学礼[②]

摘　要　《中华人民共和国刑法修正案(七)》将刑法第201条由偷税罪改为逃税罪,修改后的逃税罪第四款规定了逃税行为的免责事由,体现了“以刑补行”的理念。在该理念的框架下,“已受行政处罚”必须同时满足两个要求:一是足以评价逃税行为,二是具有终局性。同时,行政评价功能的不可替代性和适用程序上的前置性决定了该规定并不存在双重评价的问题。

关键词　逃税罪　行政评价　刑事评价　以刑补行

从2002年某影后逃税事件到2018年“范某某逃税案件”,明星的天价片酬、阴阳合同、偷税漏税的行业潜规则,醒目地映入大众的眼帘。在某明星逃税案中,当事人补缴税款、缴纳滞纳金、行政罚款共计8.83亿。从法律的角度看,某明星案件的定性完全符合《中华人民共和国刑法》(以下简称《刑法》)第二百零一条“逃税罪”第四款的规定,“有第一款行为,经税务机关依法下达追缴通知后,补缴应纳税款,缴纳滞纳金,已受行政处罚的,不予追究刑事责任”,即逃税罪

① 刘媛媛,天津商业大学马克思主义学院暨法学院副教授,博士。
② 麦学礼,天津商业大学法学院硕士研究生。

的免责条款。从公众的角度,涉案金额如此之大却仅以行政处罚定性,似乎有失公允。本文认为,用“以刑补行”的基本理念对逃税罪第四款进行实质解释,是解决类似案件定性的关键所在。

一、以刑补行的理念

(一)理念的阐释

刑法是其他所有部门法的保障法,是其他部门法对某种行为不足以规制时的最后手段、补充手段。如《中华人民共和国行政处罚法》第七十九条规定:“行政机关截留、私分或者变相私分罚款、没收的违法所得或者财物的,由财政部门或者有关部门予以追缴,对直接负责的主管人员和其他直接责任人员依法给予处分;情节严重构成犯罪的,依法追究刑事责任。”因此,对于私分罚款的违法行为,先由行政法进行法律评价,评价的结果是处分;若私分罚款的行为情节严重程度超出了行政法能够评价的范围,则后由刑法进行法律评价,评价的结果是承担刑事责任。在行政违法领域,行政阶段的保护是第一性的,刑事阶段的保护是第二性的。只有在行政阶段不足以实现保护的情况下,刑事阶段才能启动起第二性的保护,这是由刑法的谦抑性以及对行政法的补充性所决定的。“破坏或者侵犯程度严重,仅靠非刑事保护的力量已难以担当救济保障的,则应以犯罪论处,在追究民事责任或者行政责任的同时,济之以刑事责任的追究与刑事制裁的发动,以补充非刑事法律保护第一道防线力量之不足。”这在各类行政法中都有所体现,无论是《中华人民共和国道路交通安全法》,还是《中华人民共和国税收征收管理法》,“构成犯罪的,依法追究刑事责任”的规定比比皆是。因此只有在行政对行为的评价不充足时,才会补充刑事评价。

而判断行政评价是否充足的前提是行政评价已经用尽,即在行政阶段对行政违法行为的定性和处罚已经确定、具有不可变性,不能进行更多或更少的评价。若行政评价尚未用尽,则无须判断其充足与否,而是继续用行政评价对行政违法行为进行考量,直至其穷尽。

这就是本文所论述以刑补行的理念：在行政评价已用尽但仍不足以完整覆盖行政违法行为的社会危害性时，用刑事评价去补充行政评价的不足。

以刑补行理念由两个部分组成，一是行政评价已用尽且仍不足，这是补充刑事评价的前提；二是用刑事补充评价超出行政评价的剩余行为。其侧重点不在于后者的补，而在于前者的已用尽但仍不足。言下之意，在行政评价未用尽或已用尽且充足的情况下，不能补充刑事评价。因为尽可能地发挥行政评价的作用，将行为囊括进来，不使其落入刑事阶段，从而保持刑法的谦抑性，并更有效率地处理行政违法行为，发挥行政处理高效率的先天优势，这才是以刑补行理念所要实现的目的。

（二）逃税罪第四款对以刑补行理念的体现

从法条结构上看，逃税罪由免责条款和但书组成。首先，“有第一款行为，经税务机关依法下达追缴通知后，补缴应纳税款，缴纳滞纳金，已受行政处罚的，不予追究刑事责任”是免责条款。表现为补缴税款、缴滞纳金、受行政处罚三种行为的行政评价已用尽且充足，逃税行为能够被此评价所涵盖，则不需要用刑事评价进行补充，从而免除刑事责任。其次，“五年内因逃避缴纳税款受过刑事处罚或者被税务机关给予二次以上行政处罚的除外”是但书，即适用免责条款的限制性规定。表明对于曾经的逃税行为所叠加的社会危害性程度，即使用尽以上三种行为进行行政评价也不能将其涵盖进来，即行政评价已用尽但仍不充足，只能加入刑事评价补充。

从本罪目的上看，逃税罪设立的目的有二。其一，保障国家财政意义上的税收。从免责条款的补缴税款、缴滞纳金的两种行为可以看出，此举在于保障国家获取其应得的财政收入，相当于将国家受损的收入恢复到原来正常收入的状态。其类似向银行贷款时其中一期没按时还上，则需收取相应手续费的行为，是一种救济性的措施。因此行政评价无须用尽也能实现此目的,没有补充刑事评价的空间。其二,维护国家税收征管秩序。逃税行为对税收征管秩序的破坏,一般的补缴等救济性措施已经不足以评价其社会危害性,因此必须进行更高规格的行政评价,即行政处罚,一种行政惩罚性的措施。另外,本罪第四款但书并没有针对逃税人本次的逃税行为做出规定,而是对曾经的逃税行为进行考量进而采取刑事惩罚性措施。由此可得,出于维护国家税收征管秩序的目的,有两种惩罚性的评价,行政和刑事。若行政惩罚性评价能够囊括逃税行为所有的危害性,则不做刑事评价,即行政评价已用尽且充足;若行政惩罚性评价用尽,仍有剩余行为不能被行政评价,则只能接受刑事惩罚性评价,即行政评价已用尽但仍不充足。

综上,本文认为,行政评价是否用尽以及充足与否,对逃税行为的定性起着关键性的影响,而刑事评价在以刑补行理念中只是处于一个补充性的地位。要使逃税行为的定性符合实质正义,就要深入挖掘行政评价的内涵,充足完整地发挥行政评价的作用,以更好地理解逃税罪第四款的规定。

二、"已受行政处罚"的理解

如上文所述,逃税罪免责条款的三种行为中,前两种救济性行为完全能够以行政评价实现,甚至不需要用尽行政评价。而第三种行为"已受行政处罚",则有可能会因其行政评价的不充足,导致逃税行为需要补充刑事评价,才能完整地评价整个逃税行为。为此,本文认为认定已受行政处罚必须同时满足两个要求:一是足以评价逃税行为,二是具有终局性。

(一)行政处罚足以评价逃税行为

首先,逃税行为的社会危害性程度没有超出行政处罚的可评价范围。结合《中华人民共和国刑法》第十三条"情节显著轻微危害不大的,不认为是犯罪"以及《中华人民共和国税收征收管理法》第六

十三、六十五、七十七条“构成犯罪的，依法追究刑事责任”可知，只有那些情节轻微、社会危害性不大的行政违法行为才在行政处罚的评价范围之内。从构成犯罪的角度来说，“确定行为是否构成犯罪还要考察行为的社会危害性程度是否达到了量的要求”。因此，在逃税行为的社会危害性程度尚未达到刑事评价的量的要求时，税务机关按照《中华人民共和国税收征收管理法》第六十三条规定对行为人处“不缴或者少缴的税款百分之五十以上五倍以下的罚款”，是在行政评价的管辖范围之内的，即此时行政评价是已用尽且充足的，刑事评价不能介入。相反，在某明星逃税案中，行为人补缴税款、滞纳金和罚款共计 8 亿人民币之多，其中逃税税额 1.34 亿，本文认为对某明星所处的行政处罚承载不了 1.34 亿的逃税行为所造成的社会危害性的量。由上文可知，逃税罪第四款的行政处罚是在维护国家税收征管秩序的语境之下的，范某某作为公众人物，逃税数额远远超出一般公平正义所能忍让的程度，其行为是对税收征管秩序的严重破坏，其所具有的社会危害性的量已超出行政评价的范围，不能认定某明星符合逃税罪第四款“已受行政处罚”而免责。

其次，行政处罚是实质上充足完整的行政处罚。有学者认为，只要形式上有行政处罚行为并且行为人已经接受处罚，即可适用逃税罪第四款免除刑责。事实上，“已受行政处罚”必须从实质上理解，形式上接受了行政处罚而实质上是不够充足、不够完整时，不能认定为“已受行政处罚”。最后，即使逃税行为的社会危害性在行政评价的范围之内，若对其做出的行政处罚低于法定的比例要求，则此种行政处罚也是不充足完整的。

（二）行政处罚具有终局性

行政处罚不停止执行表明行为人必须履行，但不等同于行为人已经接受行政处罚。《中华人民共和国税收征收管理法》第八条规定：“纳税人、扣缴义务人对税务机关所做出的决定，享有陈述权、申辩权;依法享有申请行政复议、提起行政诉讼、请求国家赔偿等权利。”行为人在履行行政处罚的同时,有权利提起行政复议或行政诉讼。若行为人因不履行非终局性的行政处罚而不能适用免责条款,那么行为人的申请复议权、提起诉讼权就会形同虚设,不能发挥这两种权利对行政处罚的正确性最终确认的作用。按照以刑补行的理念,只有在行政评价已用尽但仍不足的情况下,才会考虑是否需要补充刑事评价。在行政处罚还没有得到最终确认的情况下,意味着行政阶段的救济尚未完全用尽,此时去寻求刑事评价的补充,是不符合以刑补行的理念逻辑的。进一步说,在复议或诉讼的结果尚未终结之前,即使行为人没有履行行政处罚,也不能凭此直接认定行为人不符合“已受行政处罚”的免责条件。因此,行为人是否已受行政处罚的判断建立在行政处罚已经具有终局性的基础之上,否则所做出的判断因复议或诉讼进程具有不确定性,会导致行政评价和刑事评价的混乱。另外,行为人既没有履行行政处罚,又没有在限定时间内提起复议和诉讼,则应视为行为人放弃对行政处罚正确性最终确认的权利,使得行政处罚具有客观既定性,即终局性,从而被默示为“已受行政处罚”。

三、关于双重评价的辨析

对同一逃税行为,行政和刑事进行了各自领域的评价,产生了是否存在双重评价或双重处罚的疑问。本文认为,在以刑补行理念的指导下,可以对行政评价的作用进行反思,并进而通过设立行政前置程序,来否定所谓的双重评价问题。

(一)在内容上

1. 行政评价的功能具有不可替代性

有学者认为逃税罪的设立旨在使严重的逃税行为落入刑事的规制,并且刑事处罚比行政处罚的严厉程度高得多,对逃税行为的社会危害性做出没有漏洞的刑事评价是完全可行的。因此当行为人构成逃税罪且没有免责事由时，应排除行政处罚的适用，否则存在双重处罚，违反一事不再理的原则。本文不赞同以上观点。以上观点旨在用刑事评价吸收行政评价，但行政评价有刑事评价所不能吸收的部分。行政评价和刑事评价的区别不仅仅在社会危害性程度的考量上，更体现在两者的功能差异上。两者是对同一逃税行为各司其职的评价，不存在功能重复性，当然不能吸收。

2. 行政评价和刑事评价的共存具有合法性

用行政阶段的部分惩罚去折抵刑事阶段的部分惩罚的做法，表明两种评价的关系并不是择一的，表明行政评价并不因刑事评价的存在而丧失其本身应有的作用，而是可以相互协调的，前者能为后者提供一定的借鉴意义，才使得折抵具有合法性。更重要的是，两种评价的独立性、共存性驳斥了部分学者“认为逃税罪的免责条款体现了以行政处罚代替刑罚”的说法。此类说法没有认识到行政评价和刑事评价各自发挥的作用是具有独立性的。之所以在免责条款中接受行政处罚则免除刑责，是因为在现代纳税观念的改变之下，行政处罚对某些逃税行为的评价已经足以涵盖。换言之，行政评价的内涵已经有所扩大，其扩大的是自身的评价范围，而非将属于刑事部分的评价截取过来，两者相互独立，又相互合作，相互不可替代。

（二）在程序上

1. 刑事优先的弊端

对逃税罪第四款的适用应当先进行行政处罚还是刑事立案在相关法律法规中并没有直接明确的规定。有观点认为应当坚持“刑事优先”的原则，“如果把税务行政处罚作为必经环节，行为人逃税时就会怀有投机心理，由于初犯免责条款造成行为人更容易逃税。同时，公安机关如果认为行为人的逃避缴纳税款行为需要立案，却依旧被动地等待税务机关移送，这明显不利于逃税案件的查处”。按照刑事优先的观点，对逃税行为应当先由公安机关立案处理，进行刑事意义的法律评价,在此过程中若发现具体逃税行为并不符合刑事要求的标准,再交由税务机关进行处理。这种做法可以避免税务机关的判断失误从而适用逃税罪的免责条款。但本文认为此种观点自相矛盾,若公安机关过早介入且发生判断失误而没有发现,此时没有相应的纠错措施,税务机关也不能在此过程中发挥纠错作用,是不合理的。

2. 行政前置的提倡

首先,以刑补行理念的分段性决定了行政前置。如上文所述,以刑补行理念的第二组成部分是用刑事去补充评价超出行政评价的剩余行为。这种补的方式,决定了行政评价和刑事评价是分阶段进行的,只有先完成了行政评价才能进入刑事评价,这样至少克服了在同一个阶段内同时存在两种评价。从性质上来说,对同一个行为进行两次性质相同的评价才是双重评价,而逃税罪中的逃税行为是具有行政违法性和刑事违法性双重属性的,其两种评价是不同性质的,不符合双重评价的定义。从社会危害性的量上来说,在行政阶段所评价的社会危害性的量只被进行了行政评价,且只被评价了一次,而超出行政阶段所剩余的量在刑事阶段接受刑事评价,且只被评价了一次。简言之,行政前置能够将一个逃税行为分割成两段,一段归行政,一段归刑事,并且没有任何一段进行了两次评价。因此,以刑补行的分段性否定了逃税罪第四款存在双重评价。

其次,以刑补行理念的效率性要求行政前置。以刑补行理念之所以侧重先用尽行政评价,是因为在实践中,行为人逃税行为所涉及的税种辨别、税额认定、纳税手段复杂,具有较强的专业性,先由税务机关对逃税行为进行评价会更有针对性,对国家税收的恢复也更有效率,能够及时止损。并且在实践中的逃税行为多是由税务机关先发现的,而公安机关的案源主要来自举报或税务机关的移送。而那种先由公安机关立案再交由税务机关处理的程序,不仅造成司法资源的浪费,降低处理逃税行为的效率,而且在税务机关评价后认为需要再次移送回公安机关时,公安机关就进行了第二次的评价,存在双重评价的困境。

再次,以刑补行理念的预防性要求行政前置。《中华人民共和国刑法修正案(七)》将偷税罪改为逃税罪,使得多数的涉税违法行为能够尽早在行政领域得以解决,发挥行政评价对逃税行为的预防作用而非事后惩罚,也是以刑补行理念所要求的。一旦逃税行为轻易直接地受到公安机关的立案调查,即便调查的结果仅仅是行政处罚,对企业形象的损坏也是不可挽回的,在当代经济体中企业形象与企业运营有着高度联系,而后者与国家税收也有着高度的联系。在行政领域能够给逃税人足够回头是岸的空间,把逃税行为扼杀在摇篮里。若直接进入刑事领域,其程序的严格性和不可逆性会造成极大的损害。

最后,行政前置是以刑补行理念的程序要求,以刑补行理念的分段性、效率性、预防性是行政前置存在的依据。由此对没有超出行政评价范围的逃税行为和具有刑事危害性的逃税行为的处理是不同的。对于前者,进行行政评价即可;对于后者,行政评价前置能够把属于刑事责任的剩余行为分割出来,给予刑事评价,有效地避免了双重评价。另外,《中华人民共和国税收征收管理法》第七十七条规定,“纳税人、扣缴义务人有本法规定的行为涉嫌犯罪的,税务机关应当依法移交司法机关追究刑事责任”,也为行政前置提供了法律依据。

四、实务中的问题与建议

(一)问题

1. 行政前置标准不一

在司法实践中对逃税行为的处理存在多种模式,行政前置没有成为各地的统一标准。即使《行政执法机关移送涉嫌犯罪案件的规定》第三条、第十三条、第十八条均有关于行政机关和公安机关的工作衔接规定,但实践中仍存在标准不一的处理模式。如浙江省温州市采取“先税务处罚后公安侦查”模式;湖北省采取“先公安后税务再公安”模式;湖南省常德市采取“公安机关直接立案侦查”模式。另一方面,相关部门利益作祟,使得行政前置没有发挥应有的评价作用。现实中行政执法部门的工资、福利与该部门执行行政征收、行政处罚数额的多少直接挂钩。处罚数额越高,回报也越高,反之则越低,这促使许多税务机关利用行政前置程序来谋取私利,而非发挥行政前置的评价作用以实现对逃税行为的合理定性。这种做法无异于“以罚代刑”,违背逃税罪以刑补行的理念初衷。

2. 证据标准和移送规则不明晰

一方面,证据标准不统一。税务机关在行政阶段所收集的证据能否作为公安机关在刑事阶段的证据,这涉及证据标准一致性的问题。但行政侧重的是效率,刑事侧重的是惩罚,行政对证据的要求程度明显低于刑事,在日常的行政处罚中也没有必要收集高规格的证据。由于双方对取证的角度和要求不同,税务机关作为非司法机关其所取证自然无法与公安机关取证要求相一致,而这往往成为公安机关认定税务机关取证不足,事实不清以此退还或拒绝接收税务机关移送案件的理由,如此一来税务机关不能将逃税行为向刑事评价推进。另一方面,证据移送不乐观。《行政执法机关移送涉嫌犯罪案件的规定》规定行政执法机关向公安机关提交有关的检验报告或鉴定结论,但在实际的证据移送中,极个别税务机关有可能会利用其所在领域的专业性使得公安机关难以辨别鉴定结论的真假性,从而在对逃税行为的追诉中处于有利地位。这使得对逃税行为的行政评价不是基于客观公正而做出的,并且行政评价往往在没有用尽的情况下就把逃税行为推向给刑事评价,这对逃税人来说是非正义的。

(二)建议

1. 明确和保障行政前置模式

首先,要确立明确统一的行政前置模式。在法律形式上,两高可以出台相关的司法解释明文规定处理逃税案件必须以行政处理优先,在行政处理完成后才能转入刑事处理。在实务操作中,全国各地的税务机关和公安机关,应该原则上适用全国统一标准的行政前置模式,做好税务机关和公安机关的职权划分。

其次,改变相关部门的业绩考察机制。从根源上不把对逃税行为的处理作为部门财政的重要因素,使税务机关和司法机关处理逃税行为是出于职业的要求,而不是出于利益的驱动,从而保障前置的行政评价能够发挥实质的作用,在行政评价不能涵盖逃税行为时能够及时进入刑事评价。

2. 明晰证据标准和移送规则

首先,明晰证据标准。“《刑事诉讼法》规定,行政机关在行政执法和查办案件过程中收集的相关证据材料,只有‘经法庭查证属实,且收集程序合法’时才可以作为刑事诉讼的证据使用”。行政阶段的证据需要经过刑事的转化才能使用,因此解决证据标准问题的路径不是追求保持证据标准的一致性,而是分为两种情况:一是行政足以评价逃税行为时,二是行政不足以评价逃税行为时。前者只需要达到行政的证据标准,后者则需要司法机关协助税务机关一起调查取证,以达到刑事证据的标准。

其次,明确移送规则。一是证据移送的内容要求。例如税务机关出具的鉴定意见必须详细记载逃税的税额、手段、行为人的征信、税务机关的相关处理措施等,让税务机关和公安机关的认知差异不至于太大,并且使后者能够提取对刑事评价有意义的部分。二是证据移送的程序要求。例如移送的时间限制、经受部门的追责、不按时或不按规定方式移送的后果等,以此来保证证据移送过程中真实性没有丢失。

五、结语

从以上可以看出,对于逃税行为的规制更加有效的是预防和行政评价。刑事评价作为最后的补充手段,并不是最好的止损方式。

特别是在维护国家税收的层面上,效率至关重要,而行政评价更能符合这一要求。这就是以刑补行理念自始至终侧重发挥行政评价作用的原因。逃税罪第四款存在的初衷正是将更多的评价功能赋予了行政阶段,尽可能在行政阶段寻求解决。这也为研究刑法中的行政犯提供了一种思路,不再只是在其他部门法的法条中寻找行政犯的依据,还需考虑行政阶段对行政犯的评价所具有的实质意义。即对行政犯进行实质上的评价或解释,而不仅仅是形式上符合法律法规的评价。另外,以刑补行的理念并不是降低刑事评价的地位,在当今的社会发展中愈发要求行政评价有所担当,而在其担当范围之外的法律责任仍然需要由刑事来评价。

参考文献

[1]田宏杰.行政犯的法律属性及其责任——兼及定罪机制的重构[J].法学家,2013(03).

[2]施锐利.行政违法与行政犯罪界分研究[D].山东大学博士论文,2016.

[3]张平.逃税案件中行政处罚与刑事追诉的衔接问题研究[D].吉林大学硕士论文,2018.

[4]刘荣.刍议"逃税罪"案件行政程序与刑事程序的关系[J].涉外税务,2010(05):54-57.

[5]宋效中,姜铭.中日偷逃税比较与思考[J].日本研究,2010(02):32-36.

[6]樊永明,张爱萍.行政执法与刑事司法衔接存在的问题与完善[J].中国检察官,2015(21):67-69.

[7]郭泰和.行政证据与刑事证据的程序衔接问题研究——《刑事诉讼法》(2012 年)第 52 条第 2 款的思考[J].证据科学,2012(06).

论过错推定作为行政处罚归责原则的适用

崔文俊[①] 谢惠燕[②]

摘 要 2021 年修订的《中华人民共和国行政处罚法》首次明确了行政处罚采取过错推定的归责原则。借鉴侵权责任法上的归责原则理论,行政处罚的归责原则同样包括了主观归责原则和客观归责原则。行政处罚采取过错推定原则,有利于提高行政效率,降低行政成本,及时有效地维护公共秩序,是比较理性的选择。目前,法律关于过错推定原则的规定还比较简单。为确保行政机关正确适用过错推定原则,应当进一步细化该原则的适用规则,并对不适用该原则的情形予以明确规定。

关键词 行政处罚 归责原则 过错推定 主观要件

行政处罚的归责原则是行政处罚法的重要内容,是行政处罚法的核心和灵魂,决定着行为应受行政处罚的构成要件、法定免责事由等重要内容。行政处罚作为行政执法实践中运用最广的行政行为之一,规范行政处罚的归责原则对保障公民的合法权益、落实依法行政发挥着举足轻重的作用,对完善行政法律制度有着重要意义。

---

① 崔文俊,天津商业大学法学院讲师,法学博士。
② 谢惠燕,天津商业大学法学院宪法学与行政法学专业硕士研究生。

一、行政处罚归责原则概述

(一)行政处罚归责原则的概念和意义

归责原则是确定责任的标准或依据。行政法学界对行政处罚归责原则的研究较少,对其主要的认识大多数是参考和借鉴侵权责任研究的成果。借鉴《中华人民共和国侵权责任法》的定义,行政处罚的归责原则是指行为人实施了违反行政法义务的行为时,行政机关应当根据何种依据或标准确定违法行为人应受行政处罚。需要注意的是,行政处罚的归责原则与行政处罚的构成要件是既有联系又有区别的两对法律概念。前者是一种抽象的法律概念,指行政机关应当根据何种标准或依据来确定行为人需要承担法律责任,是应受行政处罚行为构成要件的前提和基础;后者是一种具体的法律概念,指确定行为人承担法律责任应当具有哪些条件,是对前者的具体落实。

归责原则作为行政处罚法的统帅和核心,直接关系到行为应受行政处罚的构成要件,决定着哪些违法行为可能免受行政处罚,对行政处罚的立法策略、免责事由的认定等具有重要意义。从立法的角度来说,立法机关只有先厘清行政处罚的归责原则,才能在此基础上进一步展开行政处罚的制度设计和程序安排。从执法的角度来说,执法人员只有正确理解行政处罚归责原则的内涵,才能公平公正地实施行政处罚。

(二)行政处罚归责原则的类型

关于行政处罚归责原则的类型,学术界也是参考了侵权责任法归责原则的体系类型。结合行政处罚领域的特点,主要存在以下几种观点:

1. 过错责任原则

该原则是指行政机关予以行政处罚,不仅要证明行为人实施了违法行为,且要证明行为人实施违法行为时主观上有过错。

2. 过错推定原则

该原则是指行为人只要实施了违法行为,行政机关就可以推定行为人具有主观过错，除非行政相对人有证据足以证明其没有主观过错。

3. 无过错责任原则

该原则称客观责任原则或者严格责任原则，是指行为人一旦实施了违法行为，不论其主观上有无过错，都可予以行政处罚。

二、行政处罚中的主观归责与客观归责

学术界以行政处罚是否要求行为人具有主观过错为标准，将行政处罚归责原则分为两大类别：一是客观归责，二是主观归责。

（一）客观归责原则

行政处罚采取客观归责原则的不多。2021 年修订前的《中华人民共和国行政处罚法》没有明文规定行政处罚的归责原则，在行政执法实践中行政机关采取客观归责原则的比比皆是。理论界也有不少学者认为行政处罚应当采取客观的归责原则，主要有以下理由：

1. 行政相对人的违法行为包含着行为人的主观方面的过错

违法行为人的主观过错常常隐含于其所从事的违法行为，缺乏独立予以考量的必要。只要行政相对人实施了违法行为，其主观上一般必然存在过错，不是故意就是过失。因此，违法行为人的主观过错对于行政机关实施行政处罚只有相对意义。

2. 行政处罚案件数量多，采取主观归责影响行政效率

行政处罚产生于日常的行政管理活动中，案件数量较多。如果每一处罚都要求行政机关证明行为人的主观过错，不仅会降低行政效率，而且也不利于及时恢复社会秩序。

3. 行政处罚的惩罚力度较轻，不必要求违法者具有主观过错

行政处罚不同于刑事处罚，刑事处罚更多涉及人身自由的限制，而行政处罚主要涉及声誉罚、行为罚和资格罚等，对行为人的权益影响较小。根据行政法上比例原则的要求，不应当将主观过错作为行政处罚的构成要件。

(二)主观归责原则

主观归责原则包括过错责任原则与过错推定责任原则。大陆法系国家和地区大多将违法者的主观状态作为行政处罚的构成要件。德国1952年颁布的《违反秩序罚法》第10条规定,对违反秩序行为的处罚,原则上只以故意行为为限;对过失行为,须法律有明文规定处罚的,才可以行政处罚。可见,德国对行政处罚实行的是过错责任原则,且以处罚故意为原则、以处罚过失为例外。奥地利于1925年颁布《行政罚法》第5条第1项规定,行政法规范没有关于责任条件的特别规定的,过失即足以成为行政处罚的要件;仅属违反禁止命令或作为命令,无须以引起损害或危险作为违法行为构成要件的,行政法规范虽没有关于责任要件的规定,但行为人对于行政法规范的遵守也不能提出免除遵守义务的反证的,亦可予以行政处罚。显然,奥地利对行政处罚实行的是以过错责任为原则,以推定过错为例外的归责原则。

德国和奥地利都将主观过错作为应受行政处罚行为的构成要件,并得到广泛认可和效仿。行政处罚实行主观归责是当今社会的主流,主要有以下几点原因:

1. 基于人权保障的宪法要求

从广义的法律价值角度出发,制定法律的最终目的都是为了维护人的尊严,也即人的尊严保障是法律价值的最终目标。《中华人民共和国宪法》第38条明确规定了公民享有人格尊严。行政处罚法作为行政法上最为重要的制度之一,不仅要承认和尊重公民的人格尊严,而且制度规范和程序设计都应当以维护公民的人格尊严为宗旨。将主观过错作为行政处罚的构成要件,要求人对基于自己主观意识的行为负责,而对无意识的纯粹客观行为免责,这是对人的本性的肯定,也是人权保障的必然要求。

2. 有责任方可处罚乃是现代法治的主流

法律责任有刑事责任、民事责任和行政责任之分。刑事责任的承担是以主观上具有故意或过失作为刑事处罚的必要条件之一，理论界与实务界对此已达成共识。民事责任的承担，亦以过错责任为原则。虽然民事责任存在无过错责任的例外规定，但这是因为在民事领域中存在各方当事人均无过错，客观上却存在损害事实的现象，此时如果仅让受损方单独承担损失，会有失公正和合理，此时如果让受益者分担部分损失，更加符合平等公正的法律价值。行政处罚作为行政责任的一种，同样应贯彻“有责任方可处罚”之原则，将主观过错作为行政处罚的必要条件。

3. 实现惩罚与教育相结合的立法目的

行政处罚的目的不仅在于惩戒，而且还在于发挥教育的功能。① 行为人在主观上希望或放任违法行为的发生，其行为才具有非难性和应受制裁性。只有这样的制裁方可帮助行为人认识到自己的错误，起到警醒的作用，教育行为人自觉遵守法律。相反，倘若采取无过错责任的行政处罚，使行为人主观上没有过错却受到法律制裁，这不仅不能起到教育作用，甚至会使其产生怨恨的心里。

现代社会是一个追求公平公正的法治社会。法律责任的承担要尊重个人的意志自由，而尊重个人意志自由就在于使其对自己有意识的行为负责。行政处罚倘若不问行为人有无主观过错，仅依据行为的违法性即实施处罚是一种强权政体的体现，让本身就处于弱势地位的行政相对人更加卑微，在道德上具有极大的罪恶。因此，行政处罚采取主观归责原则，符合社会发展的潮流，是现代行政法治的必然选择。

三、过错责任与过错推定责任的比较

关于过错推定原则是单独的一项归责原则，还是依附于过错责

① 2021 年修订的《中华人民共和国行政处罚法》第六条规定：“实施行政处罚，纠正违法行为，应当坚持处罚与教育相结合，教育公民、法人或者其他组织自觉守法。”

任原则,理论界一直有争议。其实,过错责任与过错推定责任都要求将主观过错作为法律责任的构成要件,二者只是适用方式的不同。过错推定责任仍属于主观归责原则的范畴,没有脱离过错责任的轨道。

(一)过错责任原则

过错责任原则的适用特点是,行政机关证明违法者主观上具有故意或过失,才能依法给予行政处罚,即证明责任落在行政机关的头上。

赞成过错责任原则的学者认为,与过错推定责任相比,过错责任更符合公平公正的现代法律价值理念。首先,行政处罚与刑事处罚一样,都是公权力对私人的权益进行剥夺或限制,因此也应像刑罚一样慎重对待,行政处罚的做出也应当要求行政机关证明违法者的主观过错。其次,采取过错推定原则意味着举证责任倒置,这在本质上违背了合法推定原则或无责任推定原则。第三,在行政管理法律关系中,行政相对人本身就处于被动、弱势地位,取证能力、证明力度、法律意识等都不如拥有强大权力的行政机关,实行推定过错原则只会加剧二者关系不平衡的状态,这与实施严格的客观归责别无二致。总之,采取过错推定责任的行政处罚是公正公平让位于行政效率的陈旧观点,不被民主社会所拥戴。

(二)过错推定责任原则

过错推定责任的适用要求是:公民、法人或其他组织一旦实施了违法行为,法律上就推定行为人主观上有过错(故意或过失),除非违法者有证据证明其主观无过错,否则就要承担行政处罚之责。多数行政法学者认为,采取过错推定责任原则更加符合行政处罚领域的特点。

根据域外的实践经验,结合我国行政管理领域的特点,笔者也认为采取过错推定原则是更加符合理性的选择。主要理由如下:

第一，实现行政目的和提高行政效率的需要。行政处罚案件数量多，在现实生活中存在着大量须及时处罚、当场处罚的案件，这类案件处罚程度较轻，对当事人权益影响较小，如果都要求行政机关证明违法行为人的故意或过失，不利于被破坏的社会秩序得到尽快恢复。基于行政效率、比例原则等因素的考虑，只要相对人不能举证证明其主观上无过错，行政机关即可做出行政处罚的决定，以节约成本，让有限的人力资源投入到其他领域中，从而提高行政效率。

第二，更容易查明案件事实，减少或避免冤假错案的发生。在主观归责下，行为人的主观过错是行政处罚之必要条件，因此是否应当予以行政处罚，行为人主观上是否有过错具有举足轻重的作用。违法行为人在通常情况下比其他人更了解自己的内心想法与事情的来龙去脉，因此，其更容易接近客观事实真相。正如江必新指出，在实际执法活动过程中，行政相对人如果主观上没有过错，一般来说是比较容易证明的。尚且，行政机关在发现违法事实的存在时，理所当然也会让行为人来解释“这是怎么一回事”。这个过程就是过错推定的表现。

第三，提高公民的法律意识，达到惩罚与教育相结合的立法目的。推定过错实质上是举证责任的倒置，即由行政相对人负责证明其没有主观过错或者说履行了法律规定的注意义务。行政处罚实行推定过错责任原则，违法行为人就会在陈述或者申辩阶段竭力证明自己没有过错，这或多或少会让违法行为人更加了解法律知识，从而提高公民的守法意识。相反，如果由行政机关来证明违法行为人的主观过错，将无助于充分保障违法行为人的程序参与权，将会使违法行为人沦为“局外人”。

第四，行政处罚与刑事处罚的性质、价值取向、作用是不完全相同的。行政处罚和刑事处罚是两种性质不同的惩罚手段。刑事处罚是最严格的法律制裁手段，惩罚力度强，因此刑事责任的承担要经过严格的司法程序(仅能通过法院判决),才能使得违法者受到刑事处罚。行政处罚本质上属于行政行为,其所遵循的是行政程序,这种程序不及司法程序那么正式和严格,这也是行政活动追求效率的体现。与过错责任原则相比,采取过错推定责任原则更加符合行政行为的特点和行政管理活动的要求。

四、我国行政处罚的归责原则及其适用

2021 年修订的《中华人民共和国行政处罚法》(下称新行政处罚法)第三十三条第二款的规定改变了以往行政机关在处罚过程中,对行政相对人主观过错"忽略不计"的现象,反映了立法者对行政处罚归责原则的重视。这是我国法律制度在实践中发展、在实施中完善的体现。

(一)行政处罚归责原则适用存在的问题

不可否认,明确规定过错推定的行政处罚归责原则,是我国行政法律制度完善的重要之举。细细斟酌,结合本法以及其他有关法律规定来看,前述规定仍存在有待探究之处。

1. 新行政处罚法规定的过错推定原则与其他行政法律规定的无过错责任原则存在冲突

新行政处罚法明确规定当事人有证据足以证明其没有主观过错的,不予行政处罚。但在现行有效的法律中,仍存在着采取无过错责任的行政处罚。例如,《中华人民共和国商标法》第六十条第二款规定,销售不知为侵犯商标专用权的商品,但能够证明该商品是自己合法取得并说明提供者的,由工商行政管理部门责令停止销售,而不处以没收非法财物或罚款的处罚。根据新行政处罚法第九条第四项的规定,责令停止销售仍然属于行政处罚,而根据《中华人民共和国商标法》的规定,销售者即使能够证明其已经尽到注意义务,仍要受到行政处罚。

2. "从其规定"理解上可能引发争议

由新行政处罚法第三十三条第二款前半句的规定可以推导出以

下结论:行政机关予以行政处罚时,负有将行为人主观过错考虑在其中的一般义务。但是,对前述条款后半句关于“从其规定”的规定又存在着多种理解的可能性:一是指不由行政相对人举证证明其主观上是否存在过错,而由行政机关来证明违法者的主观过错;二是指行政处罚法规定了行政机关考虑主观过错为一般义务,但并不排除其他法律,甚至是行政法规实行客观归责的行政处罚;三是指违法者本就享有证明自己没有主观过错的权利,但是法律、行政法规可规定例外情形,剥夺违法者的举证权利。如果不对上述规定做出解释,势必会对行政机关实施行政处罚带来困扰。

3. 行为人证明其无主观过错与行政机关证明其做出的具体行政行为合法之间的矛盾

根据《中华人民共和国行政复议法》《中华人民共和国行政诉讼法》的有关规定,行政机关对行政行为的合法性承担举证责任,这就要求行政机关做出行政行为应当建立在事实清楚、证据充足的基础上,但是在推定过错原则下,行政机关做出行政处罚无须主动收集行为人主观上有过错的证据,这显然与行政救济制度中,行政机关基于事实清楚、证据确凿的基础上做出行政行为的规定相冲突。

4. 缺乏足以证明违法行为人没有主观过错的认定标准,不便于行政执法人员实施和操作

在以往的行政处罚中,一般由行政执法人员来证明行为人的主观过错,而新行政处罚法确立了过错推定原则,将主观过错的证明责任转移至行政相对人,判断的权力把握在执法人员手中。但是,新行政处罚法却没有明确规定主观过错的认定标准(也即“足以证明”的标准),这可能会导致享有行政处罚权的执法人员不知如何判定行政相对人是否真的不存在主观过错的现象。

(二)行政处罚归责制度的完善

新行政处罚法是1996年颁布实施以来的首次大修改,适应了新

时代的要求,对依法行政、保障行政相对人的合法权益具有重要意义。但是立法机关也不能就此止步,享有相应权力的机关应当加快出台本法的实施细则,既要保障过错推定原则的可实施性,又要解决和完善行政处罚归责原则制度在适用时可能出现的问题。

1. 明确过错推定原则,限制例外规定的适用

此次行政处罚法修改的最大亮点之一就是明确行政处罚采取过错推定责任原则,改变了以往执法机关实施行政处罚标准不一的现象。但是,对"法律、行政法规另有规定,从其规定"的情形没有做出明确的限制,无疑可能给严格归责的适用留下空间,从而难以发挥此次修法的良好用意。因此,有必要在明确"无过错即无责任"的基础上,限制"另有规定"的情形。只有对"另有规定"的情形予以细化,才能更好发挥法律的社会效果,保障行政相对人的合法权益。

2. 违法者证明其没有主观过错的程度要求必须与当事人的角色和能力相匹配

正如杨利敏教授所指出的,"行政法具有社会治理机制和风险把控机制,但是其需要考量风险管理及承担在不同社会角色之间的分配问题,不同的社会角色对风险管控有不同的能力,行政法规范所施加的管控风险的要求应当与当事人的角色和能力相匹配,否则就会有失公平或有碍效率"。因此,行政机关在执法过程中,对行为人足以证明其主观上无过错的要求标准,应当与行为人的角色和能力相匹配。

3. 明确区分故意与过失,实现责罚相当的处罚原则

新行政处罚法第六条明确规定行政处罚的实施应当遵循公正原则,且必须与违法行为的事实、性质、情节以及社会危害程度相当。这一条文本身就说明行政机关在适用行政处罚时,必须分区违法者的故意和过失两种形态。行为人基于故意实施违法行为的,其主观恶性相对较大,依法应当给予较重的处罚;行为人出于过失实施违法

行为的,其主观恶性相对较小,依法应当给予较轻的处罚;行为人连过失也没有的,即使法律特别规定予以处罚的,也应从轻、减轻或者免除处罚。因此,行政机关在执法过程中,不仅要考虑行为人是否具有主观过错,而且也要区别主观过错的具体类型,这也是行政比例原则的应有之义。

4.适时修改相关制度,确保相关法律之间的一致性

正如前面所说,在现行有效的法律中仍然存在着客观归责的行政处罚。因此,应当及时修改与过错推定责任原则相悖的法律制度。同时,《中华人民共和国行政复议法》《中华人民共和国行政诉讼法》关于行政机关对所做的行政行为承担举证责任的规定,也应当进行相应的修改,即在行政处罚案件中,行政复议申请人或者行政诉讼原告应当对自己主观上无过错承担举证责任,至于其他有关行政处罚合法性的事实,仍由行政机关承担举证责任。

五、结语

"一种违背人类情感和价值共识的法律不具有正当性的依据,从而不可能产生人们对法律的内在服从,从而不具有权威性。"将主观过错作为应受行政处罚行为的构成要件,符合人类追求公平正义的美好愿望。在行政处罚领域采取过错推定的归责原则,有助于确保行政机关及时有效地实施行政管理,顺利达成维护公共秩序的目的。

参考文献

[1]辛庆玲.试论行政处罚的构成要件[J].青海师专学报(教育科学),2009(01).

[2]陈新民.公法学札记[M].北京:法律出版社,2010:248.

[3]汪永清.关于应受行政处罚行为的若干问题[J].中外法学,1994(02).

[4]袁曙宏.论行政处罚的实施[J].法学研究,1993(04).

[5]王贵松.论行政处罚的责任主义[J].政治与法律,2020(06).

[6]胡建淼.中外行政法规分解与比较[M].北京:法律出版社,2004:706-707.

[7]江必新.司法审判中的价值考量[J].法律适用,2020(19).

[8]彭爽.论行政处罚的归责原则[J].中南林业科技大学学报(社会科学版),2010(05).

[9]车浩.法定犯时代的违法性认识错误[J].清华法学,2015(04).

[10]王卫国.过错责任原则:第三次勃兴[M].北京:中国法制出版社,2000:180.

[11]江必新.论应受行政处罚行为的构成要件[J].法律适用,1996(06).

[12]杨利敏.论我国行政处罚中的责任原则——兼论应受行政处罚的过失违法行为[J].华东政法大学学报,2020(02).

[13]佐伯仁志.制裁论[M].丁胜明译,北京:北京大学出版社,2018:7.

[14]《行政处罚法》第三十三条第二款规定:“当事人有证据足以证明没有主观过错的,行政机关不予行政处罚。法律、行政法规另有规定的,从其规定。”

[15]方军.论构成应受行政处罚行为的主观要件[J].中国法律评论,2020(05).

[16]李孝猛.主观过错与行政处罚归责原则:学说与实践[J].华东政法大学学报,2007(06).

[17]杨清望.法律权威:来源与构建[M].北京:知识产权出版社,2010:94.

外国法在我国涉外民事诉讼中适用的相关问题探析

邹淑环[①]

摘　要　对我国纠纷解决机构在审理涉外民事案件中适用外国法的现象,学术界主流观点是以国际交往互利说来阐述其理由。在适用外国法的实践中,查明外国法的内容是前提,坚持同一性原则是适用的基本要求;当我国存在强制性法律或者外国法的适用有碍我国公共秩序时,该外国法将被排除。

关键词　外国法　法律适用法　冲突规范

法院在审理涉外民事案件过程中,适用外国法律规范作为评断是非的依据,这是不同于审理其他性质案件的特殊现象,据此也引发了一系列问题。本文立足于冲突法的原理和我国《中华人民共和国涉外民事关系法律适用法》(以下简称《法律适用法》)的规定,基于我国不采用反致制度的事实[②],将对人民法院适用外国法的理由、外国法内容的查明、外国法适用的同一性原则、外国法的限制适用等问题进行探讨,旨在明确人民法院适用外国法的根据及在适用外国法

---

① 邹淑环,天津商业大学法学院副教授。

② 《法律适用法》第九条规定:"涉外民事关系适用的外国法律,不包括该国的法律适用法。"据此,在我国适用的外国法限于实体法。

过程中应遵循的规则。

一、适用外国法的理由

虽然在各国涉外民事案件审判实践中外国法的域外适用已经成为不争的事实,但主权各自独立的国家为什么放弃自己本国的法律、转而适用外国法呢?对此问题的解释在冲突法学的发展历史中,在国外曾出现了众多学说,如法则区别说、国际礼让说、法律关系本座说、既得权说、法律社会目的说、政府利益分析说等,学者们试图从不同的角度解释"内国"在审理涉外民事案件时需要适用外国法这一特殊现象,给本国审判机构适用外国法以足够的理论支持。

我国学术界对适用外国法根据的探讨起步较晚,相对于冲突法的具体规则、制度的而言,学者们研究后者的热情更高。对于前者,国际交往互利说得到了大多数学者的认同。该学说的核心内容有三点:第一,"内国"为了确定外国自然人和法人参与国际民商事交往的主体资格,必须承认与适用外国法;第二,为了发展对外关系,"内国"有必要承认依据外国法已经有效取得的权利和维护依据外国法已经成立的法律关系,而欲承认上述权利和维护上述法律关系,就有必要承认和适用外国法;第三,"内国"只有承认和适用外国法,才有权利期待外国在特定场合下也承认和适用"内国法",从而使依"内国法"取得的权利在外国得到保护,依"内国法"成立的法律关系在外国得到承认。其核心即适用外国法是各国之间平等互利交往的需要。值得注意的是,近年来我国学者梅傲提出了"国际私法人本论",认为适用外国法是"为了更优地解决民商事争议与更好地保护私人权利"。这一理论对适用外国法理由的解释更侧重强调个体利益。

国际交往互利说体现了国家主权平等理念,从积极的意义上将适用外国法的原因解释为"互利"。在国际实践中,不适用外国法将阻碍国际民商事交往的进行;而且如果你不适用他国法律,他国也不会适用你的法律,适用外国法是一种对等。研究这一课题的意义除了探讨适用外国法的正当性、必要性之外,更为关键是要解决适用外国法与坚持国家主权原则之间的矛盾,将二者之间的关系协调在一个适度的范畴内,即:在坚持国家主权原则的前提下,于必要时适用外国法,以换取国际民商事交往能够并且顺利地进行。在倡导"人类命运共同体"意识的当今时代,各国均已认识到人类是共处一个世界,在追求本国利益时要兼顾他国合理关切,在谋求本国发展中要促进各国共同发展,在解决民商事纠纷中于必要时适用外国法已经成为普遍的实践。此时探讨为何适用外国法问题已经变得不十分重要,而探讨具体如何适用外国法问题的重要性凸显。

二、外国法内容的查明问题

外国法内容的查明也称之为外国法内容的确定,是一国法院根据本国冲突规范援引找到的准据法是某一外国法实体时,对该外国法的具体内容应如何确定。外国法内容的查明是适用外国法的前提,对此,《中华人民共和国涉外民事关系法律适用法》(以下简称《法律适用法》)第十条规定:"涉外民事关系适用的外国法律,由人民法院、仲裁机构或者行政机关查明。当事人选择适用外国法律的,应当提供该国法律。不能查明外国法律或者该国法律没有规定的,适用中华人民共和国法律。"其《最高人民法院关于适用〈中华人民共和国涉外民事关系法律适用法〉若干问题的解释(一)》(以下简称《解释一》)第十七、十八条对查明外国法的途径、内容的确认等又做了进一步规定①;而对于出现的多法域问题,该法第六规定:"涉外民

① 《最高人民法院关于适用〈中华人民共和国涉外民事关系法律适用法〉若干问题的解释(一)》第十七条规定:"人民法院通过由当事人提供、已对中华人民共和国生效的国际条约规定的途径、中外法律专家提供等合理途径仍不能获得外国法律的,可以认定为不能查明外国法律。根据涉外民事关系法律适用法第十条第一款的规定,当事人应当提供外国法律,其在人民法院指定的合理期限内无正当理由未提供该外国法律的,可以认定为不能查明外国法律。"第十八条规定:"人民法院应当听取各方当事人对应当适用的外国法律的内容及其理解与适用的意见,当事人对该外国法律的内容及其理解与适用均无异议的,人民法院可以予以确认;当事人有异议的,由人民法院审查认定。"

事关系适用外国法律,该国不同区域实施不同法律的,适用与该涉外民事关系有最密切联系区域的法律。”从现行规定中可知:

第一,被适用的外国法的性质。一国法院根据本国冲突法规定适用另一个国家法律来处理涉外案件,那么这个外国法是依什么样性质(资格)被采用的?是作为事实的一部分来证明案情?还是作为法律被引用当作判决的依据?事关查明外国法内容责任承担主体的确定。① 从《法律适用法》的规定中可知,我国将外国法视为法律,原则上由人民法院、仲裁机构或者行政机关依职权查明;在当事人自己选择准据法的情况下,由其自负查找之责也正常合理。2011 年《法律适用法》实施前的司法实践中,在当事人查明、已对我国生效的国际条约规定的途径查明、中外法律专家提供等查明途径中,当事人提供外国法和通过中外法律专家提供外国法的情形较多。另有统计表明,2011 年 4 月《法律适用法》实施至 2019 年 4 月止的共 153 个需要外国法查明的涉外、涉港澳台民商事案件中,外国法内容查明的主要途径依次为当事人委托律师或专家、法官自己查明、法官委托外国法查明机构、当事人自己提供、当事人委托外国法查明机构、法官委托专家。从此可见,人民法院、仲裁机构或行政机关等官方组织并不是查明外国法的唯一一类主角,当事人、律师和专家等都参与到了查明外国法的工作之中。《法律适用法》第十条规定了外国法查明责任承担的主体,其司法解释一进一步明确了查明的途径。

第二,查明外国法内容环节的细化。对此,我国学者葛淼认为,外国法的查明问题存在两重递进结构,即“查”和“明”的结构。“查”意指证实相关外国法的存在,“明”则指正确适用外国法,“查”是

---

① 关于外国法性质的分歧,参见杜涛《国际私法原理》(第二版),复旦大学出版社 2018 年版,第 100 页。

“明”的前提。我国法律也肯定了这样的看法，规定先找到相关的外国法，然后人民法院需听取各方当事人对即将适用的外国法律的内容及其理解与适用的意见，双方当事人对该外国法律的内容及其理解与适用均无异议的，人民法院可以予以确认；否则由人民法院确认。

第三，外国法内容无法查明的补救措施。按照我国的相关规定，当外国法的内容无法确定或者该外国法无相应规定时，人民法院直接适用我国法律。外国法内容无法确定的情况包括：①人民法院等适用法律机构通过《解释一》第十七条规定的途径不能获得外国法律；②当事人应当提供外国法律，其在法院指定的合理期限内无正当理由未提供该外国法律。这两种无法查明外国法的情形中，第二种情况比较容易判断，问题易出现在第一种情况之下。其中的敏感问题是在一个特定的案件中，法定查找外国法的多种途径是否需要一一适用，直到穷尽。对此，有学者提出人民法院应当严格依据现有法律规定的外国法查找途径，且应当穷尽相应手段；也有学者认为穷尽各种途径是“不现实的”。对此本文认为，从诉讼效率的角度讲第二种观点更为实际。但是为了防止人为扩大法院地法适用这种“返乡现象”的出现，在非当事人查明外国法时，相关责任人一定要恪尽职守、尽心尽力，采取最适合特定案件情况的查找方式。

需要指出的是，根据我国法律规定，当找到特定的外国法而该外国法无相应规定时，适用我国法律。外国法无相应规定包括根本没有相关规定和查到的外国法不充分两种情况。本文认为这二者情形有时并不完全相同，虽然都是法律出现了漏洞，但程度不一样。如果把查到的外国法不充分情况也视为该外国法没有相应规定，那么处理方法如上文所述，只能径直适用我国法予以补救。这种做法略有不妥，而此时适用其基本原则相比适用法院地法更为适应。对于这种类推适用其基本原则的做法,前马其顿共和国《关于国际私法的法律》(2007年7月4日文本)曾规定,在具有国际因素的人的身份关系、家庭关系、劳务关系、财产权关系和其他物权关系的准据法未做任何规定时,则"类推适用本法规定的规定和原则、马其顿共和国的法律原则以及国际私法原理"。①

第四,指向的外国是多法域国家的法律适用。按照《法律适用法》的规定,涉外民事关系适用外国法律,而该国存在区际法律冲突的情况下,司法实践中需要两个层次的指引:第一层次是根据我国某条冲突规范的指引,找到国外某国家;第二层次是根据最密切联系原则进行指引,找到的是该外国的某个区域的法律,即最终适用的是该外国某个区域的法律。需要注意的是:这条规定只在中国法官遇到外国法律存在区际冲突时适用,而不是用来解决我国自己的区际法律冲突。

三、外国法适用中的同一性原则

外国法的适用是法院或仲裁机构适用自己本国冲突规范规定的结果。既然一国的冲突规范指定对某些涉外民事关系应该适用被它指定的某一国家的实体法,那么无论是大陆法系还是英美法系国家都面临着适用的同一性问题,外国法适用时遵循同一性原则这是国际社会公认的准则。对此,奥地利共和国《关于国际私法的联邦法》(2017年6月17日文本)第三条规定:"如果是外国法,则应依职权并如同该法的原适用范围内一样予以适用。"委内瑞拉《关于国际私法的法律》(1998年文本)第二条规定:"所指引的外国法,应根据各该外国的主导原则予以适用,以保证委内瑞拉冲突规范所追求的目标得以实现。"外国法适用中,在以下几个方面同一性原则将发挥其

① 本文引用的外国法规,除特殊标注外,均出自邹国勇《外国国际私法立法选译》,武汉大学出版社2017年版。

作用:

（一）外国法的解释

在司法实践中,对法规内容的不同解释将影响法律适用的结果。在适用外国法的情况下,法官可能对特定外国法的具体规定十分陌生,这更凸显了外国法解释问题的重要性。同一性原则要求对于外国法内容进行解释时,法官应该把自己视同为该外国法官一样,遵从该外国法所规定的解释规则和对概念或制度的界定,对外国法的内容和含义做出准确的说明。对此保加利亚共和国《关于国际私法的法典》(2005 年 5 月 4 日文本)第四十四条第一款规定:“外国法的解释和适用,应按照该法来源国的解释和适用方式进行。”一旦出现解释错误,有的国家如黑山共和国、保加利亚共和国的国际私法都规定外国法的错误解释构成上诉的理由,给当事人申诉的机会和法院改错的机会,保证不至于因对外国法的某项规定理解的偏差影响案件审理的质量。

（二）外国法的属性或性质

具体适用的外国法规则是否具有“公法”性质,这是一个对法律适用会产生影响的敏感问题,但大多数国家立法上没有规定。其原因是给自己以后的司法实践留有余地,我国也不例外。但有的国家依然坚持同一性原则,在一定的条件下不考虑外国法的属性予以适用。捷克共和国 2012 年《关于国际私法的法律》第二十三条第一款规定:“如本法无其他规定,外国法的规定应如同在其来源国一样,以同样的形式、在同样的范畴内依职权适用。为了对案件做出实体判决而应予以适用的外国法的规定,如果其并不违反捷克的强行法规定,则在其效力范围内予以适用,无须考虑其制度属性或其公法性质。”捷克的这种做法,既维护了本国强行法规定的地位,也表明了对外国法开放的态度,只要满足不违反捷克的强行法规定这一前提,任何性质的外国法均可在捷克得以适用,而不限于私法性质的法律。

瑞士联邦《关于国际私法的联邦法》第十三条更为开放地规定:“外国法律的规定,不得仅因其具有公法性质而被排除适用。”但本文认为我国对此应持谨慎态度,适用的外国法应限于私法性质,充其量适当可以扩大到公、私法性质混合的“灰色”性质的法律。公法性质的法律不宜被人民法院予以适用,因为公法性质的法律具有严格的属地性,本身就不具有域外效力。

(三)判例是否可作为法律予以适用

按照同一性原则的要求,被冲突规范援引的外国法是适用的对象时,法院地国就应予以适用,而不论其表现形式如何。但这种做法在我国会出现一个问题,即:我国冲突规范指向适用英国或美国这样判例法国家法律时,人民法院是否会适用该国的判例?讨论这个问题的起因是我国法理学认为判例不是法律的渊源,我国国内判例,即使是最高人民法院的判例对下级法院遇到的类似案件也只具有指导性意义,判例不是法律。如果在涉外民事纠纷解决中适用了外国的判例,这势必形成一个局面:他国的判例是法律,我国的判例不是法律;我国适用他国判例,他国不适用我国判例。对此,本文认为,不妨将内、外分开处理,涉外民事案件适用外国判例,这是对他国立法形式的尊重。既然外国法适用强调同一性,外国判例就应该像其在本国一样予以适用。

四、外国法适用的排除

外国法具有域外效力,虽然已经在国际上达成共识,但出于对自己国家公共利益的保护,各国也设定了相应的障碍,在特殊的情况下对外国法的适用说“不”,我国《法律适用法》也为此规定了相应的法律制度。

(一)强制性规定调整范围内的涉外民事关系直接适用我国实体法

《法律适用法》第四条肯定了我国强制性法律直接适用的效力,

《解释一》又进一步明确了我国冲突法意义上强制性规定的具体情形。[①] 由此形成了这样一个局面：当事人到人民法院提起涉外民事诉讼后，法院先对该纠纷的性质做出判断，如果将其定性或为涉及劳动者权益保护，或食品或公共卫生安全，或环境安全，或外汇管制等金融安全，或反垄断、反倾销等性质的纠纷，那么对该案将采用直接的调整方法，不必通过冲突规范的指引而径直适用我国国内实体法中的相应规定，这就完全排除了外国法适用的可能，表现为一种单边主义的法律选择方法。

《法律适用法》中的强制性规定是冲突法中"直接适用的法"理论在我国的具体应用，通过规定强制性法律直接适用，国家采取主动防御措施，对社会经济生活实施强有力的管理。但是本文认为，属于这种性质的法律的范围是有限的，这一制度只能用于保护国家核心利益。因为民商事法律是属于私法性质的法律，绝大多数是任意性法律规范，《中华人民共和国民法典》也明确规定了自愿原则是其基本原则[②]，当事人的意思自治是民事活动的主旋律。如果《法律适用法》认定属于强制性规定情形的范围过宽，表面上看是扩大了我国实体法的适用范围，方便了人民法院的审判活动；但将从根本上破坏《法律适用法》存在的基础，违其本意。

（二）公共秩序保留制度对外国法适用的排除

当人民法院依《法律适用法》规定的冲突规范的指引，确定应适

---

① 《中华人民共和国涉外民事关系法律适用法》第四条规定："中华人民共和国法律对涉外民事关系有强制性规定的，直接适用该强制性规定。"其《司法解释一》第十条规定："有下列情形之一，涉及中华人民共和国社会公共利益、当事人不能通过约定排除适用、无须通过冲突规范指引而直接适用于涉外民事关系的法律、行政法规的规定，人民法院应当认定为涉外民事关系法律适用法第四条规定的强制性规定：（一）涉及劳动者权益保护的；（二）涉及食品或公共卫生安全的；（三）涉及环境安全的；（四）涉及外汇管制等金融安全的；（五）涉及反垄断、反倾销的；（六）应当认定为强制性规定的其他情形。"

② 《中华人民共和国民法典》第五条规定："民事主体从事民事活动，应当遵循自愿原则，按照自己的意思设立、变更、终止民事法律关系。"

用某一外国实体法为调整当事人权利义务关系的准据法时,如果该外国法的适用与我国的公共利益相抵触,该法赋予法院一项权利:该外国法将被排除,不予适用,转而以适用我国相应实体法规则裁判。[①] 这种找到了外国法却不予适用,表现为背离原有法律适用轨迹的做法通行于国际社会,被称之为公共秩序保留。在发挥公共秩序保留制度作为维护国家主权"安全阀"作用时,需注意:

1. 公共秩序条款适用的程度

这是要明确外国法的适用在什么程度上能被认为与我国的公共利益相违背,对此,冲突法理论和实践中存在主观说和客观说。前者强调外国法本身与法院地的公共秩序的不相容,后者不重视外国法本身的规定,或重视案件与法院地国的联系(即联系说),或重视外国法适用的结果(即结果说)。我国《法律适用法》采用结果说,既表现出对外国法的合理尊重,又维护了我国社会的根本利益,有利于个案的公正合理解决。

2. 慎用

公共秩序保留条款本身具有"弹性"的特点,"公共利益"具有规定的模糊性、适用的可变性,这就导致了该制度在实践中最大的难题是如何把握其适用的"度"。对此,我们必须清醒地认识到《法律适用法》坚持内外国法律平等,对外国法的适用呈开放态度这一基本特性。虽然在其"一般规定"中肯定了公共秩序保留制度,但该条款的运用是一种例外情形而非法律原则,不能扩大其适用范围,应采取一种"慎用"的态度。从我国的利益出发,把公共秩序理解为包括:①宪法的基本精神;②国家的主权和安全;③我国承担的条约义务;④国际法上公认的公平、正义原则;⑤我国基本法律原则的规定;⑥属于

---

① 《中华人民共和国涉外民事关系法律适用法》第五条规定:"外国法律的适用将损害中华人民共和国社会公共利益的,适用中华人民共和国法律。"

我国基本的道德内容;⑦涉及我国的根本性的、全局性的利益。当外国法的适用出现与上述情形之一相抵触时方可适用公共秩序保留制度。但慎用不是不用,而是不要滥用。

3. 援引公共秩序条款时要详细阐明理由

援引公共秩序条款排除外国法的适用时,法官要注重说理、阐明理由,证明如果适用已找到的外国法,其结果将造成对我国公共利益的损害;而不是笼统地作"适用该外国法与我国的公共利益相抵触"类似的简单表述,要给当事人以信服的说理。

此外,对外国法适用中出现错误适用问题,不论是错误适用了冲突规范,还是适用外国法的错误,对其的补救措施我国《法律适用法》都没有明文规定。因为我国对民事案件实行两审终审制,也没有法律审和事实审之分。如果上级法院拒绝审查下级法院对外国法的错误适用,就等于从根本上剥夺了当事人的上诉救济权利。作为二审终审的上级法院,为保障当事人的基本救济权利,应该审查外国法适用错误,因而也就没有在《法律适用法》中做专门规定的必要,无论是发生哪种错误,都允许当事人上诉并加以纠正。

五、结语

在涉外民事案件审理中,适用外国法是我国作为法院地国自己本国冲突规范援引的一种结果,这种情形与适用本国法并驾齐驱。但是外国法毕竟不同于本国法,人民法院适用外国法时遇到一些特殊问题是客观事实。实践中,要妥善处理好这些特殊问题,保证法律适用的正确性、严肃性,保障当事人正当利益,促进国际民商事交往的顺利进行。

参考文献

[1]秦瑞亭. 冲突法的理论与实务[M]. 北京:对外经济贸易大学出版社,2007.

[2]梅傲. 国际私法人本论[M]. 法律出版社,2015.

[3]万鄂湘.中华人民共和国涉外民事关系法律适用法条文理解与适用[M].北京:中国法制出版社,2011.

[4]温凯.论我国外国法查明机制的完善[D].北方工业大学硕士论文,2020.

[5]葛淼.程序法视角下的外国法查明问题[J].西部法学评论,2019(1).

[6]李双元,欧福永.国际私法[M].北京:北京大学出版社,2015.

[7]冯霞.国际私法原理与案例[M].北京:北京大学出版社,2017.

反腐追逃的法律困境的突破

蔡文霞[①] 姜 民[②]

摘 要 当前我国对逃往境外的腐败犯罪分子展开了一系列的追赃追逃行动，取得了显著成果，但是目前从西方发达国家追逃成功的腐败犯罪分子整体数量不多，除了外交关系的影响，西方国家法律救济多重以及办案和审判程序复杂冗长等原因外，我国自身法律制度的规定也是成功追逃境外腐败犯罪分子的障碍因素。由于缺乏相关的引渡条约和受死刑立法规定的限制，我国难以从西方发达国家引渡或者遣返腐败逃犯，因此，推进相关引渡条约的签订和废除腐败犯罪的死刑设置是突破法律制度困境的途径。

关键词 反腐追逃 法律制度 引渡 死刑

一、境外反腐追逃的现状分析

随着全球经济一体化的发展，交通工具的迅达与便捷，各国之间的经济、文化、政治交流日益紧密。在这一全球化的进程中，中国与越来越多的国家在政治外交、经贸往来、文化交流方面加强沟通与合作，为更多的中国人走出国门提供机会，参与更多的世界性活动。与

---

① 蔡文霞，天津商业大学法学院讲师。
② 姜民，天津商业大学法学院硕士研究生。

此同时,去往境外的便捷条件为实施腐败犯罪的人提供了跨境逃跑,逃避中国法律追究的机会。从 20 世纪 90 年代开始,我国的腐败犯罪分子携款潜逃到其他国家的案件就开始逐渐增多。如在 1992 年,最高人民检察院就指出当前贪污贿赂犯罪的一个突出表现就是“内外勾结、携款潜逃的增多”。面对腐败犯罪分子逃往境外越来越多的现实状况,党和政府逐步加大了对腐败犯罪的打击力度,与此同时,加强了对腐败犯罪分子的追逃和对腐败资产的追赃。为了强化“有罪必罚”,体现中国共产党和政府对腐败犯罪分子追究到底的治理腐败的决心,习近平同志明确表示:“不能让国外成为一些腐败分子的‘避罪天堂’,腐败分子即使逃到天涯海角,也要把他们追回来绳之以法。”并且,习近平同志在多个外事活动中谈及与相关国家加强国际反腐败合作、共同进行腐败犯罪的追逃追赃等工作。

特别是党的十八大以来,中国在国内加大反腐力度的同时,在国际上的反腐表现尤为突出。针对腐败分子外逃、腐败资产外流等现象,我国于 2014 年开展了“猎狐”行动,2015 年开展了“天网”行动并通过国际刑警组织发布了针对百名外逃人员的“红色通缉令”,强有力地把反腐败战场延伸到海外。而且“天网”行动每年都在继续,秉持“反腐败斗争永远在路上”的工作精神。据中央纪委国家监委网站所公布的数据显示:自 2014 年至 2020 年 10 月,中国共追回外逃人员 8363 人(包括国家工作人员 2212 人),追回赃款 208.4 亿元人民币。① 这其中相当大一部分是经济犯罪的外逃者,正是这些经济犯罪的外逃者的归案有助于查清经济案件的案情并明确背后是否存在腐败案件,对打击腐败犯罪形成助力。同时,这些追逃回来的人员中有一部分本身就是腐败犯罪的犯罪嫌疑人,对其的追逃成功使得腐

---

① “为反腐败国际合作注入中国力量——写在第 17 个国际反腐败日之际”,中央纪委国家监委网站,2020 - 12 - 09,http://v.ccdi.gov.cn/2020/12/08/VIDEBfGLODhQhPrJv31no8Nj201208.shtml.

败案件得以顺利审理。从总量上看,我国追逃工作取得了显著的成效,但是相对于打击腐败犯罪"零容忍"的态势,我国还需要继续加大对腐败犯罪分子的追逃力度。

从追逃方式上看,在我国当前,对腐败犯罪分子的境外追逃方式一共分为四种方式:第一种是采取引渡的方式,即我国向腐败犯罪逃犯所藏匿的国家提出引渡要求,由该国依据引渡规则将我国的腐败犯罪逃犯送交我国审判或处罚的方式。这种方式只能是针对腐败犯罪逃犯是中国公民而言,因为"本国公民不引渡"是国际上通行的规则。第二种是采取非法移民遣返的方式,即由我国的相关机关向腐败犯罪逃犯所藏匿的国家提供逃犯在其国内存在的违法犯罪线索,请求该国将不具有合法居留身份的我国腐败犯罪逃犯强制遣返回中国的方式。这种方式也是针对腐败犯罪逃犯是中国公民而言,我国向腐败犯罪藏匿国提供其在我国的犯罪证据或者通过伪造身份获得合法居留身份的证据材料,使得该国基于自身国家安全或者秩序稳定等需要将腐败犯罪逃犯强制遣返回中国。第三种是采取异地追诉的方式,即我国直接将已经掌握的腐败犯罪证据材料提供给腐败犯罪逃犯所藏匿的国家,请求该国依据本国法律对腐败逃犯提起诉讼的方式。这是方式是不将腐败犯罪逃犯缉拿回国,在藏匿国接受当地法律的制裁对其予以惩治。这样的方式同样实现了追逃的目的。第四种是劝返的方式,即通过对逃往境外的腐败犯罪逃犯开展说服教育工作,使其认识到自己的错误,主动回国接受法律惩处的方式。这种方式更多强调"劝说回国",与其他三种方式相比,手段不具有强制性。

从追逃腐败逃犯成功的案例上看,如今追逃成功的大多数案例都是劝返回国投案自首。其次追逃成功的案例多通过非法移民遣返、异地追诉等方式实现对腐败犯罪逃犯的追逃。最少适用的成功追逃方式是引渡。[①]

从成功追逃腐败犯罪逃犯所在境外的国度来看,虽然当前从境外追逃回的逃犯数量可观,但大多数被追回的逃犯主要来自非洲、亚洲、南美、大洋洲等地区的国家,如肯尼亚、乌干达、印度尼西亚、泰国、缅甸、马来西亚、哥伦比亚、瓦努阿图等。我国从其他国家追回的腐败犯罪逃犯数量上较少,而且从新闻媒体的报道中可以看到,我国一旦从美国、新西兰、英国、加拿大等西方国家成功追逃回腐败犯罪的逃犯,都会引起媒体的广泛关注。腐败犯罪分子多藏身于西方国家,所以我国必须积极开展同这些国家的司法合作,才能追回更多的藏身海外的腐败犯罪逃犯,实现对腐败犯罪"有罪必罚"。

与西方国家展开国际司法合作追逃腐败犯罪逃犯是否能追逃成功受到诸多因素的影响:一是外交关系是否良好影响刑事司法协助是否能得到支持,顺利开展;二是西方国家司法制度本身对涉案人法律权利保护的多重救济,使得办案和审判程序复杂冗长,最终影响到能否追逃成功;三是在一些西方国家的法律规定中即使属于移民欺诈的案件,腐败犯罪的逃犯面临的法律后果并不是必然被遣返,除非其自愿被遣返,此规定影响了追逃是否成功。尽管诸多因素影响反腐追逃的最终结果,不可否认我国在法律制度构建上的不尽完善也是制约我国反腐追逃效果的一个原因,从此角度分析并寻找解决之道为我国的反腐追逃工作贡献力量是本文的初衷。

二、境外反腐追逃遭遇的法律制度困境

(一)缺乏相关的引渡条约

引渡是指一国应他国的请求,将当时处于本国境内而在他国受到刑事追诉或者已被判刑的人,依照一定程序移交该请求国,以便对

---

① 赵恩泽、翁奇羽:《潜逃意大利 10 年张某今日被依法引渡回国》,人民网 http://vip.people.com.cn/albumsDetail? aid=904015。

其进行审判或者处罚的制度。引渡合作可以基于请求国和被请求国之间签订引渡双边条约或者多边条约而开展。有些国家坚持“条约前置主义”,如果请求国与被请求国之间并未签订双边引渡条约,则相互之间无法开展引渡合作。

要求任何引渡合作都必须以存在双边条约为前提。国家之间不存在双边引渡条约而进行引渡的例外只有一种情况,即《美国法典》规定:如果某人(既不是美国公民,也不是美国永久居民)在外国针对美国国民实施了暴力犯罪,即使美国没有与该国签订引渡条约,只要该国政府已经提交证据证明该人实施了有关暴力犯罪的证据,并且不是政治犯罪,美国即可向该国引渡被请求引渡人。但是,我国腐败犯罪后逃往美国的逃犯显然不符合以上引渡条件的规定,无法从美国引渡回国。

西方国家如加拿大、新西兰、德国、英国、瑞典、比利时等国均未与我国签订双边引渡条约,基于此,我国逃往这些国家的腐败犯罪分子难以通过引渡的方式追逃回国,只能通过劝返、异地追诉或者非法移民遣返的方式进行追逃。虽然,从目前来看通过劝返、异地追诉、非法移民遣返等方式追逃腐败犯罪分子的方式也能达到一定效果,确实成功追逃了一些腐败犯罪分子。但是,劝返的追逃方式相比较而言,是一种被动的追逃方式,更多地取决于腐败犯罪分子对当下自身生存状况和回国后所受惩处的利弊分析。异地追诉往往只能追诉腐败逃犯在当地洗钱、护照欺诈、签证欺诈、婚姻欺诈等犯罪,而腐败犯罪因发生在我国难以在国外受到追诉。非法移民遣返不失为当前追逃成功的一条途径,但不可否认,在非法移民遣返的过程中,腐败犯罪分子往往利用西方国家的法律救济途径长期“赖”在他国,导致我国花费长达数年的时间才能对其追逃成功。而采取引渡的方式,在符合引渡条件的情况下,我国可以向腐败犯罪分子逃往的国度提出引渡请求直接将腐败逃犯引渡回国接受法律的惩治,较少受到以上种种限制。但目前,我国没能采取引渡的方式将逃往西方国家的腐败犯罪分子追回受审,主要是因为我国未与这些国家签订双边引渡条约,以致无法相互之间开展引渡合作。

(二)受腐败犯罪死刑设置的限制

中国不管是采取引渡的方式还是非法移民遣返的方式追逃腐败逃犯,都回避不了死刑问题。在引渡的发展过程中形成了"死刑不引渡"的基本原则。作为国际刑事司法合作中的一项基本原则,死刑不引渡指当被请求国有理由相信被请求引渡者在引渡后有可能被请求国判处或执行死刑时拒绝引渡。它是现代引渡制度的产物,是随着人权观念的兴起逐步形成和发展起来的。在当今世界上越来越多的国家在法律制度中明确废除了死刑或者在司法实践中基本不适用死刑,在其观念中死刑是一种不人道的刑罚种类,因此,在与其他国家进行引渡合作中,往往要求请求引渡的国家对引渡回国的国民不适用死刑这种不人道的刑罚,渐渐地采取这种做法的国家越来越多,明确体现在其国内的立法当中,如1982年《联邦德国国际刑事司法协助法》《英国1967年逃犯法》等。"死刑不引渡"不仅发展成为签订双边引渡条约应遵守的原则,甚至成为国际公约中的原则,如1990年联合国《引渡示范条约》中就规定了"死刑不引渡原则"。同样,作为引渡的替代措施,非法移民遣返也往往要求"承诺不判处死刑"才能予以遣返,避免因被遣返而使得非法移民接受死刑的惩罚。

我国当前的刑法中对腐败犯罪中的贪污罪和受贿罪都规定了死刑的法定刑,因此,不少逃往西方国家的腐败逃犯以回国可能受到死刑的惩罚为由拒绝被遣返回国。这也是我国反腐追逃过程中必须面临的法律制度问题。

三、突破境外反腐追逃法制困境的途径

(一)推进相关引渡条约的签订

截止到2020年11月,在中华人民共和国国家监察委员会与中华人民共和国外交部等共同努力下,我国已与 81 个国家缔结引渡条约、司法协助条约、资产返还与分享协定等共 169 项,与 56 个国家和地区签署金融情报交换合作协议,初步构建起覆盖各大洲和重点国家的反腐败执法合作网络。① 这样的成就充分显示了我国对腐败逃犯追逃到底的决心和行动,同时也应该看到我国在追逃逃往西方发达国家的腐败逃犯时适用引渡的困惑,加快推进相关引渡条约的签订。

实际上,我国一直在努力同西方发达国家签订双边引渡条约,如中国外交部条约法律司司长徐宏说,中方曾向美方提出可否签订引渡条约,"但美国似乎没有准备好"。在此情况下,中国对腐败犯罪逃犯的追逃只能采取其他变通方式,如,非法移民遣返或者直接在美国起诉等方式。而且一些西方国家在与中国签订引渡条约上的表现比较消极,还有一些外国的法官对中国法律和司法实践的真实情况并不了解,并不信任中国的司法状况以致做出不予引渡或者遣返的判决。"克服这一障碍,首先要求这些国家增强政治意愿,摒弃偏见。我们也要与这些国家加强沟通,增进互信,妥善处理法律上的障碍,探讨务实、可行的合作方式与途径。"徐宏说。② 即使中国和澳大利亚之间早就签订了双边引渡条约,中国已经批准并通过,但澳大利亚议会尚未批准,因此,两国仍无法实现引渡合作。今后中国在跟澳大利亚的交往中,需要不断加强沟通,推动澳大利亚对我国刑事法治的信心,尽快促使澳大利亚议会批准两国签订的引渡条约,真正为我国反腐追逃铺平道路。

西方国家同中国难以签订引渡条约,主要囿于以下原因:一是西

---

① 陆丽环:《我国已与 81 个国家缔结引渡条约、司法协助条约等共 169 项依法依规追逃追赃》,中央纪委国家监委网站,2020 - 11 - 11,http://www.ccdi.gov.cn/toutiao/202011/t20201111_229776.html.

② 韩娜:《外交部:或直接在美国起诉外逃贪腐嫌犯》,《北京晨报》2014 年 11 月 27 日。

方国家对我国刑事法治的偏见和误解,对于引渡的腐败逃犯可能在我国受审的公正性表示担忧和疑虑;二是中国的法律制度和西方国家的法律制度存在较大的差异,在对证据采纳、审判标准、司法透明度方面存在不同的看法,相互承认存在困难;三是受西方国家同我国的外交关系以及刑事司法合作的意愿度影响。

我国必须积极发展同西方国家的外交关系,同时在国内积极推进刑事法治建设,在国际上全面提高中国的刑事法治形象,推动与更多的西方国家签订相关引渡条约。

(二)废除腐败犯罪的死刑设置

当前,我国对腐败犯罪的立法规定中,贪污罪和受贿罪还存在死刑的规定。我国刑法中规定,犯贪污罪或者受贿罪,数额特别巨大,并使国家和人民利益遭受特别重大损失的,处无期徒刑或者死刑,并处没收财产。如此的立法设置,虽然某些犯贪污罪和受贿罪的犯罪人,不会受到死刑的惩处。但是,少数的"大老虎"位高权重,因贪污或者受贿给国家或者人民带来了损失重大,一旦逃往境外,反而因我国刑法中的死刑设置阻碍将其追逃回国。根据前述"死刑不引渡"的引渡原则,我国贪污犯罪或者受贿犯罪的犯罪嫌疑人一旦逃到已经废除死刑的国家(如加拿大、澳大利亚)或者基本不执行死刑(如美国),并坚持死刑不引渡或者遣返原则的国家,我国难以对其通过引渡或者遣返的方式追逃其回国,除非我国政府明确承诺对其不判处死刑,但是这种承诺只是权衡利弊做出的选择。

我国已经通过《中华人民共和国刑法修正案〈八〉》(简称《刑法修正案〈八〉》)和《中华人民共和国刑法修正案〈九〉》(以下简称《刑法修正案〈九〉》)废除了刑法中二十二种犯罪的死刑,在废除死刑的进程上取得了重大进展。而且《刑法修正案〈九〉》还规定了终身监禁的刑罚执行方式,专门针对犯贪污罪和受贿罪被判处死刑缓期执行的罪犯,人民法院根据犯罪情节等情况可以同时决定在其死刑缓期执行二年期满依法减为无期徒刑后，终身监禁，不得减刑、假释。如此修改法律的规定，实际上继续推进废除死刑的进程，尽量通过适用死缓后增加监禁的时长，减少对死刑立即执行的适用。当然，不可否认，死刑缓期执行仍是属于死刑的一种，但在现实中，判处死缓意味着有条件的活下来，而死刑立即执行则意味着生命被剥夺。《刑法修正案〈九〉》的修改是在司法实践中对贪污和受贿犯罪者尽量减少死刑立即执行的适用的推动。当前，我国司法机关贯彻“严格控制和慎重适用死刑”的死刑政策，在司法实践中严格执行死刑案件的证据规制和证明标准，在近年来的腐败大案中，鲜少报道出被适用死刑的腐败犯罪分子，说明我国在司法实践中对腐败犯罪适用死刑的情况并不多。而在境外追逃中，对罪行严重的腐败分子，我国政府不承诺对其不判处死刑将无法进行遣返或者引渡的情况下，我国政府本着将反腐追逃进行到底的态度，对其做出不判处死刑的承诺。

但是，在境外追逃工作中，对于个案的量刑承诺“不予判处死刑”只是现有立法规定下的权衡之举。为了更好地惩治腐败犯罪，将境外追逃工作实施到底，我国可以考虑将现有对贪污罪和受贿罪的死刑规定予以废除，同时考虑将无期徒刑的执行方式分为两种，一种是可以进行减刑、假释的无期徒刑；另一种是不得减刑、假释必须终身监禁的无期徒刑。从执行效果上来看，第二种执行终身监禁的无期徒刑与当前我国对贪污罪和受贿罪规定的死刑缓期执行的效果是一样的，都是被终身监禁，只不过死刑缓期执行有可能在缓期执行的两年内因故意犯罪而被执行死刑，但是就实际情况来看，实践中因此而被立即执行死刑的情况很少。所以，将贪污罪和受贿罪的死刑规定废除之后，对于罪行严重的腐败犯罪分子所执行终身监禁的无期徒刑的效果基本等同于现在法律规定中的死刑缓期执行的效果。

我国在司法实践中实际较少对腐败犯罪适用死刑，却在法律规定中设置死刑的规定，反而为我国境外反腐追逃工作制造了法律制度上的障碍,因此,我国立法机关可以考虑废除贪污罪和受贿罪的死刑设置,为我国境外追逃提供法律制度上的支撑,同时有利于我国在国际上展示废除死刑的决心以及维护国际法治形象。

参考文献

[1]唐长伟. 杨秀珠荷兰庭审岁月[N],上海法制报,2015-07-17.

[2]赵秉志. 死刑不引渡原则探讨——以中国的有关立法与实务为主要视角[J]. 政治与法律,2005(1):65-70.

[3]周宇. 赖昌星免死内幕[J]. 凤凰周刊,2011(23).

[4]陈雷. 杨秀珠归案可能性极大[N],法制日报(环球版)2015-09-22.

环境噪声侵权责任中侵权行为的认定问题分析

姚海娟[①] 王 瑾[②]

摘 要 以“孟某案件”为例，首先介绍了该案件的基本案情和法院审理意见，然后在此基础上对法院审理意见进行了分析，最后针对环境噪声侵权纠纷诉讼中“环境侵权”“环境污染”的认定与行为认定的关系、环境噪声侵权行为的认定问题进行了讨论，为法律实务中概念的使用和行为的认定提供参考。

关键词 环境噪声 环境污染 噪声侵权

噪声污染对居民生活造成的影响不可小觑，同时，噪声污染侵权案件又存在难以认定因果关系、量化相关损失等特点。因此，不让噪声扰民，还需要多方努力。本文选择的环境噪声侵权案件是天津某建设投资有限公司、孟某噪声污染责任纠纷案件（本文简称“孟某案件”），是一件二审生效案件。以此案件为例，本文针对环境噪声侵权纠纷诉讼中环境噪声侵权行为的认定问题进行了分析，以期为法律实务中的行为认定提供参考。

---

① 姚海娟，天津商业大学法学院副教授，博士。研究方向：诉讼法学、法制心理学。

② 王瑾，天津商业大学法学院研究生在读。研究方向：诉讼法学。

一、“孟某案件”梳理

该案从孟某起诉开始,共经过4次审理,通过原被告双方关于争议焦点的陈述,以及一审法院与二审法院在对争议焦点分析,可以清晰地反映出噪声污染责任纠纷案件中关于侵权行为认定的诸多问题。与此同时,2021年1月1日生效的民法典对于环境噪声侵权责任中侵权行为的认定问题并没有新的规定,故本文的案件发生时间是具有论证效力的。法学大厦的建立需要以实务中问题的发现与完善为基础,这是笔者选择以本案件作为分析对象的原因。

(一)基本案情

1. 案件经过

原告孟某与被告天津某建设投资有限公司(本文简称“某建公司”)噪声污染责任纠纷一案,天津市某区人民法院于2018年9月某日民事判决书,原告孟某不服该判决,提起上诉。天津市第二中级人民法院于2018年12月某日做出民事裁定书,将本案发回重审。重审期间,天津市某区人民法院依据原告的申请,追加天津市某区供热办公室(本文简称“供热办公室”)、天津某供热有限公司(本文简称“某供热公司”)为被告。重申判决书认可了孟某提交的噪声监测报告,认定某建公司存在噪声污染行为,判定其对供热设备及管道进行降噪改造。随后,某建公司对此不服向天津市第二中级人民法院提起上诉。二审法院于2019年9月某日做出民事判决书,对此问题做出维持原判的判决,此判决为生效判决。

2. 孟某对受侵害事实的陈述

重审时,孟某对自己的受侵害事实进行了陈述。孟某购买由某建公司开发的位于天津市某区房屋,并已入住。因地下供热管道及供热泵震动产生共鸣,给孟某造成噪声伤害,无法正常居住。2018年2月5日,天津市某区环境监察支队对原告房屋进行了噪声监测。该噪声监测报告显示,天津市某区环境监察支队于2018年2月2日对星宇花园4号楼1门101室的噪音进行检测,室内噪声等效声级值(Leq)为主卧37.8,小卧37.0,次卧33.6,客厅39.1,备注注明为夜间,故噪声排放已超过相关标准。被告某建公司应当承担修复及赔偿责任。二审期间孟某没有新的意见或证据提供。

3. 某建公司对噪声评测适用标准的意见

重申期间,某建公司主要对天津市某区环境监察支队出具的噪声监测报告持有异议。某建公司认为,关于居民楼内生活服务设备产生噪声适用环境保护问题标准问题的复函(环函2011第88号)不适用于居民楼内为本楼居民日常生活提供服务而设置的设备产生噪声的评价,噪声法也未明确规定该类噪声适用的环保标准,因此否认噪声超标问题。二审时,某建公司据此作为上诉理由,认为一审判决依据某区环境监测中心的测量报告并非法定鉴定部门,报告中并无相关结论。

4. 供热办公室对噪声监测报告做出机构资质的意见

供热办公室主要对检测报告的出具机构是否具有鉴定资格表示异议。供热办公室认为,孟某提交的监测报告并非司法鉴定机构出具,报告中没有任何检测机构资质以及检测人员资质的相应证书,报告书中将污染源确认为水泵没有进行任何的逻辑叙述,通俗讲水泵包括自来水的上下水,因此该鉴定报告不能作为噪声超标的依据。二审时供热办公室作为被上诉人,并没有提出新的意见或者证据,同时表示支持一审判决书认定的内容。

(二)法院审理意见

重审中,天津市某区人民法院将"案涉房屋的噪声是否超标"作为争议焦点之一。与本文讨论问题相关的法院意见主要包括以下两点。

1. 法院将本案性质认定为"噪声污染责任纠纷"

一审法院判决书显示,立案案由为"噪声污染责任"。同时在判决部分对孟某提交的噪声监测报告予以了确认,认可存在噪音超标的事实。根据《中华人民共和国环境噪声污染防治法》第 2 条的规定,“环境噪声污染指超过国家规定的环境噪声排放标准,并干扰他人正常生活、工作和学习的现象。”案涉房屋噪声超标,已构成噪声污染。二审法院维持此意见。

2. 法院对噪音评判标准的意见

一审法院针在判决书中,对某建公司的答辩意见做出了详细的说明。根据《社会生活环境噪声排放标准》(GB22337 - 2008),卧室和起居室噪声排放限值(等效声级,dB)夜间不超过 30,昼间不超过 40。虽然该标准适用于对营业性文化娱乐场所、商业经营活动中适用的向环境排放噪声的设备、设施的管理、评价与控制,但鉴于本案系民事噪声污染纠纷,目前国家没有对住宅楼内管道、泵房产生噪声进行评价的明确标准,但无论噪声是来自小区内为居民日常生活提供服务的管道还是小区以外的营业性文化娱乐场所、商业经营活动,当噪声达到一定程度时,均会对居民的生活产生影响,因住宅用于居民生活,其噪音控制标准理应比营业性文化娱乐场所、商业经营活动中的噪音控制标准高。因此,从切实保护公民健康权、维护公民合法利益出发,本案参照适用《社会生活环境噪声排放标准》(GB22337 - 2008)并无不当。二审法院对此予以认可。

二、案件中问题的引出

经过梳理,笔者与法院对案件的理解与认定存在一定的出入,包括以下几个方面。

(一)侵权行为是本案的主要争议焦点

环境噪声污染责任的认定不以损害结果为必要条件。环境污染责任认定一般包括四个要件,即污染行为、损害结果、因果关系、免责和减责是由。其中,污染行为是必须存在的,没有污染行为则没有责任纠纷。但是损害结果并不是必需的,“损害结果”的出现会导致

“因果关系”和“免责和减责是由”在责任认定时的证明问题,但其缺失并不会致使污染责任不存在。即使环境污染行为没有造成损害,但是对他人人身权和财产权构成了侵害或者妨害,依据《中华人民共和国侵权责任法》第六十五条、第二十一条,污染者仍然应当承担停止侵害、排除妨碍、消除危险等侵权责任。

在本案中,孟某的诉请为“请求法院判决被告消除对原告造成的噪声侵害”,并没有陈述被告的侵权行为对自己造成的损害结果。故本案的争议点限于污染行为是否存在的问题。法院将侵权行为的认定作为主要分析的对象,笔者对此持相同看法。

(二)法院对案件性质的理解存在偏差

1. 噪声污染行为的证明逻辑顺序

在“孟某案件”中,与环境噪声污染责任认定的主要争议焦点为“案涉房屋的噪声是否超标”。对于这一点,当事人以及法院对此论证的逻辑顺序为:孟某提交天津市某区环境监察支队出具的噪声监测报告,证明某建公司存在侵权行为;被告某建公司以及供热办公室分别从噪声评定标准和机构资质两个角度质疑检测报告的证明效力;法院支持监测报告的结论;法院认定本案系环境噪声污染责任纠纷;法院根据《中华人民共和国环境噪声污染防治法》第二条认定某建公司噪声污染行为存在。

2. 对争议焦点的说理缺乏论证前提

法院对“案涉房屋的噪声是否超标”的论证逻辑似乎并无不妥,但是却忽略了一个前提,即在什么情形下需要讨论噪声是否超标的问题。根据《中华人民共和国环境噪声污染防治法》第二条的规定可以看出,超过国家规定的污染物排放标准,同时干扰他人正常工作、学习、生活的噪音可以认定为噪声污染。因此,只有在认定某建公司的行为属于噪声污染之后,才能够讨论其排放的噪音是否超标,即对“案涉房屋的噪声是否超标”的讨论应当建立在噪声污染认定的事实之上。环境噪声侵权行为与环境污染行为对应不同的追究责任方式,前者强调私法救济中的填平原则,后者强调公害之后的救济、补偿与惩罚性措施。如果本案中,某建公司的行为被认定为一般的侵权行为,则法院在审理案件时主要适用的是《中华人民共和国侵权责任法》《中华人民共和国物权法》的相关规定,从法院适用的法律规范并不能得出证明案涉房屋的噪声是否超标的必要性。一审和二审的判决书中并未体现对案涉房屋噪音超标论证的必要性,法院立案时的案由即为噪声污染责任纠纷,至于为什么案由为噪声污染责任还是侵权责任并没有予以充分的说明,这一点在论证的逻辑上是存在漏洞的。

三、对案件的评释

以前文对问题的引出为基础,笔者主要分析以下几个方面的内容。

(一)“环境侵权”“环境污染”的认定与行为认定的关系

1.“环境噪声侵权”与“环境噪声污染”

在实务中,“环境噪声侵权”与“环境噪声污染”经常存在混用的现象。在本案中,一审法院以及二审法院都依据《中华人民共和国环境污染防治法》《中华人民共和国侵权责任法》认定某建公司的行为属于环境污染,“环境侵权”对应的法律规定被用来作为判决的理由,这种表达方式是否妥当是值得考量的。

根据程啸先生在《中华人民共和国侵权责任法》中的观点,“环境污染”分成狭义和广义两种理解方式的。狭义的环境污染即为“公害”,是指因产业活动或其他人为活动破坏大气、水、土壤、安静稳定等自然环境,从而给不特定多数人的生命、身体、健康、财产或者其他民事权益造成妨害或者损害的行为。广义的环境污染即为“私害”,包括但不限于相邻关系人之间的环境污染行为,即相邻的不动产权利之间,一方从事违反国家规定弃置固体废物,排放大气污染物、水污染物、噪声、光、电磁波辐射等有害物质污染环境的行为，给他方造成妨害或者损害的情形。由此可以看出，"公害"和"私害"最重要的差别是，侵害行为是否影响了不特定多数人的利益。在本案中，某建公司开发的房屋中，地下供热管道及供热泵震动产生噪声的行为，并不符合"影响了不特定多数人的利益"，供热管道与供热泵的安装位置距离孟某家较近，噪声与距离成反比，依据前文对噪声特点的描述可以得出此结论。所以某建公司对孟某的侵害行为属于"私害"。

2. "环境噪声污染"与"环境噪声侵权"的选用

"公害"与"私害"的在法律适用中最重要的区别在于，"公害"行为追究责任适用惩罚性原则，而"私害"适用私法中的填平性原则。污染环境、破坏环境从而致使他人权益受损这一类行为，立法上的称谓并不是完全一致。《中华人民共和国民法通则》第一百二十四条规定，违反国家保护环境防治污染的规定，污染环境造成他人损害的，应当依法承担民事责任。《中华人民共和国民法典》第一千二百二十九条规定，因污染环境、破坏生态造成他人损害的，侵权人应当承担侵权责任。《中华人民共和国环境噪声污染防治法》第六十一条规定，受到噪声污染危害的单位和个人，有权要求加害人排除危险；受到损失的，依法赔偿损失。《中华人民共和国侵权责任法》第六十五条规定，因污染环境造成损害的，污染者应当承担侵权责任。《中华人民共和国环境保护法》第六十四条规定，因污染环境和破坏生态造成损害的，应当依照《中华人民共和国侵权责任法》的有关规定承担侵权责任。根据我国对于环境侵害类行为承担责任的方式可以看出，承担民事责任是最主要的方式。通过对我国关于环境污染行为过去和现行的立法情况来看，我国的立法实际上是以"环境污染"的名义，表达"环境侵权"的实质含义。

对于目前立法中的这一情形，笔者认为有必要规范法律用语。一项词语只有在它与其他词语的边界明确时，才有可能便于使用，才能在司法实践中发挥词语界定的价值。“污染”与“侵权”,“公害”与“私害”之间应当有一道明确的界限,只有明晰了名称的使用,才能够对应不同的究责模式。在“孟某案件”中,笔者认为使用“环境噪声侵权”更为妥帖。

(二)环境噪声侵权行为的认定问题

1. 环境噪声侵权行为认定是否要求超过规定排放标准

污染行为的认定并不要求违法性侵权行为的认定。依据《中华人民共和国侵权责任法》第六十五条和《环境侵权责任解释》第一条,明确规定了因污染环境造成损害的,污染者应当承担侵权责任。关于环境噪声侵权行为存在的证明方式,我国目前的立法并没有明确的规定,在环境噪声侵权案件中,噪声排放是否超标可以直接认定环境噪声侵权行为是否存在是一个需要思考的问题。在本案中,孟某因为某建公司安装的地下供热管道及供热泵震动产生共鸣对生活造成了干扰,基于对房屋的所有权请求侵权人排除妨碍、消除影响,其只需要证明侵权行为是存在的,并且对自己的生活产生了影响这一事实即可。但是笔者认为,虽然目前立法没有明确的规定,但是可以通过证明噪音排放超标的方式证明环境噪声侵权行为的存在,主要有以下两个原因:

(1)证明噪音侵权行为存在的难度较大

实然和应然总是存在冲突。噪音侵权在环境侵权中具有特殊的性质,其特点主要包括具有主观性和短暂性这两点。

首先,在“孟某案件”中,被侵害人孟某阐述道,“……因地下供热管道及供热泵震动产生共鸣,给孟某造成噪声伤害,无法正常居住……”其实这是孟某自己主观的感受,法官无法仅通过孟某的主观陈述去认定噪声污染的程度。正因噪声具有主观性的特点,所以在实务中尤其关注对侵权行为存在的证明,用尽可能客观的方式排出被侵害人主观因素的干扰,例如《最高法院关于审理环境侵权责任纠纷案件适用法律若干问题的解释》第八条规定,“对查明环境污染、生态破坏案件事实的专门性问题,可以委托具备相关资格的司法鉴定机构出具鉴定意见或者负有环境资源保护监督管理职责的部门推荐的机构出具检验报告、检测报告、评估报告或者监测数据。”

其次,噪音并不会一直存在,而是暂时的,人们感受到它的存在,但会很快消失。而一旦过了噪声时间,再想收集此噪声就变得非常困难。例如在山东某县某建筑公司等与该县某畜牧公司噪声污染责任纠纷案中,由于两被告无法提供必要的鉴定材料,中国环境科学学会无法进行鉴定,从而导致被告承担举证不能的法律后果。

正如前文论述,噪音的特征决定了侵权行为证明的难度,即主观性、时效性和隐蔽性,无论是从主观判断还是客观判断的角度,都给环境噪声侵权行为的认定增加了难度。法院在审判时,为了应对这种情况,一般情况下会依据专业机构出具的鉴定书,或者根据生活经验认证。环境侵权行为的认定本无须排污是否超标这一构成要件,但是在环境噪声侵权行为认定中却成为一个无奈的选择。

(2)环境噪声侵权行为很难借助经验法则

司法实践中,法官把经验法则认定事实的经验上升到理论高度的较少。或许是由于证据规则的不完善,以及法官素质的参差不齐,实践中法官对于经验法则的把握存在绝对不用、机械使用和滥用误用的情形。在环境噪声侵权行为证明方法较少、证明难度较大的情况下,笔者不提倡法官运用经验法则对侵权行为的存在予以认定。在环境噪声侵权案件中,噪音没有超过国家或者地方规定的标准,无法直接论证噪音侵权行为不存在,但是如若超过了标准,则可以直接论证侵权行为的存在。故笔者提倡使用对噪音进行检测,依据分贝值确定是否存在噪音侵权行为。

2. 国家或地方噪声排放标准的参考

被侵权人可以依据国家或者地方现行的噪声标准证明环境噪声

侵权行为是否存在,主要参考文件包括以下几种:

(1)《社会生活环境噪声排放标准》

《社会生活环境噪声排放标准》(GB22337 - 2008)是由中华人民共和国生态环境部颁布的,于 2008 年 10 月 1 日施行。这部标准主要规定了营业性文化娱乐场所和商业经营活动中可能产生环境噪声污染的设备、设施规定了边界噪声排放限值和测量方法。在本案中,孟某案件的另一个争议焦点就是《社会生活环境噪声排放标准》参考问题。新城公司认为,《社会生活环境噪声排放标准》规定的标准仅适用于营业性文化娱乐场所以及商业经营活动,不可用此标准衡量居民区域的噪声侵权行为是否存在。法院对此论证使用了当然解释的逻辑,认为"……目前国家没有对住宅楼内管道、泵房产生噪声进行评价的明确标准,但无论噪声是来自于小区内为居民日常生活提供服务的管道还是小区以外的营业性文化娱乐场所、商业经营活动,当噪声达到一定程度时,均会对居民的生活产生影响,因住宅用于居民生活,其噪音控制标准理应比营业性文化娱乐场所、商业经营活动中的噪音控制标准高……"笔者认为,法院对《社会生活环境噪声排放标准》的理解并无不妥,只是适用此标准的前提是没有其他的参考标准,如果有效力优于此标准的噪声排放标准,则法院的论证不成立。

(2)《声环境质量标准》

《声环境质量标准》(GB3096 - 2008)是由中华人民共和国生态环境部颁发,于 2008 年 10 月 1 日实施。这一标准规定了五类声环境功能区的环境噪声限值以及测量方法,此标准适用于声环境质量评价和管理。依据此标准,与孟某案件相关的为 1 类标准,即"以居民住宅、医疗卫生、文化教育、科研设计、行政办公为主要功能,须保持安静的区域。"1 类声环境功能区对应的环境噪声等效声级限值为昼间 55 分贝,夜间 45 分贝。《声环境质量标准》与《社会生活环境噪声排放标准》的颁布机构与生效时间相同，但是《声环境质量标准》规定的标准更适合对居民区域环境噪声情况的检测，所以在孟德玉案件中，《声环境标准》更优于《社会生活环境噪声排放标准》的适用。同时，天津市的声环境质量标准也是参考此标准制定。孟某案件一审判决书中提到的：环境监察支队于2018年2月2日对该小区4号楼1门101室的噪音进行检测，“室内噪声等效声级值(Leq)为主卧37.8，小卧37.0，次卧33.6，客厅39.1，备注注明为夜间。”如果依据此标准，则可以证明，某建公司存在噪音状况，但是尚不构成噪音侵权行为，孟某的主张不成立。

四、结语

在孟某案件中能够充分地展示出在实务中，关于环境噪声侵权行为认定过程中出现的一些问题。吕忠梅在《环境法新视野》中阐述：“环境权的核心则是人们的生命健康安全。……环境权使人们的基本人权……是任何个人生而具有的权利”①，对环境污染的重视就是对人们生命健康权的重视。保护被侵权人的利益是环境噪声侵权相关法律规定设置的应有之义，但是侵权人的利益也应当同样得到保障，这才是公平正义之所在。笔者才疏学浅，篇幅有限，无论是立法还是实务操作中，都存有值得完善的空间，“孟某”们和“某建公司”们的权益仍待进一步落实。

参考文献

[1]吕忠梅. 环境法新视野[M]. 北京：中国政法大学出版社，2005.

[2]程啸. 侵权责任法[M]. 北京：法律出版社，2015.

[3]金启洲：民法相邻关系制度.[M]. 北京：法律出版社，2009.

---

① 吕忠梅.《环境法新视野》第三版，第48页。

[4]梁勇,朱烨.环境侵权惩罚性赔偿构成要件法律适用研究[J].法律适用,2020(23):113-123.

[5]谢海波.环境侵权惩罚性赔偿责任条款的构造性解释及其分析——以《民法典》第1232条规定为中心[J].法律适用,2020(23):134-140.

[6]丁国民,郭仕捷.环境侵权诉讼中公益私益界定难题及策略选择[J].社会科学战线,2020(11):205-210.

[7]丁霖.论环境法典化背景下环境法调整范围的再次厘定——以法律调整机制为视角[J].中国地质大学学报(社会科学版),2020,20(02):41-50.

[8]徐以祥.我国环境法律规范的类型化分析[J].吉林大学社会科学学报,2020,60(02):66-74+220.

[9]周静.相邻环境污染侵权之法律识别[J].中国环境管理干部学院学报,2019,29(03):18-21.

[10]张挺.环境污染侵权因果关系证明责任之再构成——基于619份相关民事判决书的实证分析[J].法学,2016(07):102-111.

[11]刘先辉."环境侵权"法律术语及其归责原则分析——杜增申与中铁二十局等环境噪声污染侵权案评释[J].江苏大学学报(社会科学版),2016,18(03):57-63.

[12]谷昔伟,章智敏.噪声污染损害赔偿责任不以违法性为要件[J].人民司法,2015(02):35-37.

[13]宋刚.论侵权责任法中的受益人"适当补偿"——兼评《侵权责任法》第23条[J].社会科学,2013(12):93-99.

论 ISDS 机制变革及中国对策论

孙佳颖① 张晨阳②

摘　要　现存 ISDS 机制固有缺陷逐渐显露，面临正当性危机。ISDS 机制急需变革，各国对此采取不同对策，随着中国在国际投资市场中身份的转变，中国需积极参与到 ISDS 机制变革当中贡献中国智慧、提供中国方案从而更好地维护本国及本国投资者的利益。

关键词　ISDS 机制　常设多边上诉机构　ICSID　多边投资法院

投资者与国家间争端解决机制（以下简称 ISDS 机制）允许投资者将与国家间的投资争端直接诉诸国际仲裁的方式进行解决，经过 70 多年的发展，被世界各国广泛运用，该制度在解决国际投资争端方面发挥了重要的作用，但随着国际投资活动的不断发展变化，该机制的缺陷也逐渐显露，主要体现为利益保护失衡、管辖权过分扩张、“用尽当地救济原则”缺失等问题；同时该机制还面临着正当性危机，如仲裁裁决不一致、仲裁员缺乏公正性和独立性、仲裁缺乏透明度等问题。这些问题引发各国对 ISDS 机制公正性的质疑，为更好地维护

① 孙佳颖，天津商业大学法学院讲师，法学博士。
② 张晨阳，天津商业大学民商法硕士研究生。

本国以及本国投资者的利益,各国相继提出了变革方案,中国作为双向投资大国有必要积极参与到此轮变革当中,为本国赢得更多的国际话语权。

一、ISDS 机制变革的现实需要

(一)现存 ISDS 机制的固有缺陷

1. 利益保护失衡

东道国出于本国公共利益的需要调整国家政策,这种调整可能会引发投资者与东道国之间的投资争端,由于 ISDS 机制对这种调整的接受程度不高,更倾向于保护私人投资者,导致其在保护私人投资者利益与东道国公共利益之间失衡。

随着国际投资环境的不断发展变化,投资者与国家的地位也开始有所改变,以跨国公司为例,实践中跨国公司往往实力雄厚,国际影响力巨大甚至超过某些主权国家,尤其是在环境、人权等涉及公共利益的领域内影响极为突出。ISDS 机制偏重于保护投资者的利益,忽略主权国家的公共利益,将造成对投资争端一方即国家的主权的侵犯。以往的国际投资中,东道国为吸引外商投资,会做出一定程度的权利让渡即将解决投资争端的管辖权交由 ICSID 公约,但现实情况是,部分国家已经开始排斥适用 ICSID 公约解决投资争端,例如拉丁美洲部分国家已经陆续宣布退出 ICSID 公约①、欧盟及其成员国则开始尝试建立多边投资法院上诉机制。

2. 管辖权过分扩张

扩张路径一:对如何确定管辖权要件的规则进行扩张解释。

ICSID 中并没有对“投资”这一概念进行明确具体的规定,仅规定管辖的客体应为——因投资产生的法律争端,这就使得仲裁庭拥

---

① 玻利维亚、厄瓜多尔在 2009 年退出了《华盛顿公约》、委内瑞拉在 2012 年退出了该公约。此外,尼加拉瓜在 2008 年考虑过退出 ICSID 公约,但目前还是该公约的缔约国。

有了较大的自由裁量权，仲裁庭往往通过扩张对“投资”的定义从而获得管辖权。实践中，仲裁庭对“投资者”以及“双方同意”也进行扩张解释，例如在 Tokios Tokeles 诉乌克兰一案中将本质上属于东道国公司，但通过利用某种法律技术将其显示为外国公司的”空壳公司“最后认定为外国公司从而获得管辖权。①

扩张路径二：对投资者与东道国之间签订的协定中的某些条款进行扩张解释。

首先，投资者与东道国之间签订的协定中的最惠国待遇条款属于实体性问题，但 ICSID 体制下仲裁庭将实体性问题纳入管辖权这种程序性问题中，扩张解释最惠国待遇条款；其次，关于保护伞条款，仲裁庭也同样采取扩张解释，将合同性争议上升为国际法的高度从而获得管辖权；最后，关于岔路口条款，仲裁庭采取的态度是避免触发该条款以此来获得的行使其管辖权的机会。

3.“用尽当地救济原则”的缺失

《北美自由贸易协定》简称 NAFTA(North American Free Trade Agreement)第 11 章中有关 ISDS 机制的内容排除适用“用尽当地救济原则”，第 16 条规定投资者可以直接将争议提交仲裁，而不需要采取东道国国内法救济或外交保护；第 21 条规定争端提交仲裁的条件包括放弃根据任一缔约方法律，或者依据其他争端解决程序提起或继续进行诉讼的权利。

传统的“用尽当地救济原则”是一项习惯国法原则适用于外交保

---

① 在 Tokios Tokeles 诉乌克兰一案中，原告 Tokios Tokeles 是一家依据立陶宛法律在立陶宛成立的公司，但是该公司股权归两名乌克兰人控制和所有。在案件提交仲裁庭后，乌克兰方认为因该公司由两个乌克兰人控制和所有，该公司应视为乌克兰公司，不属于外国公司。但依据立陶宛与乌克兰两国的《双边投资协定》(BIT)约定：“投资者系依据立陶宛的法律法规并在立陶宛领域内成立的任何机构。”依据此项约定，原告 Tokios 公司具有立陶宛国籍身份。仲裁庭依据该约定以及《华盛顿条约》第 25 条第 2 款的规定，认为原告 Tokios 公司具有外国公司身份，因此获得了此案的管辖权。

护领域,后随着国际投资发展被逐步应用于国际投资争端解决当中,因为“用尽当地救济原则”可以让东道国获得优先适用本国国内法律解决投资争端的机会,充分尊重东道国国家主权。建立北美自由贸易区旨在消除美国、墨西哥、加拿大三国之间的贸易壁垒,实现区域经济一体化,但“用尽当地救济原则”的缺失将会对东道国国家规制权构成挑战,此外还容易出现投资者利用此项原则的缺失进行“滥诉”的现象,造成国际司法资源的浪费,不利于投资争端的和平解决。

(二)ISDS机制面临正当性危机

ISDS机制充满国际商事仲裁色彩,富有商事底蕴。ISDS机制下国际投资争端的解决极具保密性、自治性、专业性、终局性。ISDS机制的此种特性使其面临正当性危机,主要存在问题有:

1. 仲裁裁决不一致

最典型的案例当属“劳德(Lauder)案”。美国投资者劳德通过其控股的荷兰企业在捷克境内投资传媒项目,投资期间,捷克政府相关部门做出一些与原先承诺不同的歧视性决定,致使外国投资者劳德的利益受损,劳德就此以其个人的名义和其控股的荷兰企业,分别依据《美国—捷克双边投资协定》《荷兰—捷克双边投资协定》在英国伦敦国际仲裁院和斯德哥尔摩商会仲裁院提起了仲裁。在最后的仲裁裁决中,英国伦敦仲裁庭认定捷克政府没有违反美国与捷克签订的双边投资协定中关于“公平公正待遇”的规定,裁定捷克政府可拒绝劳德的索赔请求;而斯德哥尔摩商会仲裁庭则认定捷克政府的行为构成歧视,违反荷兰与捷克签订的双边投资协定,裁定捷克政府向劳德控股的荷兰企业支付赔偿。美国与捷克和荷兰与捷克签订的双边投资协定中关于“公平公正待遇原则”的规定类似,基于同样的仲裁规则,仲裁庭做出完全相反的仲裁裁决,仲裁裁决不一致增加了投资争端解决的不可预测性和不确定性,将导致国际投资者对现存ISDS机制的信任危机,东道国也对自己在条约下承担义务的性质和范围没有了明确的认识。

2. 仲裁员缺乏独立性、公正性

国际商事仲裁中仲裁员具有较强的独立性，而与商事仲裁不同的是，投资仲裁中仲裁员对投资者的依赖程度高，因为只有投资者才能启动仲裁活动，加上 ISDS 机制利益保护失衡，这就使得仲裁员缺乏足够的独立性。此外，在仲裁员的选任上多采取单一化、固定化的模式，极少数仲裁员被频繁任用且多来自发达地区例如欧美国家，而其他国家仲裁员参与机会却不多。仲裁员国籍不同、接受的内在价值观念不同，将于无形中影响仲裁裁决结果的公正性。

3. 仲裁缺乏透明度

现存 ISDS 机制下投资仲裁蕴含国际商事仲裁色彩，保密性强，规定只有经双方当事人同意才可以公开部分仲裁信息，尤其是涉及东道国国家主权、公共利益时，东道国需履行披露义务，公布相关信息来保障本国国民的知情权，这种有限的公开不能满足东道国对透明度的要求。

上述 ISDS 机制的固有缺陷与其面临的正当性危机将引发投资者与各个主权国家对该机制的不信任，有可能让更多的投资者和主权国家退出该机制。目前看来，ISDS 机制是现存的解决投资者与国际间投资争端方式中较为全面有效的一种。因此，完善 ISDS 机制的固有缺陷和解决其正当性危机变得十分有必要。

二、ISDS 机制变革路径

对于 ISDS 机制变革问题各国态度不一，选择的变革路径也有所不同，本文将主要列举三种具有代表性的对策，通过对比美国、欧盟、拉美国家在 ISDS 机制变革中采取的对策，进而从这些对策当中分析出共同之处，为当前 ISDS 机制变革寻求一条可行的路径。

（一）世界各国变革路径的选择

1. 美国

美国倾向于维护现有的 ISDS 机制，主张积极引导 ISDS 机制在现有的体系下进行适度的改革。例如美、加、墨三国最新签署的《美国—墨西哥—加拿大协定》(USMCA)中修改了此前《北美自由贸易协定》(NAFTA)中关于适用 ISDS 机制的部分内容,《北美自由贸易协定》中美、加、墨三国均适用 ICSID 仲裁规则,而《美国—墨西哥—加拿大协定》中美国与加拿大之间不再适用 ISDS 机制,美国与墨西哥之间继续适用 ISDS 机制但严格限制了适用范围①、加拿大与墨西哥之间可以自行选择依据其他条约适用或者不适用 ISDS 机制,例如加拿大和墨西哥都是《全面与进步跨太平洋伙伴关系协定》(CPTPP)的缔约国,两国可依据该协定适用 ISDS 机制解决投资争端。美国主张在现有框架下变革,其中包含设立上诉机制这项改革措施。

2. 欧盟

欧盟主张突破现有的 ISDS 机制,设立多边投资法院。这一主张在欧盟与新加坡、越南等两个国家的实践中有所体现,欧盟与新加坡、越南分别签订的投资保护协定中都规定了建立常设投资法庭的内容。短期内设立全面的、系统性的多边投资法院存在诸多挑战,首先是各国之间无法达成一致,存在较大的利益冲突;其次是构建多边投资法院的条件尚不具备。

现阶段欧盟针对 ISDS 机制改革的焦点主要是设立常设多边上诉机制,以此为设立多边投资法院的过渡和依托平台,例如加拿大与欧盟签订的自由贸易协议(CETA)中规定采用常设仲裁机构、上诉机制。

3. 拉美国家

在拉美地区除了上文提到的已经退出《华盛顿公约》的玻利维亚、厄瓜多尔、委内瑞拉以及正在考虑退出《华盛顿公约》的尼加拉瓜等国家外,巴西作为拉美地区最主要的经济体一直没有加入《华盛顿公约》,巴西对 ISDS 机制一贯保持审慎的态度。此外阿根廷虽作为《华

---

① 适用范围限定在国民待遇、最惠国待遇、直接征收主张这三个方面。

盛顿公约》的缔约国,但已经从国际法层面提出了针对 ICSID 中心管辖权、公正性、合法性的质疑。拉美国家受卡尔沃主义影响深远,强调维护国家主权,主张外国投资者只能通过东道国国内法院请求救济。

总体来看美国采取相对保守的态度,主张维护现有 ISDS 机制,支持适度变革,其中包括设立常设多边上诉机制;欧盟采取相对激进的态度,主张突破现有 ISDS 机制,支持彻底变革,但因现实条件限制欧盟目前对 ISDS 机制变革的方式主要是以设立多边上诉机制为最终设立多边投资法院的依托和过渡平台;拉美国家采取绝对保守的态度,因其深受卡尔沃主义的影响,更加强调维护国家主权。拉美国家对待现有 ISDS 机制的态度虽较为绝对且不利于国际投资争端的解决,但是其在关于国家主权问题上的审慎态度值得各国参考。美国、欧盟两者对待变革的态度虽不同,但变革措施都包含设立常设多边上诉机制。

(二)设立常设多边上诉机制的价值分析

上述关于世界各国变革路径的选择中美国、欧盟、拉美国家采取的态度不同,具体的对策也不尽相同,但出于各国利益平衡的需要,最具可行性的对策是对现有 ISDS 机制进行适当变革。当前,设立常设多边上诉机制的构想更为贴合适度变革的需求,因此有必要对选择设立常设多边上诉机制进行价值分析,下文将主要从设立常设多边上诉机制的正当性和可行性出发进行阐述。

1. 正当性

首先,设立常设多边上诉机制有助于解决仲裁裁决不一致的问题。国际投资的方式随着全球化的发展呈现出更加多样化的趋势,赋予仲裁庭一定的自由裁量权可以保证 ISDS 机制适应这种趋势,使 ISDS 机制更富有活力。但现阶段,ISDS 机制赋予仲裁庭的自由裁量权过大,导致仲裁裁决不一致。赋予仲裁庭过度自由的权利将不利于 ISDS 机制的发展与完善,权利应当受到监督与约束,上诉机制的设立能够监督和约束仲裁庭的自由裁量权,更好地维护仲裁裁决的一致性,同时设立常设性的上诉机制有助于提高 ISDS 机制的稳定性和可预期性。

其次,设立常设多边上诉机制还有助于提高仲裁员的独立性和公正性。ISDS 机制下仲裁员对投资者依赖性强、仲裁员选任单一固定化等问题直接影响仲裁员的独立性和公正性,设立常设多边上诉机制,取消仲裁员由当事人选任的机制,对常设仲裁庭仲裁人员采取多元化的选任方式,同时注重对仲裁员专业素养、道德品质、业务水平的考察,有助于解决 ISDS 机制面临的危机。

再次,设立常设多边上诉机制可以对争端解决提供更为有效的救济途径。依据《华盛顿公约》(简称公约)建立的国际投资争端解决中心存在利益保护失衡问题,而公约中规定的撤销程序却不能够为东道国提供有效的救济途径。《华盛顿公约》第 52 条规定了五种可撤销情形①,公约规定的撤销理由主要集中于程序性错误,不涉及实质性错误,并且规定过于笼统模糊,仲裁员又因公约第 41 条第 1 款②被赋予了较大的自由裁量权,容易触发新一轮的仲裁裁决不一致,进一步加重 ISDS 机制正当性危机。设立常设多边上诉机制,一方面上诉机构可审查案件事实、法律适用等实质性问题,上诉机构可能会在重新审理案件后做出新的裁决,尤其是在案件涉及东道国的国家公共利益时,这种新的裁决将显得尤为重要;另一方面,将有效约束仲裁员的行为,约束其保持独立性和公正性。

2. 可行性

设立常设多边上诉机制的可行性取决于上诉仲裁庭所做出的裁

---

① 任何一方可以根据下列一个或几个理由,向秘书长提出书面申请,要求撤销裁决:仲裁庭的组成不适当;仲裁庭显然超越其权力;仲裁庭的成员有受贿行为;有严重的背离基本程序规则的情况;裁决未陈述其所依据的理由。

② 公约第 41 条规定仲裁庭应是其本身权限的决定人。

决能够得到承认与执行,只有这样,设立常设多边上诉机制的价值才会得以实现。国际投资仲裁裁决的承认与执行主要涉及《纽约公约》和《华盛顿公约》。

(1)《纽约公约》规定下的承认与执行

《纽约公约》V(1)e 部分规定,"国内法院可以拒绝承认与执行对当事人尚未具有约束力或者由裁决做出地所在国或裁决所依据法律的国家主管当局撤销或中止执行的仲裁裁决。"对当事人尚未具有约束力、相关国家撤销或中止的情况下可以拒绝承认和执行,当事人采用常设多边上诉机制,上诉后仲裁庭所做出的裁决对当事人具有约束力,不在《纽约公约》排斥的范围内。常设多边上诉机制下的裁决在《纽约公约》中将得以承认和执行。

(2)《华盛顿公约》规定下的承认与执行

《华盛顿公约》第 53 条规定,除非公约另有规定,否则不得针对 ICSID 裁决进行任何上诉或寻求除公约外的其他任何救济。由此可见公约不允许上诉,也不允许国家或争议当事人之间自行同意采取上诉程序。公约第 53 条严格排斥其他任何救济程序,即使争议当事人采用了常设多边上诉机制,所得出的上诉仲裁裁决也难以得到承认与执行。

要想使常设多边上诉机制下做出的裁决在该公约中得到承认与执行,就必须修改公约第 53 条的规定,可以根据《维也纳条约法公约》第 41 条①仅在若干当事国之间修改华盛顿公约相关规定,仅

---

① 《维也纳条约法公约》第 41 条仅在若干当事国间修改多边条约之协定

一、多边条约两个以上当事国得于下列情形下缔结协定仅在彼此间修改条约:

(甲)条约内规定有做此种修改之可能者;或

(乙)有关之修改非为条约所禁止,且:

(一)不影响其他当事国享有条约上之权利或履行其义务者;

(二)不关涉任何如予损抑即与有效实行整个条约之目的及宗旨不合之规定者。

二、除属第一项(甲)款范围之情形条约另有规定者外,有关当事国应将其缔结协定之意思及协定对条约所规定之修改,通知其他当事国。

在同意设立常设多边上诉机制的国家间修改公约第53条,上诉裁决仅在同意设立常设多边上诉机制的国家之间得到公约的承认与执行,并且不能要求未参加条约修改的第三国承认与执行该上诉裁决。

三、中国对策

讨论中国对策之前有必要先对ISDS机制在中国的实践情况进行分析,通过对比找出中国适用ISDS机制规律中的普遍性和特殊性,帮助中国选择恰当的应对之策。

(一)中国双边投资协定中对ISDS机制的适用

1. 未加入《华盛顿公约》前

中国1993年成为《华盛顿公约》的缔约国,加入该公约前,中国的投资争端未具体涉及适用ISDS机制,1985年同法国签订的双边投资协定(BIT)中仅是基于对国情的考虑规定只有关于征收、国有化补偿的投资争议才可以提交投资仲裁,并且规定了"岔路口条款"①。

2. 加入《华盛顿公约》后

随着中国改革开放的深入,国际经济地位的变化,大量的外国投资者涌入国内,时机成熟之际中国积极加入了《华盛顿公约》,明确关于投资者与国家间投资争端问题的解决适用ISDS机制,例如1995年同南斯拉夫签订的BIT中规定"除了上述提到的关于征收、国有化补偿外,经投资争端当事人同意可以将其提交至专设仲裁庭",中国可接受适用ISDS机制解决的投资争议的范围在实际操作中适度放宽。

1998年签订的《中国—巴巴多斯BIT》、2007年签订的新《中国—法国BIT》、2012年签订的《中国—加拿大BIT》中适用ISDS机

① 国际投资条约中的岔路口条款是指,对于当地救济和国际仲裁机制,外国投资者有权进行选择;但一旦选定了其中的一种方式,就不能再使用另外一种。

制的范围全面扩大,采取完全适用模式。但2007年中国同古巴签订的双边投资协定将可以适用ISDS机制解决的投资争议的范围进行了限制①。

结合ISDS机制在中国双边投资协定中的实践,可以看出中国在适用ISDS机制解决投资争端的问题上一直保持着审慎的态度,运用循序渐进、综合考量的方法,具体问题具体分析,因此在ISDS机制变革问题上中国也应当采取同样的方法。

(二)中国具体变革路径

2020年12月30日《中欧双边投资协定》谈判完成,但协定内容涉及的领域未提及中欧双方投资争端解决的适用方式,规定对是否适用ISDS机制另行商议。眼下正值ISDS机制急需改革之际,中国应当抓住《中欧双边投资协定》这个机遇,积极推进ISDS机制变革,为本国赢得国际话语权,进一步维护本国及本国投资者在国际投资活动中的利益。

1. 积极参与国际讨论贡献中国智慧

传统的ISDS机制过分偏袒外国投资者的利益,忽视东道国国家公共利益,中国作为资本输入国,为了促进改革开放、吸引外资,不得不做出一定的让步,对本国境内有关投资的涉外讼争的管辖权和法律适用权做出局部的自我限制,将投资争端交由ISDS机制处理。但当前随着中国在国际资本市场地位的提高和身份的转变,在ISDS机制应如何变革的问题上拥有了一定的选择权,中国应当积极参与ISDS机制变革,贡献中国智慧,更好地维护本国以及本国投资者的利益。

2. 贯彻审慎态度设立常设多边上诉机制

中国于2019年12月向联合国国际贸易法委员会第三工作组提

① 《中国—古巴BIT》将可以提交仲裁的范围限在违反促进和保护投资、公平公正待遇、最惠国待遇、征收等具体投资争端。

交了针对 ISDS 机制改革的建议案,建议案中主张设立常设多边上诉机制。

设立常设多边上诉机制符合中国应对国际投资立法中的一贯态度,任何事物的进展都不可能一蹴而就,必须循序渐进。上诉机制符合中国对外投资策略的需要,国际投资立法变革关系到国际权力分配体系的变化,当前美国主导的"单边主义""保护主义"盛行,美国对华不断发起经济制裁,试图维护其霸权主义思想,建立新的国际经济秩序,中国必须积极推动本国"多边主义"变革,打破美国试图封锁中国经济的局面。同时,上诉机制也符合东道国与投资者之间利益平衡的需要,与中国在国际投资市场中的"双重身份"相契合。

3. 构建"一带一路"平台下的 ISDS 机制

随着"一带一路"倡议的推进,中国与沿线各国的投资往来日益密切,中国完全可以尝试构建"一带一路"平台下的 ISDS 机制。完善国内投资法律制度,尤其是关于投资者与国家间投资争端解决的仲裁制度,中国国内仲裁立法需与国际仲裁接轨。此外还可以考虑设立临时仲裁制度。也可以以欧盟投资法院为参照,设立中国主导的"一带一路"投资法院。中国应当充分尊重沿线国家,坚持"共商、共享、共建"的原则,以国际法为依据处理条约和管辖权的冲突,同时可以借鉴 USMCA 模式,采取不同路径的投资争端解决方法处理投资者与国家间投资争端。

总之,ISDS 机制变革是大势所趋,各国选择的变革路径主要集中于设立常设多边上诉机制和设立多边投资法院,短期内设立多边投资法院的条件尚不具备,但设立常设多边上诉机制具有正当性和一定的可行性,有助于解决仲裁裁决不一致、提高仲裁员的独立性、公正性、提供有效的救济途径,缓解当前 ISDS 机制面临的正当性危机,为其提供可持续发展的空间。

中国应对 ISDS 机制变革的总体思路:一是"入局",即积极参与到 ISDS 机制变革当中，取得一席之地；二是“破局”，即打破美国封锁，积极推行“多边主义”，先行支持设立常设多边上诉机制；三是“设局”，即构建中国引导下的 ISDS 机制，践行中国“全球治理观”。

参考文献

[1]陈江滢，葛顺奇．投资者——国家争端解决机制的改革与中国对策[J]．国际贸易，2021(01)：47－56＋82．

[2]秦晓静．设立投资仲裁上诉机制的路径选择[J]．政治与法律，2021(02)：126－138．

[3]魏德红．投资者——国家争端解决(ISDS)机制转型研究[C]．吉林大学博士论文，2020．

[4]肖威．ISDS 机制变革的根源、趋势及中国方案[J]．法治现代化研究，2020，4(05)：159－173．

[5]刘瑛；朱竹露．ISDS 变革之常设上诉机制：困境、价值与路径选择[J]．法治社会，2020(05)：23－35．

[6]王祥修．论“一带一路”倡议下投资争端解决机制的构建[J]．东北亚论坛，2020，29(04)：15－26＋127．

[7]高银鸽．投资者——国家争端解决机制的改革与中国应对[C]．内蒙古大学硕士论文，2020．

[8]刘凌志．ICSID 仲裁裁决的有效性审查研究[C]．大连海事大学硕士论文，2020．

[9]张庆麟．论晚近南北国家在国际投资法重大议题上的不同进路[J]．现代法学，2020，42(03)：126－137．

[10]李佳，吴思柳．双边到多边：欧盟投资争端解决机制的改革和中国选择[J]．国际贸易，2020(09)：46－53．

[11]漆彤，范晓宇．国际投资争端调解机制的发展与制度困境[J]．中南大学学报(社会科学版)，2020，26(05)：58－69．

[12]刘晶. 论中国国际投资争端解决机构的创建——以弥补 ICSID 机制缺陷为视角[J]. 巢湖学院学报,2020,22(05):53 – 59.

[13]漆彤,范晓宇. 论投资者与东道国争端调解机制的透明度规则问题[J]. 国际经济法学刊,2020(3):50 – 64.

[14]周密. 欧盟投资法院争端解决机制研究[C]. 华东政法大学硕士论文,2020.

[15]何悦涵. 投资争端解决的"联合控制"机制研究——由投资争端解决机制的改革展开[J]. 法商研究,2020,37(04):143 – 157.

[16]肖灵敏. 投资者与东道国争端解决机制的改革模式研究[C]. 华东政法大学博士论文,2019.

[17]孙英哲. 新一代国际投资协定 ISDS 改革研究[C]. 对外经济贸易大学博士论文,2018.

[18]王传丽. 国际经济法(第二版)[M]. 北京:高等教育出版社,2008.

[19]史晓丽,祁欢. 国际投资法[M]. 北京:中国政法大学出版社,2009.

[20]辛宪章. 国际投资争端解决机制研究[M]. 大连:东北财经大学出版社,2014.

[21]陈安,蔡从燕. 国际投资法的新发展与中国双边投资条约的新实践[M]. 上海:复旦大学出版社,2007.

[22]陈安. 国际经济法[M]. 北京:北京大学出版社,2017.

[23]余劲松. 国际投资条约仲裁中投资者与东道国权益保护平衡问题研究[J]. 中国法学,2011(02):132 – 143.

[24]余劲松. 国际投资法[M]. 北京:法律出版社,2018.

[25]Franck SD. The Legitimacy Crisis in Investment Treaty Arbitration:Privatizing Public International Law Through Inconsistent Decisions [J]. Fordham law review/edited by Fordham law students,2005,(4).

[26] Bronckers M. Is Investor - State Dispute Settlement (ISDS) Superior toLitigation Before Domestic Courts: An EU View on Bilateral TradeAgreements[J]. Journal of International Economic Law, 2015, (3).

[27] Bishop D. The Case for an Appellate Panel and its Scope of Review[J]. Transnational Dispute Management, 2005, (2).

法　律　文　化

从嘉庆朝泰安京控案看清朝京控频繁发生的原因

郑全红[①]　郑鹏飞[②]

摘　要　清朝京控制度萌芽于乾隆后期，正式形成于嘉庆年间，嘉道时期发展到极盛顶峰。就嘉庆朝泰安京控案来讲，该京控案件的审理方式与最初结果和当时清代官场的政治形态有着千丝万缕的联系，而最终该案以派审方式审结的背后却又让我们思考清朝京控制度遗留的诸多问题。本文从清朝官员绩效考核、京控的运作效果、虚假冤案泛滥、对督抚审理的依赖以及清官僚政治体系等方面京控发生的原因予以探讨。

关键词　清朝　京控　泰安京控案

清朝前期，京控案件数量较少，多由皇帝委派钦差大臣赴当地审理，清朝中后期，经济的发展带动了人口的大幅度增长，土地等资源的匮乏和社会流动的加速，使得社会下层民众的生存压力剧增。反映在司法上，法律关系日渐复杂，案件急剧增多。嘉庆朝的泰安京控案就是其中之一，该案黑雾重重，总共经七次审理，两次京控，历时四年，才彻底完结。通过分析此案，可以探求清朝京控频繁发生的

① 郑全红，天津商业大学法学院教授，历史学博士，主要从事法律史研究。
② 郑鹏飞，天津商业大学法学院学生。

原因。

一、嘉庆朝泰安京控案

嘉庆朝泰安京控案在清朝京控案件中具有比较典型的代表性,中国第一历史档案馆相关档案中有着详细地记载。清嘉庆二十一年(1816)六月三十日夜,十余人明火执仗闯入山东省泰安县富豪监生徐文诰的家中,肆意抢夺财物。到徐文诰等人击退盗贼之后,在其院中发现徐家武士柏永柱的尸体,徐文诰遂到当地县城告案。监生徐文诰的豪宅被一伙强盗洗劫后,其第二天将此案报给了时任泰安县知县的汪汝弼,没想到汪汝弼了解了事情的经过后,非但没有配合徐氏一家积极立案查案,反而将一起明显的大规模抢劫案草草认定为盗窃案,且一口咬定武士柏永柱是徐文诰在混乱中不小心误杀的。徐文诰自然无法接受,于是其赶赴按察使鸣冤。时任山东按察使的程国仁正好是汪汝弼的同乡,接到案子自然就倒向汪汝弼这一边。最终,程国仁、汪汝弼一伙人对徐文诰刑讯逼供,肆意篡改供词,说徐文诰是故意杀死了自家的武士,结果徐被判处斩监候。正在这生死攸关之际,徐文诰之弟徐文显赴京呈控,案件被嘉庆帝发审给了山东巡抚,其间山东巡抚出于其他原因屡屡更换,但没有一人站在徐文诰这一方为他平反冤情。之后,就在新任山东按察使温承惠即将翻案之时,程国仁突然调任山东巡抚,试图弹劾温承惠,将案件再次扭转。无奈之下,徐文诰越狱赴京城告御状,即第二次京控。嘉庆帝震怒之下,认为仅凭山东方面已无力查清此案,于是派两名钦差远赴山东,案件这才被彻底平反。这本是一起大规模明显的抢劫案,且在作案中这伙强盗还杀死了徐家武士柏永柱,没想到时任泰安知县的汪汝弼竟起了"讳盗为窃""讳盗诬良"之心,此后涉案的官员大多也极力阻止翻案。这桩案件如何从原本十分简单的抢劫案变成充满着谜团的盗窃案?该案总共经七次审理,两次京控,历时四年,才彻底完结。从泰安京控案我们可以分析清朝京控案件频发的诸多原因。

二、京控频繁发生的重要原因

清朝前期，京控案件较少，到乾隆四十年以后，《清实录》对皇帝关于京控问题上谕的记载变得越来越频繁。到嘉庆十年左右，已达到每年数条。单就政府方面而言，致使京控现象屡屡发生的最直接原因乃是官员积案问题。清代书法家包世臣在其著作《安吴四种》中谈到，“江浙各州县均有积案数千”“积案至多之省”多达“十余万起”。案件积压的时间，“远者至十余年，近者亦三五年延宕不结”。这样一来，百姓去当地官府报案，就有一定概率被当地官员扣押不予受理，而扣押的时间当然更难说了。那么，由科举考试层层选拔出来的官员为什么会频频积案，不为百姓解决问题呢？原因主要有两点：

其一是制度问题。积案受清朝官员绩效考核制度的影响。根据清朝律例和则例，地方如果发生强盗案，文武官员没能在一定期限内将盗贼抓获，就有“疏防”之责，要被本省督抚题参，由吏部给予处分。而古代的刑事侦查技术远落后于今天，解决案件恰若登天之难，一旦官员将案件立案上报，期限内很有可能未侦破案情，也就难逃“疏防”之责。加之初审案件的官员一般为七品知县，如果从七品的基础上再次降级，那结果也就可想而知了。此外，若遇到品行极为恶劣的官员，百姓恐还会反遭厄运。因为一贯的积案不审定会招致上级甚至皇帝的责怪，而正巧碰上品行不端的官员，难免会激起其“讳盗为窃”“讳盗诬良”之心，因为在他们看来，百姓的遭遇并不重要，而大事化小、小事化了，将罪行想方设法反推到原告百姓身上，和积案相比或许是更好的自保策略。泰安京控案就是一个明显的例子。抢劫案在规定期限内难以侦破，为避免上级追责，知县汪汝弼竟起了“讳盗为窃”“讳盗诬良”之心，颠倒黑白，制造冤案。

其二是清朝官员的个人素质。个别官员为了达到敲诈勒索的目的而有意为之。不积压案件，非但对自己没有任何好处，反而大概率会影响到自己以后的仕途。而把案件久拖不决，能对涉案各方威逼恫吓,从而曲法弄权,肆意诛求,讹索无厌,这是更加直接地促使积案日益严重的原因。不仅得到了诸多钱财,还保住了自己的官位,这在一些官员看来无疑是处理案件的最佳方法。这样一来,地方官员手握重权,作恶一方,贪污枉法,长此以往百姓将会时刻面临着灾难与冤屈,正好应称了"灭门刺史""破家县令"等民谚。就拿嘉庆朝泰安京控案来说,一伙数十人的强盗,抓捕起来异常困难,一旦知县按常规接了案子,十有七八难逃处分,于是直接"讳盗为窃""讳盗诬良",尽可能将大事化小,小事化了,巧施伎俩把此案对付过去。看似一个简单确凿的抢劫杀人案,却被官员如此隐瞒,为该案日后成为皇帝钦案以及不停地京控与审理埋下了伏笔。可见,一些本性纯善的官员,可能会为了保住官职而尽可能地积案,一些品行不端的官员,更可能会做出篡改案情、牟取私利之事。这种现象在清朝并不少见,自然百姓心中的不满与冤屈也随即以京控的方式屡屡呈现。

三、京控案件的审理

京控制度的优点在于其在一定程度上为冤案的平反提供了机会,稳定了社会秩序,大大化解了平民百姓心中的冤屈。此外更重要的是京控这一制度的成功诞生使得君主集权得到进一步强化,有效提升了皇帝的威严,巩固了封建专制统治。那么京控制度在运行中上述优点是否成功实现呢?其实,大多数京控行为的发生,都源于百姓对审理案件官员的不满或心存较大冤屈,为此他们千里迢迢赶赴京城,将实情禀明皇帝,以期将案件重审,化解心中的冤情。可结果也并非那么顺利,京控在当时清朝社会中的运用对翻案并未起到多么显著的效果。京控制度于当时社会的运作效果不佳的主要原因出现在重审案件的过程中。换言之,把京控分为两部分:其一是百姓赴京城告御状,引起皇帝的注意;其二是皇帝命官员重审案件。显然,问题出在了第二部分——京控案件审理之方式上。

关于京控的审理方式,大抵上有三种:提审、派审和发审。提审,是指案情重大、确有冤屈，且在经地方审理无果的情况下，将案件的相关卷宗、证人及犯人全部押解到京城，由中央刑部统一审理。可见，提审较其他两种审理方式更加麻烦，同时耗费大量财力物力，因此提审是级别最高、最不常用的京控审理方式。纵观整个清朝历史，几乎很少使用提审方式，只有在不得已情况之下，清政府才会选择用之。清末四大奇案之首的“杨乃武与小白菜案”最终就采用了提审这一方式。派审，是指案情重大、确有冤屈，由皇帝委派钦差赴原审地审理。派审的方式从一定程度上说解决了提审的部分困难，在京控案件比较少的情况下无疑是一种绝佳的方式。因此在清朝前期，派审方式普遍为皇帝采用，如乾隆皇帝就非常喜欢派钦差到地方去审理京控案件，其曾不无得意地说过：“朕勤求民隐，唯恐乡曲小民，含冤莫诉，每遇来京具控之案，无不特派大臣，前往审办。”然而到清朝中后期，京控案件与日俱增，派审显然难以适用，最后一种审理方式也就应运而生了。发审，是指将案件发回原审，由当地最高长官督抚重审，由于清朝中后期京控频繁出现，皇帝也结合现实情况，大多情况改为采用发审方式审理案件。纵观泰安京控案整个审理过程，一个个位高权重的地方官员为何不秉公办案呢？清朝名臣纪昀曾在其著作《阅微草堂笔记》中描述到清朝官场断案的“四救四不救”原则，即救生不救死，救官不救民，救大不救小，救旧不救新。其中第二句“救官不救民”是说，民告官，若赢了，将有一大批官员面临惩处；若输了，仅一人流放充军，原审官员均可无事。至于案情的真伪、官吏贪廉，那就不必多问了。这样的作风，在徐文诰一案中表现得淋漓尽致。这样一来，泰安京控案的审理过程中，官官相护的为官形态严重地冲击了京控这一制度的正常有效运作，此案参与审理的大多数官员沆瀣一气，诬陷良民，极力阻挠翻案，只不过为保全自己的官位以及不断贪污索贿罢了，而为官品性早已抛之脑后。同一时代发生的其他诸多京控案也都大抵类似，京控制度运作效果欠佳也就理所应然了。

清朝京控制度为化解百姓之冤屈而作为一种特殊的诉讼制度于清嘉庆年间正式登上历史舞台。鉴于清朝官员绩效考核制度以及官员的为官品性等问题,京控现象于清中后期频频发生,在平反冤案、官员监察等方面起到了重大积极作用,京控制度地不断完善与发展也逐渐促进当时清朝司法水平的提高。但京控运作的种种局限性和当时官僚政治体制所出现的弊病也令我们对京控制度的运行深感无奈与悲哀。

传统中国的政治社会,京控的重要意义不在于它在具体司法实践中平反了多少冤案,而在于其作为国家追求“正义”的象征符号所蕴含的重要意义。

参考文献

[1]胡震.最后的“青天”——清代京控制度研究[J].中国农业大学学报:社会科学版,2009(02):45-54.

[2]郑小悠.清代的案与刑[M].太原:山西人民出版社,2019:37,79.

[3]李文海.清代积案之弊[J].中国党政干部论坛,2009(8).

[4]李典蓉.清朝京控制度研究[M].上海:上海古籍出版社,2011.

法官错案责任追究制度的反思与改进

马　驰[①]　张　柯[②]

摘　要　法官错案责任追究制度有助于促使审判权的正常行使,保障司法公正的实现。但现有的法官错案追究制度也引发了诸多质疑。我国法官错案责任追究制度在理论上存在一定的争论,在实践中存在错案认定标准的结果导向严重、错案的真正责任主体难以落实、错案责任追究程序不健全和对法官的职业保障不足等方面的问题。但是,法官错案责任追究制度有其存在的正当法理依据。要改进这一制度需要坚持错案认定标准的行为导向,坚持权责一致原则,落实让"审理者裁判,裁判者负责",明确错案责任追究的程序机制,坚持责任与豁免相结合,强化对法官的职业保障。

关键词　错案责任追究　错案　行为导向　权责一致　追责程序　豁免

法官作为中立的裁判者,对其裁判错误的案件要承担应有的责任,这是法官错案责任追究制的题中之义。我国自古以来就有重视法官错案责任的法律文化传统,在国家进入法治建设新时代的同时,

① 马驰,天津商业大学法学院副教授,法学博士。
② 张柯,天津商业大学2019级法学理论研究生。

保留并持续改进法官错案责任追究制度,符合大多数社会公众对法律的期待和对公平正义的不懈追求。从目前已有的法律制度来看,以《审判者违法审判责任追究办法》和《人民法院工作人员处分条例》为核心的规范性文件构筑了法官错案责任追究制的基石,在此基础上还颁布了一系列相关的法律法规和其他规范性文件,但目前该制度的成熟性不足,影响了其功能的发挥,甚至在一定程度上不利于对错案的纠正。就此,本文旨在为建立起一个更为合理有效的法官错案责任追究制度提供理论准备,反思应当对该制度进行何种改进,以解决面临的种种困境。

一、现有法官错案责任追究制度的历史沿革与法理依据

自 20 世纪 90 年代以来,我国的法官错案责任追究制度从初步探索到成熟定型,大致经历了三个阶段。

第一阶段为探索与初创阶段。对法官错案责任追究制度的探索起源于 1990 年 1 月 1 日,河北省秦皇岛市海港区人民法院在当时率先确立了对法官裁判错误的案件加以追责的制度,到了 1992 年该制度被河北省政法系统全面推行。1997 年,在党的十五大报告中提出了“推进司法改革,从制度上保证司法机关依法独立公正地行使审判权和检察权,建立冤案、错案责任追究制度”。[①] 自此,错案责任追究制度正式成为一项全国性的改革任务,在我国各个地方法院全面铺展开来。尤其值得注意的是,1998 年最高人民法院两个规范性文件的颁布,即《人民法院审判人员违法审判责任追究办法》和《人民法院审判纪律处分办法》,这一举措标志着我国初步建立了法官错案责任追究制度。最高人民法院于 2001 年颁布了《法官职业道德基本准则》等一系列规范性文件,虽然规定与规定之间有一些重复和不完备之处,但不容否认,其充实了错案责任的实体性内容,使法官行使审

① http://www.cctv.com/special/183/4/13396.html,登录日期 2021 年 3 月 30 日。

判权更加有法可依。

第二阶段为发展与创制阶段。2009 年是承前启后的关键一年，在这一年，此前颁布的《关于人民法院工作人员纪律处分的若干规定》《人民法院审判纪律处分办法》《人民法院执行工作纪律处分办法》《最高人民法院关于严格执行〈中华人民共和国法官法〉有关惩戒制度若干规定》被最高人民法院统统废止，而仅保留了《审判责任追究办法》。也就是废止了相当一部分具有重复和矛盾之处的规范性文件，而颁布了新的《人民法院工作人员处分条例》。党的十八届三中全会进一步提出了“让审理者裁判、由裁判者负责”，为法官在案件审判过程中的权力与责任合理分配指明了改革方向。2014 年十八届四中全会则确立了“实行办案质量终身负责制和错案责任倒查问责制”，针对法官错案追究制度进行了大幅度的调整和改革。2015 年最高人民法院颁布了《关于完善人民法院司法责任制若干意见》，明确了违法审判责任，并以列举的方式规定了不得作为错案进行责任追究的情形，这成为当前理解错案的关键性规定。

第三阶段为创新与突破阶段。“落实司法体制综合配套改革，全面落实司法责任制”作为党的十九大的重大部署，将错案责任追究制度内化为司法责任制的关键内容。最高人民法院于 2018 年颁布了《关于进一步全面落实司法责任制的实施意见》（以下简称《实施意见》），明确规定在对法官因为裁判错误进行惩戒时，要对其故意或重大过失的主观方面着重加以考察。《实施意见》由此成为新时期司法改革具有代表性的成果之一。经过近几年的不断探索和反复实践，司法责任制也有了突破性进展。

目前，加强司法责任制已经成为新一轮司法体制改革的重心。其中，关于是否废除法官错案责任追究制度，以及这一制度对我国法官权利保障的影响，成了讨论的热点。对法官错案追究制度的质疑主要关乎两个方面：第一是错案追究制度本身的设计理念和运作模式的行政化弊端明显;第二是错案概念界定不明,错案标准混乱不清且尚未统一,追责程序不健全,实践中容易造成过度追责和有责不追两个方面的极端等。但值得警惕的是,“法官错案责任追究制度存在缺陷”与“应当废除法官错案责任追究制度”两个立场之间存在明显的差异,质疑者所占据的前一个立场,不必然导致后一个立场的成立。本文的看法是,质疑者的观点虽然指出了法官错案责任追究制度存在某些方面的缺陷,该观点具有一定的合理性,但废除该制度的观点过于极端,说服力明显不足,更为关键的是,它忽略了具有中国特色的实际情况。我国对法官权力的约束不足,而错案追究制度正好填补了这一空缺,是以现今对于法官的惩戒多是围绕这一制度而设,其是司法系统内部实现公平正义的重要保障,我们应当对这一制度加以改进和重构,而不是废弃。总之,错案责任追究制度具有存在的正当法理依据:

第一,它是司法系统的自我净化。有权必有责,为了避免权力被滥用,就必须对其进行监督和制约,对法官亦是如此。错案责任追究制和司法责任制是为了实现司法公正而存在,司法公正又可分为系统内的公正和系统外的公正。司法系统内的公正不仅意味着司法权在各个司法机关之间要合理配置,还意味着司法人员的权力和责任也要均衡分配,二者缺一不可。而司法责任制是司法系统内部的自我完善与净化,法官错案追究制度作为其中的关键一环,具有如下功能:首先,法官错案责任追究制的威慑力不容小觑,它能够防范和减少冤假错案的发生,尤其是由于法官自身原因导致的裁判结果错误;其次,该制度的存在符合权力制约理论的内在要求,能够督促法官依法履职,规范自身言行举止,有利于促使其恪守职业伦理,维护良好的法官形象;最后,一套切实可行的错案责任追究制度能够杜绝对法官的随意和不当追责,保障法官独立行使职权,从而更好地发挥司法职能,推动我国法治的进程。

第二,它的存在和运行具有诸多政策和法律依据。如今的法官错案追究制度已经进入到更加完善规范的司法责任制阶段,其存在具有多个法律和政策依据。《中华人民共和国法官法》第七条、第四十六条规定:"法官依法履行职责,受法律保护,不受行政机关、社会团体和个人的干涉""因重大过失导致裁判结果错误并造成严重后果的应当给予处分;构成犯罪的,依法追究刑事责任"。这是具有法律依据的最直接的体现。此外还有一系列其他相关政策和文件,比如2014年中央全面深化改革领导小组通过的《关于司法体制改革试点若干问题的框架意见》、2015年最高人民法院发布的《关于完善人民法院司法责任制的若干意见》等,都是法官错案追究制度存在的重要依据。

第三,现代法治精神要求必须对法官权力加以制约。我国历来有人治的传统,民众大多认为官吏是贤德之人,无须对其加以监督和制约。在这种传统法律文化下,我国不像西方社会那样有对权力进行制约的传统。但惨痛的历史教训不言而喻。孟德斯鸠曾言:"一切有权力的人都容易滥用权力,这是万古不易的一条经验。有权力的人们使用权力一直遇到有界限的地方才休止""绝对的权力绝对导致腐败""要防止滥用权力,就必须以权力约束权力。"因此,我们必须设计出科学合理的错案追究和司法责任制,避免司法权被滥用。

二、现有法官错案责任追究制度的困境

在目前的社会历史环境下,虽然保留法官错案责任追究制度是理论和实践中的共识,但现有法官错案责任追究制度及其运行困境依然相当突出,主要体现在如下几个方面:

(一)错案认定的结果导向严重

我国目前关于错案责任追究的一个误区在于,错案概念没有明确界定,导致错案的认定标准不明晰。实践中,错案认定标准并不统一,法院在错案的界定上有认定事实失实、适用法律错误、违反法定程序、被上级法院发回重审、指令再审改判等,认定的标准存在较大差异,而且对法官的主观因素缺乏应有的关注。总体上来说,法官错案责任追究在实践中有轻行为重结果、轻主观重客观的倾向。对于错案的认定过分关注案件的实体裁判结果,这极易过度审查法官的自由心证过程,伤及审判权的正常行使,从而对法官的正常履职产生负面影响。例如之前发生的王某某法官案,王某某曾任某院民三庭庭长,2017 年 9 月 1 日,由他审理的一起民事案件被裁定再审后,他就因涉嫌民事枉法裁判罪被刑事拘留。法院认为,王某某面对两份转让价格相差巨大的协议,推断 60 万元转让价太低,而采纳 600 万元转让价,其推断明显属于"故意对应当采信的证据不予采信"。其所在市中级人民法院对该民事案件的再审还尚未有结果时,王某某就被检察院提起公诉。公诉机关的指控理由是其"故意对应当采信的证据不予采信,对应当调查核实的事实不予调查,违背事实和法律做出'驳回上诉,维持原判'的终审判决给上诉人造成重大经济损失,严重损害了司法机关的形象。"①但是,法院的做法难以让人信服:首先,被再审的案件并不一定等同于错案,因为再审并不意味着必然改判;其次,即便案件被改判,只要法官主观上没有故意或者重大过失,依据内心良知裁决案件,无论采纳哪一份证据,都不能认为是故意对应当采纳的证据不加以采纳。在该案中,王某某在有足够证据和理由的情况下,采信 600 万元协议,符合理性人的共识和当地的实际情况,没有违反证明标准。相反,正常人无法相信,1150 亩林地 20 年的林权,价值仅仅 60 万元,当事人一方自己都予以否认。在这种情况下,如果采信 60 万元协议,才是枉法裁判。王某某当时曾这样为自己辩护:"今天被追诉的这个案子,如果换成张某某、李某某,按照民

---

① https://baijiahao.baidu.com/s?id=1616651348782174435&wfr=spider&for=pc,登录日期 2021 年 4 月 1 日。

法及民诉法的规定,他们依然会这么判,如果让我再判一次,我依然会这么判。”此案折射出法官被过度追责的问题发人深思。

(二)错案的真正责任主体难以落实

“让审理者裁判、由裁判者负责”是党的十八届三中全会明确提出的责任机制,但在现实情况中,“审者不判,判者不审”的局面仍然时有发生,即虽然明确规定谁办理案件谁就对案件结果负责,但实践中主审法官在很多情况下不能完全贯彻自己的审理思路,更不能决定案件的裁判结果,没有定案的权力,却要对裁判结果负责;庭长、院长虽然不办理案件,但可以通过行政手段参与案件、改变案件定性,且不用对此承担错案责任。这种典型的“审者不判、判者不审”机制,是错案责任难以真正落实的原因之一。以赵某案为例,2002 年某市中级人民法院对赵某做出了“死刑缓期两年执行”的一审判决,某省高级人民法院此后也予以核准。2010 年“被害人”某回到老家,赵某才得以洗刷罪行,证明这是一起错案。2010 年 5 月,河南省高级人民法院最终依法宣告赵某无罪,并撤销原审判决。赵某案真相大白之后,依法对该案司法人员进行追责并公布处理结果,该案自 2002 年 11 月 11 日检察机关提起公诉到法院做出判决,一个死刑案件审判仅仅用了 20 多天,而此案的追责,只有合议庭 3 名审判人员被处以停职接受处罚。我国法院系统在现有体制下,实行的是自上而下的领导负责制和行政化的管理模式,法院审判委员会集体讨论研究重大复杂疑难案件时,合议庭成员必须接受审判委员会的意见。所以造成在这种追责模式下,通常追究的是具体承办人员的责任,这对基层法官办案的积极性构成了极大的损害。面对并非自己导致的错案结果,直接的承办人员当然不愿承受施加于其身上的不公平责任。这种显而易见的权责不一致充分说明,目前的错案追究机制必须加以改进。

(三)错案责任追究程序不健全

错案责任追究程序不健全主要体现在两个方面,其一是追责主体不独立。根据最高人民法院颁布的《人民法院审判人员违法审判责任追究办法》第二十八条的规定,各级人民法院监察部门是违法审判责任追究工作的职能部门,负责违法审判线索的收集、对违法审判责任进行调查以及对责任人员依照有关规定进行处理。由此可见,我国虽然在 2019 年设置了法官惩戒委员会,但当前人民法院内部的监察部门仍是进行错案追究的追责主体,法官惩戒委员会只是提出审查意见,人民法院依照有关规定做出是否予以惩戒的决定,并给予相应处理。但局限于法院内部追责明显违背了"任何人不得做自己案件的法官"的原则,从而陷入"自证其罪"的尴尬境地。其二是追责程序偏向行政化。《中华人民共和国法官法》作为目前效力位阶最高的法律,仅规定"法官的处分按照有关规定办理",但对于依照何种程序办理,并没有其他解释性或说明性规定。司法责任的追究实体公正和程序公正缺一不可。但是从近年来各种有关错案及司法责任的规范性文件来看,除了我国《中华人民共和国刑法》和《中华人民共和国刑事诉讼法》中已经规定渎职类犯罪,其他责任的追究均缺乏严格细致的追责程序。由于缺乏具体规定,各地区的做法也有较大差异,对司法办案人员的追责模式依然具有基层化、内部化、行政化的特点。

(四)对法官的职业保障不足

我国目前对法官的追责机制具有"重惩戒轻豁免"的特点,这显然不利于对法官的职业保障。翻阅相关立法文件,大多是通过列举式规定了法官的哪些情形应予追究,而对于哪些情形应当豁免却很少涉及,对法官的哪些行为应予豁免和豁免的范围没有具体规定。我国也没有从宏观的法律层面系统地规定法官豁免制度,相关内容大多零散于法官法及其他位阶较低的规范性文件中,且多是原则性的规定,缺乏可操作性。汉密尔顿曾指出,司法权是三权之中最弱一权,其本质属性并非强制而是判断,应通过宪法对其独立性加以保障。法律的判断权属性意味着作为裁判者的法官只根据理性和良知对案件进行自由裁量,其有权摒除一切外部因素的侵扰,且无须对此承担任何的不利后果,更无须承担错案责任。《中华人民共和国宪法》(1954 年)第七十八条曾经这样规定,人民法院独立进行审判,只服从法律。此规定一方面首次以根本大法的形式规定了人民法院依法独立行使审判权,另一方面明确了法官依照法律判案的职责所在,这也是对法官的有力保护,即确立了法官行为的边界,法官不因法律之外的任何因素而受罚。这一规定之后被废止了。

三、对法官错案责任追究制度之改进

针对我国法官错案责任追究制度的明显不足,文章拟提出如下改进思路:

(一)错案认定标准应以行为为导向

笔者认为,错案的认定标准应摒弃结果导向,坚持主客观相结合,在主观上必须是法官出于故意或者重大过失,在客观上必须是法官出于自身不当行为而引发的责任追究。之所以采取此种标准,是因为“错案”是否为错,仅仅从法律适用和案件事实方面不容易加以判断。由于法律本身的不确定性、案件事实认定标准和法律推理的过程都有不确定的因素,还有不同法官自由裁量之间的差异,因此法官对于具体案件的处理结果很难有一个绝对客观不变的标准。法官审理案件既不会像算数学题一样有标准答案,也不如自然法学和分析法学主张的“大前提是法律规则,小前提是审理确定的事实,结论同现行法律制度中引申出来的法律后果一致”的司法三段论或司法逻辑论那样简单,更不可能如概念法学所说的,法律的运行过程就如同精密的机器,只要上面投入法律事实,下面就能得出准确无误的处理结果。所以错案的认定标准聚焦于法官的过程性行为更为合理和可取。

西方国家大都以法官的不当行为作为追责的标准,而非以实体裁判错误作为追责依据。西方历来有着注重程序正义的法律传统,因此他们认为法官的不当行为不仅包括对案件的错误判断,甚至包括任何破坏社会公众对法官司法裁判信任的行为。只要发生了这种不当行为,法官就有可能被追责。这种中西方追责的差异,其实从中西方的传统法律文化中就可见端倪。中西方分别将异人神兽——獬豸和神化了的女性——自由女神作为法律象征物,本身就反映了民众对于裁判者的不同期待,而西方社会显然更注意到了,法律是由人创造出来的,最终也由人来裁判,法官终究是人而不是神,那么就不能苛刻地要求法官能够明察秋毫还原客观事实。法官基于证据判断案件,最终认定的是法律事实而非客观事实,身处法治国家的每一个民众都应该意识到这一点。在一个法治社会,社会公众理应对法官保持足够的信任,只要法官行为正当无误,就应推定判决结果是正确的,但让法官敢于放手去审理案件,并不是对法官不管不顾,而是将注意力放到对法官行为的控制上。

(二)坚持权责一致原则,落实"让审理者裁判,让裁判者负责"

实现司法公正、确保司法权威的基本要求就是"让审理者裁判,让裁判者负责"。当然,要使得错案追究真正落到实处,就要保证审判权的独立行使。要求法官对错案负责并且终身追责,就必须赋予其对等的权力,法官只应当对其有权决定的行为负责,否则就无异于强盗逻辑。"没有法官的独立就不可能有诉讼程序的真正实现,没有法官的独立就不可能有真正的法官责任制。"2019 年最高人民法院发布了《最高人民法院关于深化人民法院司法体制综合配套改革的意见——人民法院第五个五年改革纲要(2019—2023)》,明确了"健全审判权力运行机制,全面贯彻'让审理者裁判,由裁判者负责',强化独任庭、合议庭的法定审判组织地位,依法确定职责权限,确保权责一致"。这对于真正落实错案责任具有非常积极的意义。司法责任制的应有之义即"让审理者裁判,让裁判者负责""让审理者裁判"

意味着要还权于法官,避免其他因素干扰审判权的行使,确保法官独立审判案件,这是“让裁判者负责”的必要前提;“让裁判者负责”是对法官审判权的监督,符合有权必有责的基本理念,也是对作为裁判者提出的必然要求。因此,此次改革的重心在于还权于法官。但也应该看到,在实践中审判者和裁判者的角色有时难以具体化,基于我国的现有国情和实际情况,审判委员会拥有一定的司法职能具有合理性,那么在由其处理和决定的案件受到社会公众的质疑时,其错案责任的承担就要跟独任制有所区别。在前者出现错案的情形下,如若审判委员会改变了案件的裁判结果产生错案,应由持多数意见的委员担责,个体应予免责或者减轻其责任,从而达到个人责任和集体责任之间的相对合理,避免将集体的责任不当地转移到个体身上。

(三)统一追责机构、严格追责程序

从域外经验来看,美国有两种法官责任追究制,即弹劾制和一般的法官惩戒制。在德国,其法官属于公务员序列,因此对公务员追责的制度同样适用于法官。德国《联邦纪律法》规定:法官所在单位的上司、主管部门和纪律法院可以行使法官追责的职权,但只能给相应法官一定的警告,只有纪律法院可以负责法官的正式追责。而法国设置最高司法委员会作为专门的法官追责机构,由总统兼任最高司法委员会的主席,副主席由司法部部长兼任,其下分设法官选任和惩戒部门。我们考察国外的法官惩戒制度,可以清晰地看到,以上国家基本上都设置了专门的法官追责机构。设置专门追责机构是为了杜绝对法官的追责最后演变为法院系统内部自查的模式,从而更有力地监督法官公正中立地行使审判权,以维护司法权威和公信力。由此,我国应该充分发挥法官惩戒委员会的作用,不应将其职权范围局限于对法院的调查提出审查意见,应扩大其职权,将其作为一个独立的追责机构,摈弃法官内部自查的同体追责模式。

面对我国追责程序简单化和行政化的困境,解决措施是追责程序的司法化。几乎作为共识,英美和欧洲各国都确定了法官追责的司法化。当独立行使审判权的法官被处理时,他必须受到公正的待遇,这种待遇只有在司法程序中才能得到保障。也就是采取司法程序的方式来削弱对法官制裁可能产生的行政影响。诉讼当事人有权受到正当司法程序的保护,而法官更有必要以严格规范的司法程序被审慎对待。目前《法官法》对于追责程序的规定过于笼统和粗疏。具体而言,对法官错案的追责,任何个人和组织均有权就法官的"错案"向法官惩戒委员会进行书面投诉,书面投诉须提交理由和证据材料等。法官惩戒委员会在接到投诉后应对材料加以审查,如果投诉理由充分,应通知法官所在法院配合调查。法官惩戒委员会应将指控书副本送达当事法官,当事法官应当在法定期限内提交答辩状。对法官错案责任的审理,指控方和当事法官都应当出席,对处理结果不服的当事法官,可以在一定期限内提出申诉。总之,对法官的追责也必须严格遵循正当程序原则,法官应当享有自我辩护及律师辩护等一系列程序性权利。

(四)健全法官错案责任追究的职业保障

一套科学合理的错案责任追究制度应当有利于法官的职业保障,让法官独立行使其职权而不必担心被不正当地追责。之前的一些个案,以及某些骨干法官离职的现象,都提出了保障法官权利的迫切需求,尤其是必须尽快建立法官豁免制度。错案责任追究制度与法官豁免制度并不存在冲突,责任制度与豁免制度相匹配,这符合司法运行规律。两者的有机结合有助于共同规范法官的行为,既利于法官权益的保障,也有利于司法公正与司法权威的实现。因此,我们应从法律层面明确规定法官豁免权,以及法官豁免的行为范围和具体内容。"每位法官都应受到保护,决不能弄得法官一边用颤抖的手指翻动法书,一边自问'我这样做,要负损害赔偿的责任吗?'只要法官在工作时真诚地相信他所做的事是在他自己的法律权限范围内的,那么他就没有受诉的责任。”笔者认为,应当以法官的职务行为作为豁免对象,以法官职务内外的不当行为作为惩戒标准,实体裁判结果属于自由裁量的范围,应排斥在法官责任范围之外。法官的职务行为应当惩戒还是豁免,则应对其主观方面是否存在故意或者重大过失进行考量。《中华人民共和国法官法》第四十八条明确规定,法官惩戒委员会应从专业的角度对法官是否存在故意或重大过失做出审查判断,并提出意见。但如何判断存在故意或重大过失,是个难题。曾任最高人民法院副院长的江必新提出,只要法官实施的违法或不当行为,致使裁判结果错误或者足以引发公众对司法公信的合理怀疑,就应当纳入责任追究范围。笔者赞同这一观点,即将主观过错客观化,即有违反司法公信力的行为,才能认定法官主观上存在故意或重大过失,反之,则不能认为存在故意或重大过失。主观的东西需要客观的标准进行证明,主观方面的过错通常难以认定,但是理性人的行为本身就是主观意志客观化的外在表现。因此,解决的思路是,我们应当在法官的不当行为与主观过错之间建立起一种推定关系,即只要法官做出违反法律法规的不当行为,就可以推定其主观上存在故意或重大过失,这样就避免了认定主观事由的困难,在实践中更具操作性。只有将法官的主观过错建立在客观行为之上进行考察,才能对主观方面的故意或重大过失进行相对客观的评价。

四、结语

总之,法官错案责任追究制度是我国社会主义法治体系的重要组成部分。在现今的历史条件下,应当在行为导向、权责一致、追责程序、职业保障等方面加以持续改进,使其既能够有效监督法官手中的司法权,促进案件的公正审判,又能尊重司法审判自身的特点,信任法官,保证法官不被错案追究“错误地”追究,从而实现该制度的应有功能。

参考文献

[1]刘文会.刑事错案的法文化透视[M].北京:中国政法大学出

版社,2016.

[2]孟德斯鸠,张雁深.论法的精神[M].北京:商务印书馆,1961.

[3]陈敏,张晓玲.刑事错案语境下我国法官责任追究制度探究[J].法律适用,2020(15).

[4]汉密尔顿,程逢如.联邦党人文集[M].北京:商务印书馆,1980.

[5]R.德沃金,李常青.法律帝国[M].北京:中国大百科全书出版社,1996.

[6]刘全德.西方法律思想史[M].北京:中国政法大学出版社,1996.

[7]冷罗生.日本现代审判制度[M].北京:中国政法大学出版社,2003.

[8]丹宁勋爵.法律的正当程序[M].北京:法律出版社,1997.

[9]江必新.关于法官审判责任追究若干问题的探讨[N].法制日报,2015-10-28.

论认罪认罚从宽程序中的律师辩护

邹晓玫[1] 周方圆[2]

摘 要 律师辩护在我国认罪认罚从宽程序中不可或缺，在均衡程序内诉讼构造以及补强犯罪嫌疑人、被告人之辩护能力缺陷等方面起着积极作用。认罪认罚从宽程序实施以来，存在律师辩护率低以及辩护形式化等问题。在分析美国辩诉交易制度、德国有罪协商制度和法国认罪协商制度中律师角色的基础上，为我国认罪认罚从宽程序建立律师强制辩护、律师辩护有效性评价机制和律师辩护缺位或失效的救济机制，并为律师辩护的有效实施设立监督机制，以期完善认罪认罚从宽程序，使其在司法实践中更好地发挥制度功能。

关键词 认罪认罚从宽 律师辩护 强制辩护 有效性评价

自认罪认罚从宽程序全面实施以来，学界和司法实践就律师参与认罪认罚从宽程序的正当性和必要性已经形成共识，认为律师的参与有助于保障认罪认罚机制的正确落实和司法正义的实现。然

---

① 邹晓玫，天津商业大学法学院副教授，法学博士。
② 周方圆，天津商业大学法学院，法学理论专业研究生。

而,从 2019 年最高人民法院、最高人民检察院、公安部、国家安全部和司法部(以下简称两高三部)联合颁布的《关于适用认罪认罚从宽制度的指导意见》来看,当前认罪认罚从宽制度的设计目标和实践操作更集中于如何高效率地解决刑事案件,而对认罪认罚从宽程序中如何保障被告人、犯罪嫌疑人充分实现辩护权、如何确保其有效获得律师的专业帮助等问题关注不够。律师辩护是实现犯罪嫌疑人、被告人在认罪认罚过程中保持自愿性、真实性和合法性的重要保证,有利于案件实体公平和程序公正的实现。早在 2017 年,最高人民法院和司法部曾联合出台了《关于开展刑事案件律师辩护全覆盖试点工作的办法》,在 8 个省份进行试点。然而,上述试点在实践之中展现出的效果差强人意。认罪认罚从宽程序是贯穿我国刑事诉讼始终的一项重要制度,通过更加科学合理的配套制度设计确保律师辩护在认罪认罚从宽程序中发挥其应有的作用,无疑具有重要的理论价值和现实意义。

一、律师辩护在认罪认罚从宽程序中的重要性

(一)保障认罪认罚从宽程序中诉讼构造的均衡

刑事诉讼中的无罪推定原则,意味着犯罪嫌疑人、被告人有罪或无罪均不应由其自身来证明,而应由专责机关或指控他犯罪的人来承担这些证明责任。而在认罪认罚从宽程序中,犯罪嫌疑人、被告人的自愿认罪,将意味着其他主体证明其有罪或无罪的举证责任减弱甚至消失。与此同时,也意味着在该诉讼中必然缺省了犯罪嫌疑人、被告人对这些有罪或无罪的证据知悉、质疑、反驳或抗辩的可能性,因而犯罪嫌疑人、被告人在该诉讼中的优势因素减弱。此时,律师辩护成了唯一可能矫正控辩双方在专业认知和诉讼地位上失衡的力量。如果辩护在该环节也处于相对弱的状态,控、辩、审的结构在此时就必然显现出强烈的不均衡。由于辩护方辩护效能的减弱造成控诉方的控诉内容得到支持,这样的情况势必减弱了审判方的审判空

间，实质上使部分审判权发生了让渡。在此情况下，提高辩护的效能成为实现认罪认罚从宽中诉讼构造均衡的一种方式。而律师辩护作为辩护种类中较具效能性的一种，在认罪认罚从宽程序中确保律师辩护效能实现便成了均衡诉讼构造的利器。

（二）补强犯罪嫌疑人、被告人辩护能力

辩护权是刑事被告人享有的一项诉讼权利，但被告人可能受限于自身的法律认知水平和诉讼能力，独立行使辩护权的能力较弱。在获得律师帮助辩护的情况下，被告人能更有效地行使其辩护权。律师辩护是刑事辩护的类型之一，可参与刑事诉讼全过程，认罪认罚从宽程序中的律师辩护具有当然的合法性。律师作为具有专业法律知识的人，相较于其他未受过法律专业训练的人而言，在辩护中具有更大的优势。在认罪认罚从宽程序中保障律师辩护的实现，对于保障犯罪嫌疑人、被告人的合法权益有着至关重要的作用。律师作为辩护领域的专业人员，以其法律积累和专业的诉讼能力，填补犯罪嫌疑人、被告人辩护能力不足的问题。而犯罪嫌疑人、被告人在辩护律师的帮助下，得以突破自行辩护的局限性，避免在自己不熟知的领域出现有瑕疵的辩护。

二、认罪认罚从宽程序中律师辩护存在的问题

从我国认罪认罚从宽程序实施的实际情况来看，律师辩护环节确实出现了一些问题，可能会影响到认罪认罚从宽程序所追求的自愿性、真实性和合法性。这些问题集中体现为律师的辩护率低、辩护形式化和辩护质量不尽人意等。

（一）律师辩护率较低

2017 年至 2020 年，我国涉及认罪认罚从宽程序案件数量处于持续增长状态，律师辩护率也呈现出逐年递增的趋势（如图 1 所示）。在 2018 年出台认罪认罚从宽程序相关规定之前，在部分地区进行试点的情况下，认罪认罚程序中的律师辩护率是极低的，仅为 24.82%；

在 2018 年出台规则后,辩护率呈现了升高的态势,至 2020 年达到了 54.80%。但即便以 2020 年 54.80% 的律师辩护率来观察,仍达不到总案件数的六成。律师辩护缺位对于一个采用认罪认罚从宽程序的案件来说,意味着一部分犯罪嫌疑人、被告人将更加处于诉讼中的劣势地位,其正当权利在公权力面前难以得到有效保障。

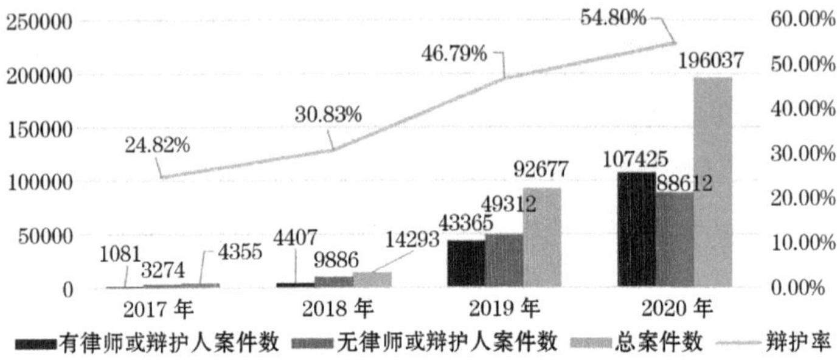

数据来源于中国裁判文书网:http://wenshu. court. gov. cn,最后访问日期 2021 年 2 月 28 日。

图 1　2017 – 2020 年我国涉认罪认罚从宽程序案件数量

即使在那些有律师参与辩护的认罪认罚案件中,律师辩护的参与阶段也很有限。根据"两高三部"《关于适用认罪认罚从宽制度的指导意见》,认罪认罚从宽制度贯穿刑事诉讼全过程,适用于侦查、起诉、审判各个阶段。理论而言,认罪认罚从宽程序中律师辩护的最优形式也应该是贯穿在刑事诉讼全过程中。但在实践中,由于办案机关的办案习惯和部分办案人员的专业认识水平不高,"辩护"往往被理解为狭义之辩护,即律师仅能在审判阶段参与辩护工作。律师在侦查阶段的辩护相对于审判阶段的辩护受到更多的限制,在行使辩护权的过程中还存在办案机关不配合的情况。而对于采用认罪认罚从宽程序的案件来说,认罪认罚具结书一旦在审判阶段之前签署,进入审判阶段后,律师辩护的空间也相应缩小了,律师辩护的实际效能将进一步被削弱。

(二)律师辩护形式化趋势明显

在目前适用认罪认罚从宽程序的案件中,仍然以简单易查的轻罪案件占多数。犯罪嫌疑人、被告人倾向于进行更经济的自行辩护,而非由律师为其辩护,即使参与辩护也很少提出实质性辩护意见。表 1 是按照中国裁判文书网中的数据整理的山东省某基层人民法院自 2019 年 3 月 14 日至 2020 年 3 月 14 日,通过一审审结的经过认罪认罚从宽程序,并签署认罪认罚具结书的案件。该基层法院适用认罪认罚从宽的案件,大多数较为简单,事实证据清楚,争议较小的案件。这与法国庭前认罪协商制度的适用范围很相似,庭前认罪协商制度将案件限缩在轻罪案件。

表 1　山东省某基层人民法院适用认罪认罚从宽程序的案件

<table>
<tr><th>案件类型</th><th>被告人</th><th>程序</th><th>律师参与认罪认罚</th><th>审判时间</th></tr>
<tr><td>毒品类犯罪</td><td>丁某、袁某</td><td>简易程序</td><td>是(见证、帮助)(有意见)</td><td>2019 年 11 月 10 日</td></tr>
<tr><td>职务侵占</td><td>孙某</td><td>简易程序</td><td>值班律师(见证)</td><td>2019 年 11 月 6 日</td></tr>
<tr><td>挪用公款</td><td>张某 1</td><td>简易程序</td><td>是(见证、帮助)(有意见)</td><td>2019 年 11 月 6 日</td></tr>
<tr><td>非国家工作人员受贿</td><td>宓某某</td><td>简易程序</td><td>是(见证、帮助)(有意见)</td><td>2019 年 8 月 29 日</td></tr>
<tr><td>非法吸收公众存款</td><td>傅某</td><td>简易程序</td><td>是(见证、帮助)</td><td>2019 年 10 月 30 日</td></tr>
<tr><td rowspan="2">虚开增值税专用发票用于骗取出口退税、抵扣税款发票</td><td>某公司、李某</td><td>普通程序</td><td>是(有意见)</td><td>2019 年 8 月 14 日</td></tr>
<tr><td>王某某 1</td><td>普通程序</td><td>是(见证、帮助)(有意见)</td><td>2019 年 6 月 18 日</td></tr>
</table>

续表

案件类型	被告人	程序	律师参与认罪认罚	审判时间
盗窃	刘某	简易程序	值班律师(见证)	2019年10月14日
	张某2	简易程序	值班律师(见证)	2019年10月12日
危险驾驶	庞某某	简易程序	是(见证)	2019年11月28日
	王某某2	简易程序	是(见证)	2019年11月25日
	燕某	简易程序	是(见证)	2019年11月25日
	王某某3	简易程序	是(见证)	2019年11月25日
	姬某	简易程序	是(见证)	2019年11月25日
	王某1	简易程序	是(见证、帮助)	2019年11月22日
	魏某某	简易程序	是(见证、帮助)	2019年10月30日
	王某2	简易程序	值班律师(见证、帮助)	2019年10月14日
	石某	简易程序	值班律师(见证、帮助)	2019年10月14日
	张某某1	简易程序	值班律师(见证、帮助)	2019年10月14日
	张某某2	简易程序	值班律师(见证、帮助)	2019年10月14日
	岳某	简易程序	值班律师(见证、帮助)	2019年10月14日
	王某3	简易程序	值班律师(见证、帮助)	2019年10月14日
	于某某	简易程序	值班律师(见证)	2019年8月1日
	田某某	简易程序	值班律师(见证)	2019年7月24日
	肖某某	简易程序	值班律师(见证)	2019年7月2日

数据来源于中国裁判文书网:http://wenshu.court.gov.cn,最后访问日期2021年2月28日。

由于基层法院更多地在较为简单、事实证据清楚、争议较小的案件中适用认罪认罚从宽程序,很少体现出律师的实质性辩护意见,在25例案件中律师提出意见的仅有5例。辩护律师和值班律师在这些案件中的主要作用就是作为签署认罪认罚具结书的见证和帮助。以见证作用为主要追求的律师,其辩护的效果就显得极其微弱。很多辩护律师在认罪认罚从宽程序中所起到的作用是辅助办案机关的作用，而没有成为犯罪嫌疑人、被告人与办案机关之间具有能动性的桥梁。他们不仅没有充分的机会和动力向犯罪嫌疑人、被告人普及相关的法律、为保护被告人的权利积极努力，只是简单地作为传话者，甚至还可能存在少数辩护律师在并不完全符合犯罪嫌疑人、被告人合法利益最佳保护的条件下，劝说他们接受认罪认罚从宽程序并签署认罪认罚具结书的情况。作为见证人的律师所发挥的作用有限。律师为了配合办案机关而去见证，与为了保护犯罪嫌疑人、被告人的权益而去辩护有根本上的区别。律师作为见证人进行辩护，难以在认罪认罚从宽程序中确保程序的自愿性、真实性和合法性的三重标准，更难以有效保护犯罪嫌疑人、被告人的合法权益。

设置值班律师的方式也未能改变认罪认罚程序中律师辩护形式化的趋势。根据2018年司法部和最高人民法院公布的统计数据，我国执业律师群体有42.3万多人，其中还包括办理非诉案件及民事案件的执业律师。2018年共办理刑事诉讼辩护及代理案件81.4万多件，①而当年的刑事诉讼案件数为1834374件②。目前认罪认罚从宽案件数量持续增加，如果每一个案件都通过委托辩护律师进行辩护，现有的刑事辩护律师数量难以满足案件数量需求。因此，在司法实践中就出现了值班律师按批次进行见证，法官也同时按批次进行案件审理的现象。值班律师的辩护作为一种救济性辩护，与由犯罪嫌疑人、被告人委托的律师进行的辩护在制度设计上虽没有本质区别，但在实际的运用中却存在着较大差异，值班律师的辩护效果往往受制于办案机关给予的空间。

三、外法域同类诉讼程序中可供借鉴的律师辩护制度

基于前文提出的关于认罪认罚从宽程序中律师辩护的两点问

① 《2018年度律师、基层法律服务工作统计分析》：http://www.moj.gov.cn/government_public/content/2019-03/07/634_229827.html.最后访问日期2021年4月5日。

② 《2018年全国法院司法统计公报》：http://gongbao.court.gov.cn/Details/c70030ba6761ec165c3c2f0bd2a12b.html.最后访问日期2021年4月5日。

题,选取美国辩诉交易制度(英美法系代表性同类诉讼程序)和德国、法国的认罪协商制度(民法法系代表性同类诉讼程序)中的律师辩护进行分析,分别从律师强制辩护、律师有效辩护和相关的救济机制方面寻求我国认罪认罚程序中律师辩护制度的可能性完善路径。

(一)律师强制辩护机制

美国在宪法第六修正案中确定了刑事被告人有获得律师帮助辩护的权利后,并将这一权利延展为政府指定律师为贫穷的被告人辩护的规则,其为强制辩护的确立打下了基础。而后的《联邦刑事诉讼规则》中将"有权"进一步延展为在有罪答辩范围内的"必须"。要求凡是向法官做出有罪答辩的被告人,都必须有律师为其辩护。律师在辩诉交易制度中成了必须存在的重要组成部分,辩护律师要在诉讼的每一个阶段都参与进去,快速充分了解被追诉人,帮助被追诉人理清案件事实和证据。面对控方提出的交易内容进行判断,从各个角度为被追诉人提供法律帮助。德国的《刑事诉讼法》中规定了凡是通过认罪协商程序的案件,都要进行强制辩护,并且该项程序将因未给予被追诉人辩护的帮助而被视为违法。对于可能判处一年以下缓刑但无辩护律师的被追诉人,法官将为其指定辩护律师,这为强制辩护提供了制度保障。

(二)律师有效辩护机制

美国辩诉交易中有一项无效辩护制度,其通过一系列判例不断发展和完善而来。首先通过"鲍威尔案"提出了获得律师有效帮助的概念。此后,又通过"斯特里克兰案"确立起无效辩护的双重标准:第一,辩护人的辩护不尽职;第二,该辩护对结果产生了不利影响。最后,真正将无效辩护适用于辩诉交易的是1985年的"希尔案",使律师有效辩护的正面要求发展为包括无效辩护标准在内的制度。美国律师行业还制定了有关有效辩护的律师工作标准,通过行业内部的规则来保障有效辩护的实现。在辩诉交易制度中,一旦被追诉人的有罪答辩和量刑建议被法庭接受,则不会进行进一步审判,同时被追诉人也放弃了上诉的权利;其权利的丧失是通过被追诉人表示放弃的方式来实现的。而如果被追诉人对诉辩交易的结果不满意,想进一步寻求上述审判和上诉权的实现,其中一个方式就是证明在诉讼过程中的律师辩护是无效辩护。无效辩护被分为两种类型,一是律师因怠于履行其辩护职责而无效,二是公诉机关等公职部门阻碍了被追诉人获得有效辩护而无效。辩诉交易制度是刑事诉讼中的一个关键阶段,其特殊性要求了必须进行有效辩护。在诉讼程序产生缩减的辩诉交易案件中,被告人获得有效辩护显然是保障其公正合法的重要方式。

相比于美国的辩诉交易制度,德国的有罪协商制度适用案件范围更小,也更注重对被追诉人的权益保障。即使是在指定辩护时,也充分尊重被追诉人在接受律师辩护方面权利的完整性,若被追诉人不接受该律师即可拒绝其为自己辩护。这样的可选择性,也给予了被追诉人获得有效辩护的制度支持。法国的认罪协商制度,要求律师给予被告人专业的法律建议,以此来弥补被告人欠缺法律知识或社会经验而在认罪协商中做出非本意或未明知的意思表示。

(三)律师辩护缺失或无效的救济机制

美国的辩诉交易制度中,被追诉人可以没有律师参与案件给予帮助辩护为由,要求司法救济;已经进行的审判也会面临被认定为无效的可能性。若是在审判过程中,发现有违反有效辩护要求的情况,被追诉人做出的有罪答辩将被驳回。前文提到的无效辩护的两种情形若是出现,上级法院发现有该情形的,也可以裁定撤销原判、发回重审。

四、认罪认罚从宽程序中律师辩护的完善

科学完善的律师辩护机制是正确实施认罪认罚程序的必然要求,也是实现司法正义的必要保障。通过对当下司法实践中实际问题的检讨和对其他法域相关制度设计的研究,笔者认为可以通过以下四个方面环环相扣的制度建设,完善我国认罪认罚从宽程序中的律师辩护:通过明确律师强制辩护来保障每个采用认罪认罚从宽程序的犯罪嫌疑人、被告人都有律师帮助其行使辩护权;在此基础上,建立有效辩护机制要求辩护律师必须为当事人开展有效的辩护;在出现违反上述两项机制的情形时,犯罪嫌疑人、被告人可以通过救济机制实现权利救济;设置监督机制来更广泛地保障认罪认罚从宽过程中律师辩护的履行,维护各方合法权益。

(一)明确认罪认罚程序中的律师强制辩护

强制辩护即要求在刑事诉讼过程中,每个适用认罪认罚从宽程序的犯罪嫌疑人、被告人都必须有律师帮助其辩护,这是一项从程序正义角度完善认罪认罚从宽程序的机制。我国将认罪认罚从宽程序涉及整个刑事诉讼过程中,犯罪嫌疑人、被告人在整个刑事诉讼过程中也享有充分的辩护权。

在《中华人民共和国刑事诉讼法》现有的指定辩护制度基础上,进一步明确认罪认罚程序中的律师强制辩护。《中华人民共和国刑事诉讼法》涉及的指定律师辩护分为“应当”指定律师辩护和“可以”指定律师辩护两种层次,“可以”指定的范围虽广泛,但却不是必须有律师参与诉讼程序,也就是并非强制。而属于指定辩护中的“应当”指定情形的范围相对于律师强制辩护而言更狭窄,限于可能被判处重罪者和社会弱势群体。不论其是否接受为其指定的辩护律师,都必须有律师参与其诉讼过程,同时也允许其在未确定辩护律师的情况下仍不间断地进行刑事诉讼程序。笔者认为在认罪认罚从宽程序中设置律师强制辩护则应有所不同,这里的强制辩护是针对认罪认罚从宽程序的,在该程序开始时就必须有辩护律师参与,而律师未参与仅仅使认罪认罚从宽程序暂缓启动,并不影响原有的刑事诉讼程序的法律效果。但律师辩护与认罪认罚程序是同时共存的,若缺乏律师辩护,则会导致认罪认罚从宽程序的中止或终结。

为适用认罪认罚从宽程序的犯罪嫌疑人、被告人确定辩护律师的具体方式为:首先,犯罪嫌疑人、被告人已经委托辩护律师或有指定的律师为其辩护的,以该律师为参与认罪认罚程序的辩护律师。在认罪认罚从宽程序适用前尚无律师辩护的,优先遵循犯罪嫌疑人、被告人的意见,由其自行委托。其次,若犯罪嫌疑人被告人欲以法律援助之形式获取律师辩护,在为其确定法律援助律师前不能实质地开展认罪认罚工作,认罪认罚从宽程序须自确定具体的法律援助律师后开始。最后,由值班律师参与认罪认罚从宽程序,此种方式的问题在于犯罪嫌疑人、被告人同意由值班律师参与其认罪认罚程序后,出现犯罪嫌疑人、被告人拒绝值班律师在认罪认罚具结书上之情形,将导向两种处理路径:其一,另行选择其愿意委托的律师参与认罪认罚从宽程序,为其在认罪认罚具结书上签字;其二,因缺少律师辩护而终止认罪认罚从宽程序,而非现有的犯罪嫌疑人、被告人拒绝则可无律师在认罪认罚具结书上签字。

建立律师强制辩护机制,不仅是给犯罪嫌疑人、被告人被降低的诉讼优势及较弱的辩护能力做补充,还能保障犯罪嫌疑人、被告人在刑事诉讼过程中的辩护权充分行使。在认罪认罚从宽程序中进行律师强制辩护既可以保障犯罪嫌疑人、被告人得到辩护律师的帮助,也可以减少办案机关在工作中由于程序性因素对辩护律师为难与漠视,更方便辩护律师展开工作。

(二)建立律师辩护有效性的评价机制

律师辩护有效性评价即在适用认罪认罚从宽程序的过程中,在犯罪嫌疑人、被告人得到律师强制辩护的基础上,设置特定标准对律师辩护提出必须是有效辩护的要求。律师的无效辩护不仅会给犯罪嫌疑人、被告人带来程序上的机会丧失,还会给犯罪嫌疑人、被告人带来实体上的不利后果。建立律师辩护有效性的评价机制,首先要明确路径选择:是通过建立有效辩护的积极标准来确定有效辩护的范围,还是通过建立无效辩护的标准来排除无效的辩护以达到定义有效辩护的结果。美国采取的就是建立无效辩护标准的方式,虽然其律师协会发布了关于有效辩护的标准,但实践中该标准主要用以明确辩诉交易中辩护律师应当展开的工作。认定有效辩护相对于认定无效辩护而言,更为复杂,难度更高;认定律师辩护是否属于无效辩护更加经济和可操作。

因此,笔者认为通过设定无效辩护标准来实现对律师辩护行为有效性评价是更为合理的方式。认定无效辩护可以从下述两个方面入手:

一方面是律师本身做出了不尽职的辩护,并对犯罪嫌疑人、被告人产生了不利后果。首先,律师在认罪认罚案件中表现出对案件的消极对待,例如在认罪认罚从宽程序开始后应会见犯罪嫌疑人、被告人而不会见,应该查阅卷宗而未查阅,应提出意见而未提出,发现了办案机关的不当行为但未告知犯罪嫌疑人、被告人;还包括律师在认罪认罚从宽程序中,为达成认罪认罚促使犯罪嫌疑人、被告人无底线地认罪认罚,对犯罪嫌疑人、被告人进行诱导,促使其接受不合理的认罪认罚。其次,律师不尽职辩护给犯罪嫌疑人、被告人造成了诉讼中的不利后果,最为典型的是造成犯罪嫌疑人、被告人的量刑偏重或没有获得显著的从宽处罚,则可认为造成了不利后果。认罪认罚从宽程序的制度要义即为认罪认罚后对犯罪嫌疑人、被告人从宽处理,偏重的量刑显然违背了这一点。

另一方面是由于办案机关的原因,令辩护律师无法做出有效辩护,此时则可以不论其后果的有利或不利,直接认定是无效辩护。即在认罪认罚从宽程序中办案机关对辩护律师的不合理限制,该限制可能造成了对犯罪嫌疑人、被告人的不利后果或不利影响。例如公安机关或检察机关未及时进行权利告知和听取意见;进行量刑建议的提出时,未听取犯罪嫌疑人、被告人和辩护律师的意见,在认罪认罚的基础上不合理地量刑偏重。这种被动的无效辩护与办案机关在程序价值上的瑕疵,应该直接认定为无效辩护,涉案辩护律师或当事人可以通过下文所述的救济机制或刑事诉讼法设定的审判监督机制进一步寻求辩护权的实现。

(三)为律师辩护缺位或失效建立救济机制

在认罪认罚从宽程序中,一旦出现辩护缺位或犯罪嫌疑人、被告人未获得有效辩护时,应该有系统的、明确的救济机制。犯罪嫌疑人、被告人可以进行救济,例如通过向目前办案机关的上一级机关进行权利的主张。通过救济机制来保障自己的合法权益,并达到实现维护辩护质量的目的。救济可以从两方面实现,一方面是对非正义程序及其不正当后果的消除;另一方面是实现程序应有的正义性。在我国的认罪认罚从宽程序中,出现没有履行强制辩护或未能进行有效辩护的情况下。首先,要将原有的程序产生的不利后果消除,尽量使其回到起始状态。其次,保障在回到起始状态后,犯罪嫌疑人、被告人能够获得应有的公正程序对待并获得合理的实体处置。

如果在认罪认罚从宽程序的过程中,出现了没有履行强制辩护义务的情况,即犯罪嫌疑人、被告人未获得律师辩护帮助时,首先采用的救济方法是:自应该有律师为犯罪嫌疑人、被告人辩护时,即认罪认罚程序开始后的程序因未进行强制辩护而被撤销,所产生的结果也因被撤销而自始不发生效力。其次要在前程序被撤销的基础上,自起始状态,在有律师为犯罪嫌疑人、被告人辩护的情况下重新进行认罪认罚从宽程序。确保犯罪嫌疑人、被告人通过有律师为其进行强制辩护的法定程序来维护自己的权益。

在出现无效辩护时,展开救济的方式也以实现有效的律师辩护为目的。结合无效辩护的认定标准,自出现无效辩护时开始,进行一下处置:其一,如果出现了律师不尽职的情况,并且该不尽职行为产生了对犯罪嫌疑人、被告人不利的后果,则应撤销该不利后果,另外就律师的不尽职行为予以警告或进一步处罚。其二,如果因办案机关的原因导致辩护律师无法进行有效辩护,应将认罪认罚从宽程序倒退至办案机关产生该消极行为前,重新进行。此时不宜对辩护律师进行处罚,而应对涉案的办案机关相关人员进行相应规训或给予一定处罚,避免今后出现类似的情况。

(四)为保障律师辩护建立监督机制

在认罪认罚从宽程序中明确了强制辩护和有效辩护,确立了救济机制的基础上,还应该以监督机制来促进律师和办案机关积极履行职能。因认罪认罚从宽程序贯穿刑事诉讼全过程的特性,涉及的主体较多且复杂,包括公安机关、检察院还有法院在内的公权力机关,还涉及犯罪嫌疑人、被告人及其辩护律师。同一阶段涉及至少三方主体的行为,极具复杂性和不确定性,尤其需要加强监督。

一方面,对认罪认罚从宽程序中辩护律师行为进行的监督。首先,包括犯罪嫌疑人、被告人对其辩护律师的监督,如果发现辩护律师存在辩护不当行为,可及时主张更换辩护律师或要求辩护律师在后续辩护过程中进行合法有效的辩护。若出现不利后果,犯罪嫌疑人、被告人还应及时维护自身权益,按照前述的救济方式将认罪认罚从宽程序恢复到原始状态。其次,公安机关和检察机关在工作开展过程中对律师辩护的监督。在适用认罪认罚从宽程序过程中,公安机关在侦查过程中进行监督,而检察机关作为控方对提起公诉案件的辩方律师进行监督。发现辩护律师的不当行为后,应该暂停认罪认罚从宽程序并告知犯罪嫌疑人、被告人,并向其征求是否继续认罪认罚从宽程序的意见。最后,法院发现认罪认罚的被告人的辩护律师曾在认罪认罚过程中存在不当辩护行为,已经签署的认罪认罚具结书之效力即告丧失。如果被告人仍愿认罪认罚,则在法院的主导下重新进行认罪认罚从宽的程序。另外,社会上的其他主体也可以针对认罪认罚从宽程序中律师的不当行为或违法之处进行监督。其中行业协会的监督可具备惩罚性,律师协会可以在履行职能的过程中,对认罪认罚从宽程序中律师的不当行为进行监督,辅之以行业协会的惩戒措施以规范律师的行为。

另一方面,可对认罪认罚从宽程序中办案机关行为的监督。检察机关监督适用认罪认罚从宽程序的公安机关在侦查过程中,以及人民法院在审判过程中,出现的无律师辩护或影响律师有效辩护情形,可要求该公安机关说明理由,或向人民法院提出检察意见。犯罪嫌疑人、被告人及辩护律师,在认罪认罚从宽程序中发现办案机关或办案人员的行为对辩护行为产生不利的制约时,可向办案机关的同级检察院提出纠正办案机关不当行为的申请;若该办案机关为检察机关,则应向其上一级检察院提出申请,申请由上一级检察院对其提出纠正意见。法院发现办案机关在认罪认罚案件中存在不当行为,已经签署的认罪认罚具结书之效力即告丧失。如果被告人仍愿认罪认罚,则在法院的主导下重新进行认罪认罚从宽的程序。

五、结语

认罪认罚从宽程序在我国还处于发展阶段,其中的各项具体程序和制度设计尚需要继续发展和完善。认罪认罚从宽程序在律师辩护方面,存在辩护率低和辩护效果不好等问题,是可以通过完善律师辩护制度来解决的。分别从建立律师强制辩护和有效辩护的角度来解决认罪认罚从宽程序的律师辩护的问题,辅之救济机制与监督措施来帮助其实施。认罪认罚从宽程序在律师辩护的不断完善下,将成为更科学合理的制度设计,在司法实践中更好地发挥其功能。

参考文献

[1]王敏远,顾永忠,孙长永. 刑事诉讼法三人谈:认罪认罚从宽制度中的刑事辩护[J]. 中国法律评论,2020,(1):1 - 21.

[2]韩旭.自行辩护问题研究[J].当代法学,2021,35(01):37-48.

[3]孙晨博.辩诉交易制度在侦查阶段的适用研究[J].辽宁警察学院学报,2020,022(003):92-98.

[4]陈瑞华.刑事诉讼的公力合作模式——量刑协商制度在中国的兴起[J].法学论坛,2019,034(004):5-19.

[5]李佳臻.中美认罪协商制度之比较[J].政法学刊,2020,037(001):89-96.

[6]陈瑞华.刑事诉讼中的有效辩护问题[J].苏州大学学报(哲学社会科学版),2014,035(005):94-105.

[7]丁宇魁.斯特里克兰案:无效辩护标准的确立与争议[J].中国案例法评论,2017,(2).

非法律概念在扫黑除恶专项斗争中的应用问题

谢　斐①

摘　要　在扫黑除恶专项斗争中，非法律概念被大量应用。一些行为本可用刑法中的法律概念加以解释，却转而以刑法体系之外的非法律概念解释，这种变化有诸多值得商榷之处。“恶势力”“软暴力”“套路贷”等非法律概念，因为自身用语不规范、逻辑不严密而存在风险，但却因通俗易懂而深入人心。对非法律概念不可因噎废食，应在实效与风险之间，反思既有思路、寻找缓和的突破路径——在慎用、少用的基础上，精炼非法律概念，推动其向法律概念转变。

关键词　扫黑除恶　法律概念　非法律概念　罪刑法定

自中共中央、国务院于2018年1月发布《关于开展扫黑除恶专项斗争的通知》以来，全国范围内展开了声势浩大的扫黑除恶专项斗争，并且取得了显著成就。据统计，截至2019年11月，全国共打掉涉黑组织2421个，打掉涉恶犯罪团伙29773个，敦促35474名涉黑涉恶违法犯罪人员投案自首。② 然而，在开展这一专项斗争的过程中，

① 谢斐，天津商业大学法学院讲师，法学博士。

② 中国政府网.全国已有35000余名涉黑涉恶违法犯罪人员投案自首[EB/OL].(2019-11-4)[2019-12-15]. http://www.gov.cn/xinwen/2019-11/04/content_5448620.htm

大量非法律概念被广泛应用,这一现象需要刑法学界以理性的眼光审视之。

一、非法律概念的应用

“概念乃是解决法律问题所必需的和必不可少的工具。没有限定严格的专门概念,我们便不能清楚地和理性地思考法律问题。”① 法律概念是指法律对各种具有法律意义的事物、状态、行为进行概括而形成的专门术语。法律概念立足于法律用语,而非法律概念系以生活用语概括而成。法律用语立足于生活用语,是对生活用语系统化、专业化、提炼化的产物,词语更加稳定,概念之间的区分更为明晰。生活用语往往直接被人民群众在日常生活中大量使用,其含义在不同地区、不同时间可能会有明显不同。用语特点的不同,决定了法律概念更为严谨,非法律概念虽然更容易被群众所理解和接受,但在严谨程度上有所欠缺。刑法是最为严厉的部门法,刑罚是最为严重的法律制裁手段,这决定了对刑法之应用应当慎之又慎,严守底线。“平易近人”的生活用语,决定了非法律概念在宣传工作中往往更容易深入人心,起到单以法律用语宣传所达不到的效果。但法律的宣传教育与法律的实际适用不可等同视之。法律,尤其是刑法,在实际适用中应当强调其明确性,这也是罪刑法定的要求,而这是非法律概念所难以完成的任务。

“扫黑除恶”,即扫清黑社会性质组织,除尽恶势力。黑社会性质组织是有着严格界定的法律概念,《中华人民共和国刑法》第二百九十四条概括了黑社会性质组织的四个特征:黑社会性质的组织应当同时具备以下特征:(一)形成较稳定的犯罪组织,人数较多,有明确的组织者、领导者,骨干成员基本固定;(二)有组织地通过违法犯罪

① E. 博登海默:《法理学:法律哲学与法律方法》,邓正来译,中国政法大学出版社2004 年版。

活动或者其他手段获取经济利益,具有一定的经济实力,以支持该组织的活动;(三)以暴力、威胁或者其他手段,有组织地多次进行违法犯罪活动,为非作恶,欺压、残害群众;(四)通过实施违法犯罪活动,或者利用国家工作人员的包庇或者纵容,称霸一方,在一定区域或者行业内,形成非法控制或者重大影响,严重破坏经济、社会生活秩序。通过这四个特征的描述,黑社会性质组织的轮廓可以基本确定,也有利于相关刑事罪名在司法实践中的应用,由此可以看出,黑社会,抑或称黑社会性质组织,通过严谨的概括,完成了由生活用语向法律用语的转变。然而,"恶势力"一词却并未在刑法中被确定,这是一个典型的生活用语。廖仲恺在《革命派与反革命派》中曾经提及"恶势力"——"现在的反革命派,不见得比从前的反革命派聪明许多。他们一面利用现成的恶势力以遂其分赃的阴谋;一面利用人民脆弱的心理以稳健自称,以维持现状来号召。"立足于当时的时代背景(1925年),此处的"恶势力"系指反动军阀和帝国主义势力。鲁迅曾在《二丑艺术》中写道:"世间只要有权门,一定有恶势力。"此处的"恶势力"指被豢养的智识阶级。可见,这一非法律概念的内涵变化幅度较大,与词语使用者的语境、时代背景关系密切。这种多变性使得其充满了不确定性,因此未经系统化整理归纳总结,不应直接用于具体的法律适用。

为了规范扫黑除恶专项斗争,最高人民法院、最高人民检察院、公安部、司法部发布《关于办理恶势力刑事案件若干问题的意见》(以下简称《意见》),其中规定:"恶势力,是指经常纠集在一起,以暴力、威胁或者其他手段,在一定区域或者行业内多次实施违法犯罪活动,为非作恶,欺压百姓,扰乱经济、社会生活秩序,造成较为恶劣的社会影响,但尚未形成黑社会性质组织的违法犯罪组织。"由这一规定可以看出,恶势力与黑社会性质组织在组织结构、行为手段上存在相似性,在违法程度、组织稳定性方面尚未达到黑社会性质组织的程度。笔者认为,这一概念的界定尚未完成区分恶势力与黑社会性质组织的任务,在司法实践中依然容易存在恶势力边界不明、难以界定的问题。诚然,《意见》罗列了恶势力所经常实施的犯罪行为以试图厘清其边界,然而"强迫交易、故意伤害、非法拘禁、敲诈勒索、故意毁坏财物、聚众斗殴、寻衅滋事,同时可能伴随实施开设赌场、组织卖淫、强迫卖淫、贩卖毒品、运输毒品、制造毒品、抢劫、抢夺、聚众扰乱社会秩序、聚众扰乱公共场所秩序、交通秩序以及聚众'打砸抢'"也是黑社会性质组织所经常实施的犯罪行为,通过列举法不仅不能达到厘清恶势力边界的目的,更不能起到区分恶势力与黑社会性质组织的作用。

除了这一具有"总则"性质的非法律概念之外,一些在社会生活中常见的具体犯罪手段也被用非法律概念加以概括。例如"软暴力""套路贷"。"软暴力"与刑法中的暴力手段相区别,是一种在没有直接人身伤害性的"暴力"。《关于办理实施"软暴力"的刑事案件若干问题的意见》中指出:"'软暴力'是指行为人为谋取不法利益或形成非法影响,对他人或者在有关场所进行滋扰、纠缠、哄闹、聚众造势等,足以使他人产生恐惧、恐慌进而形成心理强制,或者足以影响、限制人身自由、危及人身财产安全,影响正常生活、工作、生产、经营的违法犯罪手段。""软暴力"的核心在于以某种手段,使他人产生恐慌、畏惧心理,造成心理强制。但是,刑法中已经有类似概念,以恐慌进行心理强制属于恐吓,以畏惧进行心理强制属于威胁,在既有的法律概念尚可以解决法律问题时,又引入高度相似的混合型新概念,容易造成概念应用中的混乱。另一被广泛应用的非法律概念"套路贷"也同样存在这一问题。"套路"是一个含义随时代变化而发展的典型生活用语,最初是指编制成套的武术动作或系统的技巧、程式、方法。后在互联网时代中被赋予了新的含义,指一些系统的具有欺瞒性质的处事方法、行为模式,词语的性质也从中性变为偏贬义。《关于办理“套路贷”刑事案件若干问题的意见》中指出,“套路贷”是对以非法占有为目的,假借民间借贷之名,诱使或迫使被害人签订“借贷”或变相“借贷”“抵押”“担保”等相关协议,通过虚增借贷金额、恶意制造违约、肆意认定违约、毁匿还款证据等方式形成虚假债权债务,并借助诉讼、仲裁、公证或者采用暴力、威胁以及其他手段非法占有被害人财物的相关违法犯罪活动的概括性称谓。“套路贷”并非刑法中具体的罪名,而是一系列相关犯罪的概括性称谓,包括:诈骗罪、敲诈勒索罪、黑社会性质组织犯罪、非法拘禁罪、强迫交易罪、寻衅滋事罪等。笔者认为,对于借贷过程中存在的犯罪行为,应当具体情况具体分析,根据行为人实际实施的行为,按照刑法定罪量刑,不宜以概括性的非法律概念一言以蔽之。

二、应用非法律概念的风险

非法律概念以生活用语作为支撑,贴近生活,更容易被普通人所理解。大量非法律概念的引入,有利于扫黑除恶专项斗争的宣传,为扫黑除恶深入民心打下良好的基础,客观上便于人民群众加深对扫黑除恶的理解,有利于调动人民群众的参与专项斗争的积极性,从而推动扫黑除恶专项斗争的顺利开展。然而,非法律概念并不如法律概念严谨明确,大量使用存在一定的风险。

(一)违反明确性要求,冲击罪刑法定原则

非法律概念立足于生活用语,在严谨性上与经过提炼、总结的法律概念相比,难免有所欠缺。我国1979年刑法典中的流氓罪就有这个问题,以刑法规制立足于生活用语的非法律概念“流氓”。“流氓”这个群体的定义以及“耍流氓”的行为,皆非严格的法律用语,属于一般的生活用语。对于人民群众而言,“耍流氓”在很大程度上包括性侵妇女,依据程度不同可以划分为强奸、猥亵、侮辱和一般的骚扰,即“耍流氓”这一行为是强奸罪、流氓罪和一般流氓行为的竞合,在用语上存在高度模糊性。此外,强奸行为往往与流氓行为相生相伴,在一

个案件中,行为人在实施强奸的过程中,往往事先也有寻衅滋事或猥亵妇女的行为。基于流氓的这一用语特性,在 1979 年刑法典颁布之前,司法实践中常见将流氓罪与强奸罪高度混合。例如,湖北省在 1964 年出现了严重的治安问题,一些地方对于强奸、流氓犯罪分子该捕不捕,该判不判,群众十分不满,把流氓、强奸犯罪活动称为“两股黑风”。群众如此认识,政府也因势利导,将流氓与强奸两种犯罪行为统一处理,发布《关于当前强奸、流氓犯罪的情况和今后处理意见的报告》,通告全省,从严惩治。20 世纪 50 年代有的省统计流氓犯罪时曾将流氓罪与强奸罪合并统计。《中华人民共和国刑法典》颁布后,流氓罪在司法实践中也饱受诟病,构成要件模糊不清,规定极其笼统,尤其是条文中规定的“其他流氓活动”难以界定。这一问题源自以生活用语制定刑法罪名,以非法律概念去解决法律问题,只会放大由语言模糊性所带来的解释难题,最终要么被束之高阁、沦为具体条文的虚置,要么不断扩大、陷入类推适用的泥淖。

1997 年《中华人民共和国刑法典》拆解了流氓罪,分解出来的罪名与流氓罪相比,更注重用法律用语限定罪名,以法律概念解决法律问题,构成要件更明确,规定更严谨,这一变动更符合罪刑法定原则的要求。流氓罪的教训应该铭记,刑法的适用应该慎用非法律概念,生活用语不可过分干扰刑法的语境。

(二)易扩大打击范围,有违谦抑性原则

扫黑除恶专项斗争中,以各种非法律概念为话语体系,对多种违法犯罪活动展开了打击运动,尤其是“套路贷”问题。“套路贷”这一问题存在已久,屡遭媒体报道。这类行为以民间借贷作为形式,借着“套路”的掩护,使其更具迷惑性,处理手段也一直存在争议。《关于办理“套路贷”刑事案件若干问题的意见》(以下简称《意见》)出台后,明确了“套路贷”的刑事违法性,而且《意见》也特别强调要注意区分“套路贷”与民间借贷。笔者认为,“套路贷”因糅杂暴力、欺诈等手段,兼有非法占有的目的,与平等主体之间基于意思自治而形成的民间借贷关系存在差别。然而,民间资金关系盘根错节,由此产生的民间借贷亦纷繁复杂,“套路贷”基于民间借贷产生,同样具备这种复杂性。这种复杂性决定了对两者进行明确区分存在困难,换言之,一些仅仅是不合理、但没有涉及犯罪的“套路贷”也很容易被纳入刑事法律规制的范围。众所周知,民营中小企业在实际经营过程中存在贷款难的问题,企业负责人为了获得急需的资金,不得不穷尽一切办法。一些“利欲熏心”的放贷公司往往会趁火打劫,利用对方获取资金的急切心理,或采取阴阳合同①的手段,或规定以高额的“砍头息”、手续费,并同时附上十分严苛的违约责任。借款人对于这些“套路”也是心知肚明,只是因为急需用钱才答应,并且对于违约后果也十分清楚,只是因为“赌徒心理”作祟,觉得自己解了燃眉之急便可以扭亏为盈还上这笔钱。与一般的“套路贷”不同,这种情况里,放贷人没有任何强迫、欺骗的情节,借款人是因为自己急于用钱自愿同意那些不平等条款,甚至自己真诚地相信不会违约。如果按照《意见》中对“套路贷”的界定,这种行为显然也是基于非法占有目的(为了从借款人处获取不合理的利润),以民间借贷形式,通过和平的手段(例如诉讼)最终达成目的。但是,在这一过程中,很难评价放贷人行为的刑事违法性,更多的是借款人自陷风险的问题。笔者认为,放贷人明知借款人急于用钱,放任其自陷风险,属于不合理的民间借贷,这是一种利欲熏心的毫无道德底线的行为,应受到道德谴责,严重的可以给予行政处罚以规范其经营行为,但不应按“套路贷”给予刑事处罚,不仅因为其欠缺法律依据,更因为过分扩大处罚范围有违刑法谦抑性原则。

(三)界限不清,有架空部分罪名的风险

如前文所述,“恶势力”与黑社会性质组织的相似性,在现有法律

① 阴合同中实际贷款数额要显著低于阳合同表面上所放贷的数额。

文件的基础上很难对两者进行清晰的划分。有学者认为,缺乏对“恶势力”组织体进行单独的刑法评价,还会导致出现将原本属于黑社会性质组织实施的犯罪行为认定为“恶势力”犯罪,从而架空黑社会性质组织犯罪的风险。笔者认为,正是这种将原本基于生活用语的非法律概念应用于刑事司法实践,导致了“恶势力”有架空黑社会性质组织的风险。两个概念具有形式上的相似性,只是在程度有所不同,因而在司法实践中极易混淆,容易出现将原本构成黑社会性质组织犯罪的按照“恶势力”处理,进而根据其作为恶势力所实施的具体行为定罪处罚,相当于将黑社会性质组织犯罪的处罚前置,将其束之高阁,有被架空的风险。

三、在实效与风险之间寻求缓和

(一)推动经验主义的规范化

扫黑除恶专项斗争中非法律概念的应用实际上是一种对经验主义的过度依赖,以通俗化的生活用语替代与之相对应的法律用语。对于经验主义的重视扎根于我国的法传统之中,对此无须过分苛责。然而,语言本身所具有的模糊性决定了所有单纯凭借语义概念触碰事物本质的努力最终都会成为妄想。受经验主义的影响,我们的法律用语常使用列举式的描述方法,缺乏对于抽象概念的归纳和总结,虽然这种方法简单有效,但一旦面对构成要件模糊或者复杂法益时,就会陷入描述不清的尴尬境地。

在扫黑除恶专项斗争中,司法机关根据既往的经验,将社会中常见的问题以通俗易懂的生活用语简单罗列、概括,形成了一套以非法律概念组成的刑法话语体系。然而,这一新兴话语体系因为欠缺严谨性,自诞生之初就有致命的弱点。笔者认为,法条主义与经验主义缺一不可。在法条主义者看来,只有具有逻辑有效性的法律论证才具有形式上的有效性,才能实现法律规则的效力。经验主义则立足于既有的实践,在法律实用主义的指导下,于反思、总结中寻找法正义的实现路径。应当借鉴法条主义严谨的论证结构,推动经验主义的规范化,将司法实践中反馈的经验教训归纳提炼为更为严谨全面的抽象法律概念,不仅平易近人,更能以理服人。

(二)严格区分宣传用语与法律用语

法治宣传教育是提高全民素质、落实依法治国基本方略、建设社会主义法治国家的一项基础性工作,加强法治宣传教育,有利于弘扬法治精神,推动法律的贯彻实施。法治社会要求法布于众,使国民可以通过已公布的法律预测自己的行为,从而做出明智的选择。法律的宣传用语,为了利于宣传、便于推广,具有简单直白、通俗易懂的特点。法律用语的第一特点就是用词规范、逻辑严密,这一点与宣传用语截然不同。宣传用语为了达到深入人心的效果,往往选取一些生活中常用的词汇进行加工,将其口号化、标语化,使其朗朗上口,便于传播。法律用语要尽可能规范,从用语这一源头减少漏洞的产生。两者在用语上存在显著的分歧,不可等同视之。

扫黑除恶专项斗争的几份重要文件,都大量引用这种宣传式的生活用语。这类用语在宣传专项斗争、激发人民群众的积极性方面有着巨大优势。然而,此类用语的使用,淡化了这些法律文件的严谨性。尤其是一些行为涉嫌刑事犯罪,以宣传用语替代法律用语,违背明确性原则,不符合罪刑法定原则的要求。在未来的专项斗争中,应当严格区分宣传文件与法律文件,在法律文件中慎用、少用宣传式的非法律概念。

四、结语

为了符合罪刑法定原则的要求,对于非法律概念,笔者认为有两种处理方案。其一,慎用非法律概念,减少此类用语的使用,使用刑法中的法律概念去解释专项斗争中的行为。其二,推动非法律概念向法律概念的转化。法律概念大多也是由生活用语精炼而成,不可机械地割裂两者之间的联系。一些非法律概念,对于现行刑法体系确实具有补充的作用,不宜一律摒除,应当通过概括、提炼、归纳、总结等多个环节,将其化为更为严谨的法律概念,并加以适用。

正如哈特所言:“任何选择用来传递行为标准的工具——判例或立法,无论它们怎样顺利地适用于大多数普通案件,都会在某一点上发生适用上的问题,将表现出不确定性。”虽然法律的模糊性不可避免,但是我们依然要坚持精益求精。非法律概念的应用有值得肯定之处,但这种应用会加剧法律的模糊性,这种风险不容忽视。应当在遵守罪刑法定原则的基础上,慎用非法律概念,对于确有适用必要的,对其概括、归纳、精炼,抽象为更为严谨的法律概念。

参考文献

[1]博登海默. 法理学:法律哲学与法律方法[M]. 邓正来,译. 北京:中国政法大学出版社,2004.

[2]廖仲恺. 廖仲恺集[M]. 北京:中华书局,1983.

[3]鲁迅. 鲁迅全集:第五卷[M]. 北京:人民文学出版社,2005.

[4]中国社会科学院语言研究所词典编辑室. 现代汉语词典:第6版[M]. 北京:商务印书馆 2012.

[5]李其凡. 湖北法院志[M]. 北京:人民法院出版社,1995.

[6]吉林省地方志编纂委员会. 吉林志·审判志[M]. 长春:吉林人民出版社,2004.

[7]王强军. 知恶方能除恶:“恶势力”合理界定问题研究[J]. 法商研究,2019(2):135-145.

[8]哈特. 法律的概念[M]. 张文显,郑成良,杜景义,等,译. 北京:中国大百科全书出版社,1996.

侦查讯问阶段律师在场制度的域外考察与中国启示

才　圣[①]　卜晓阳[②]

摘　要　讯问阶段律师在场制度为世界各国所广泛通行，讯问阶段律师在场制度作为辩护权的下位概念，以有效的内部监督形式从源头预防侦查阶段的不法取证以及刑讯逼供的发生，达到保护犯罪嫌疑人的合法权益的效果，从而促进程序正义与司法公正。通过考察世界各国的实践经验，探寻国际标准下的侦查讯问阶段律师在场的制度内容，我国完善当前以"审判为中心"的刑事法治环境下的讯问阶段律师在场制度，具有非常重要的启示意义。

关键词　讯问　律师在场制度　辩护权

讯问阶段的律师在场制度是辩护权的重要内容之一，其具体是指侦查人员在侦查讯问阶段，嫌疑人的辩护律师有权在场，对讯问过程进行有效的监督，从而可以从源头防止侦查人员的非法取证以及刑讯逼供的发生，使得嫌疑人的合法权益得到有效保障。讯问阶段律师在场制度的主体应包含嫌疑人和辩护律师，其权利主要由他们享有，即在侦查讯问阶段嫌疑人有权寻求法律的援助来维护自己的

---

① 才圣，天津商业大学法学院讲师，法学博士。
② 卜晓阳，天津商业大学法学院 2020 级法学理论专业硕士研究生。

合法权益,律师对具体的讯问过程进行外部的监督并提供相应的法律上的援助。

一、讯问阶段律师在场的制度价值

刑事诉讼,就其性质而言乃是国家的"公诉",即国家公权力机关对于嫌疑人的犯罪行为进行追诉。而在这一诉讼过程中,掌握着强大国家机器的公诉机关与嫌疑人个体之间,实力与地位处于严重不对等的状态,个人权利有被国家公权力侵害之虞。因此为了达到司法公正,制约公权力的滥用,需要在刑事诉讼过程中,通过一些制度的建构,保障"控辩平等"这一刑事诉讼的基本原则,即在整个刑事诉讼过程中保持控辩双方处于地位与力量平等的状态中,以此来相互制衡,进而保障个人权利不被国家公权力机关所任意侵害。这些制度包括无罪推定,即犯罪嫌疑人未被法院判定有罪之前,须推定其无罪;非法证据排除,即违反法律规定而搜集的证据,不能被法庭采纳。当然,更重要的还是对犯罪嫌疑人"辩护权"的赋予。

辩护权是抵御公权力的一项重要权利,其是诉讼权利体系中被追诉人所享有的最重要的权利形式之一。在公诉中,针对检察机关提起的公诉,嫌疑人的辩护人有权依据辩护权提出辩护。而对于绝大多数嫌疑人而言,其并不掌握专业的法律知识与法律技能,其辩护权需要由专业的刑辩律师来实现,因此,在刑事诉讼的各个阶段,包括侦查、提起公诉、审判等,律师的参与作为犯罪嫌疑人行使辩护权的重要途径,必不可少。可以说,讯问阶段律师在场制度乃是辩护权的下位概念,在讯问阶段犯罪嫌疑人通过寻求辩护人的法律援助,这一过程是刑事辩护制度的不断发展与现代刑事诉讼进步的必然要求,对于嫌疑人的权利保障,制约侦查机关的公权力滥用方面,有着重要的价值和意义。目前,随着我国的司法环境的日益改善,刑事司法制度日趋完备,在立法上已经确立了侦查阶段的辩护制度,以及我国律师行业的快速发展,这些都为我国建立侦查讯问阶段的律师在场制度奠定了基础。

二、讯问阶段的律师在场制度的域外考察

讯问阶段律师在场制度最早起源于美国,其制度内容被大陆法系所借鉴吸收,现在发展成为英美法系与大陆法系主要国家所普遍通行的一项刑事诉讼制度。

英国讯问阶段的律师在场制度规定虽然不如美国完备,但是英国的法律援助与律师值班制度方面做得非常全面。

美国讯问阶段的律师在场制度,其早在米兰达诉亚利桑那州案之前便已经存在了,只是到了米兰达诉亚利桑那州案才得到正式确立。在1963年,米兰达因强奸在亚利桑那州被捕,经过警察的讯问之后,警察便取得了带有米兰达本人签字的书面口供,口供上含有以下内容:以上内容是本人自愿的,并且是在没有被威胁或者可以免除受罚的承诺的情形下自愿所供述的,除此之外,还含有本人已经充分了解本人的法定权利并理解本人所做出的对本人所不利的供述。但在庭审阶段,检察官将米兰达讯问阶段所做的供述作为证据出示时,其辩护律师表示反对,并称被告并未被告知存在上述权利,以此为由主张证据无效,虽然警察也承认了这一点,但法院仍判决其辩护律师的反对不成立。米兰达不服判决上诉到亚利桑那高等法院,仍得到相同判决,于是米兰达又上诉到了美国联邦最高法院。1966年,联邦最高法院以5比4,一票之差判决了地方法院的审判无效。经过此案后,律师在场的时间被提前到了侦查讯问阶段,如若嫌疑人未自愿放弃,则在侦查人员讯问时,必须要有律师在现场,否则嫌疑人的陈述无效。自此以后,便有了著名的“米兰达规则”,其主要内容主要有:第一,在讯问前警察须告知嫌疑人有保持沉默的权利;第二,警察须告知嫌疑人所做的供述有可能成为呈堂证供;第三,警察须告知嫌疑人在接受侦查讯问之前有权委托律师,并且律师在嫌疑人接受讯问的全过程中都有权在现场,不管其是否意识到其拥有这种权利;第四,警察须告知嫌疑人,如没有能力聘请律师,其有权获得法院为其指派的免费律师的帮助。讯问阶段律师在场制度作为嫌疑人享有的一项权利,如非嫌疑人明知且自愿的放弃这一权利,任何人不得予以剥夺。违反讯问阶段律师在场制度在其后阶段中一旦被证实,在讯问阶段所得的所有供述将归于无效。

英国关于讯问阶段律师在场制度的规定原则上允许在讯问阶段律师在场,但是如有侦查上的特殊规定需要做出限制。在 1984 年英国的《警察与刑事证据法》,就有关讯问阶段律师在场制度做出了具体的规定,原则上允许犯罪嫌疑人在接受侦查人员讯问时有律师在场,但若律师的行为不合理地阻碍了侦查人员对嫌疑人的讯问,例如帮助嫌疑人回答提问的问题等,警察有权要求嫌疑人的律师离开现场;在讯问开始前,侦查人员必须告知嫌疑人的律师在场的权利。自从英国施行了律师值班制度为嫌疑人提供全天的法律援助服务后,保障了嫌疑人随时获取法律援助的权利。在英国,如果违反了侦查讯问阶段律师在场权所得的供述,在日后的庭审阶段之中也会被当作非法证据而予以排除。

大陆法系下讯问阶段的律师在场制度是吸收借鉴了英美法系的制度而来,但是因为诉讼模式的不同,各国此项制度的具体呈现也有所不同。

意大利刑事诉讼制度规定,在刑事诉讼的整个阶段,律师均有在场权。而对于违反律师在场权所得的证据,其制度规定历经了从最初的有所限制到只可作为庭审的弹劾证据再到最后的否定性评价,即禁止将此证据纳入档案并且禁止法庭加以使用。意大利刑事诉讼法之中还规定,在一般情况下,侦查讯问人员应当明确地告知嫌疑人其享有沉默权以及律师在场权,如若其无力委托律师,侦查人员须依职权为其指定一名律师对其进行法律援助并确保律师在场制度的落实。

德国在2017年以前,律师只在检察官以及法官讯问阶段具有在场权。德国刑事诉讼法规定的诉讼程序包含了三个阶段,它们分别是准备阶段、中间阶段以及主要阶段,同时它们分别对应侦查阶段、庭审预备阶段以及审判阶段。在德国的侦查阶段中,警察是辅助拥有侦查权的检察官的人员,帮助检察官实施具体的侦查讯问。因为检察人员不足以及案件繁多,故需要警察事先进行侦查,等到结果达到对案件的合理怀疑之后,便将案件交由检察机关开启侦查程序。在2017年新规定之前,由于在侦查阶段中的侦查是秘密进行的,所以在德国的侦查阶段,辩护人律师的在场权是受到限制的,随着德国刑诉法的不断修正,将辩护人律师的在场权限扩大到了侦查人员讯问嫌疑人阶段,但对讯问证人阶段并无在场权。在这一阶段,如嫌疑人于律师不在场的情况下不做任何供述时,警察是可以允许律师在场的。而在2017年9月《关于加强被追诉人于刑事诉讼中的程序权利及修改参审员权利的第二个修正案》生效后,德国完全赋予了警察讯问阶段辩护人律师在场权,与英美国家的标准接轨。德国的侦查讯问阶段的律师在场制度中,在无正当理由情况下,律师不在场时,侦查机关讯问嫌疑人所取得的供述,原则上此项供述是不具有合法性的,因而不能被当作定案的证据所使用。

法国的侦查活动包含有两个阶段:第一个阶段是初步侦查;第二个阶段是正式侦查,法国的刑事诉讼制度对这两个阶段律师在场制度的规定是不相同的。在初步侦查中,律师能够在拘留的开始阶段参与诉讼,嫌疑人可以秘密会见其指定的律师,但是在警察讯问嫌疑人时,律师没有在场的权利。到达正式侦查阶段,在法庭对嫌疑人进行审判前,通过预审法官对受理案件进行详细的调查,进而做出是否提交审判庭审判的决定。《法国刑事诉讼法》中第70条规定:在发生现行重罪,并且在预审法官尚未对案件进行受理的情况下,检察官须对涉嫌参与了犯罪的任何人签发拘传通知书。检察官对由此押解到案的人当场进行讯问,当事人由辩护人陪同自行到案,得在当事人的辩护人在场时,始得讯问之。从中可以得出,在法国的正式侦查讯问阶段辩护律师有在场权。在正式侦查中,对于律师在场制度的规定也是非常的严格。如果犯罪嫌疑人没有自愿放弃行使其律师在场权利时,当在讯问过程中其律师就必须要到达现场,否则就会使得整个讯问程序无法律上的效力。

三、域外讯问阶段律师在场制度的比较分析

从两大法系国家有关讯问阶段律师在场制度的比较可以看出,不论法系,不论地域风俗与文化背景异同,世界主流文明国家都赋予了讯问阶段的律师在场权。讯问阶段的律师在场制度,对于世界各地的刑事法治民主及人权保障有着极大的推动作用。在目前,世界上多数国家都对讯问阶段的律师在场制度予以立法上的肯定,在各国的司法实践中也发挥着积极的作用,也为各国的刑事法治文明贡献着重要的力量。

通过对比两大法系不同国家的讯问阶段律师在场制度,可以发现:

首先,关于证据的效力。以上各国几乎一致规定,违反讯问阶段律师在场制度得出的证据是无效的,具体表现为讯问阶段嫌疑人如未明确表示其自愿放弃讯问阶段律师在场的权利,而这一权利被侦查人员忽略,那么其所做的供述在审判阶段的应当予以排除

其次,关于权利的限制。对于讯问阶段律师在场的权利,应当给予一定的限制,否则会导致权利滥用的乱象频发。世界各国几乎都规定了对讯问阶段律师在场权的限制,英美法系国家强调限缩控方的权力,而加强辩护方的权利,以此来达到控辩平衡。但是在美国有适用的例外情况,如“公共安全例外”,英国的例外情况有嫌疑人的辩护律师由于客观的原因迟到,为了避免造成不必要的损失等。而大陆法国家,在职权主义模式下,控方拥有比较大的自由裁量权,比如

法国的初步侦查阶段将律师在场制度的排除。

最后，是制度中的价值的平衡。打击犯罪与保障人权是刑事诉讼最为重要的价值目标，但有些时候，不同价值之间亦会出现“耦合状态”或“竞合状态”的冲突，因此，几乎每一项法律制度的建构，都是在不同价值之间进行“权衡”。就讯问阶段律师在场制度而言，国家充分实现讯问阶段的律师在场权，有助于保障人权，但对于打击犯罪的效率可能会造成一定的阻碍，而限制讯问阶段的律师在场权，虽然有助于提高打击犯罪的效率，但却有侵犯公民权利之虞，因此，对讯问阶段律师在此制度的建构与限制，事实上就是在“打击犯罪”与“保障人权”这两项刑事诉讼基本价值之间，进行“价值权衡”。英美国家，包括大陆法系国家的德国、意大利，对于讯问阶段的律师在场权给予较少的限制，体现的是其侧重于保障人权这一价值目标；而在有些大陆法系国家，如法国，比较注重具体的案件事实，赋予了控方较大的权利，对嫌疑人的律师在场权有较多的限制，因此其与英美国家相比，“打击犯罪”这一价值的比重在刑事诉讼中的体现有所提高。

四、域外讯问阶段律师在场制度对中国的启示

域外国家的讯问阶段律师在场制度，对我国具有极大的借鉴意义，对于我国构建讯问阶段律师在场制度提供了丰富的制度模板。虽然我国目前尚未建构起完备的讯问阶段律师在场制度——即在2018年我国的刑事诉讼法将委托诉讼代理人的时间进行扩大之后，其包含进了侦查的阶段，但本应在侦查讯问阶段发挥作用的律师在场侦查权在立法上并未得到确立。然而，建立这一制度对于我国刑事司法文明，有着重要的价值和意义。首先，讯问阶段律师在场制度有利于从源头防止刑讯逼供以及非法取证，更加有效地保障了嫌疑人的合法权益；其次，讯问阶段律师在场制度有利于促进控辩平衡，保障司法公正；最后，讯问阶段律师在场制度亦有助于提升司法机关的公信力，通过外部监督增加了司法机关的透明度，进而增加人民群众对于司法机关的信任度。

建立讯问阶段律师在场制度,使得犯罪嫌疑人的权利可以得到更有效的保障;促进"使人民群众在每一个司法案件中都感到公平正义"目标的实现,进一步提高人民群众的安全感以及满意度;保障司法机关的公正司法,维护社会公正的最后一道防线。

构建我国的讯问阶段律师在场制度,需要考虑以下几点:首先,选择适合我国的侦查讯问模式。目前大多数学者赞同消极模式的律师在场制度,即在侦查讯问阶段禁止律师在讯问过程中打断侦查机关的讯问活动,仅许可律师在侦查人员讯问过后再进行提问或者提交观察报告。消极模式的讯问阶段律师在场制度的功能是保障嫌疑人的基本诉讼权利,在讯问阶段对侦查讯问人员的行为进行监督。其次,需要深入研究讯问阶段律师在场制度的基础理论,对我国在此阶段中的权利主体、权利范围以及权利内容等进行严谨细致的划分,制定符合我国国情的讯问阶段律师在场制度。最后,在建立讯问阶段律师在场制度的同时,完善配套的相关制度。如对侦查讯问阶段的侦查人员进行培训审核;严格规范侦查人员对犯罪嫌疑人的告知义务并做好奖惩机制;对于嫌疑人自愿放弃律师在场的权利时需要严格的审核等。

五、结语

建立我国的讯问阶段律师在场制度完全符合现阶段的法治要求,可以使得在刑事诉讼侦查阶段,打击犯罪与保障人权两大价值有机统一,使我国的刑事诉讼制度更加完备,刑事司法文明更加彰显。

参考文献

[1]阮娜.侦查阶段律师在场制度之两大法系比较研究[J].人民法治,2017(6):23-25.

[2]齐树洁.美国司法制度[M].厦门:厦门大学出版社,2010.

[3]何花.侦查讯问阶段律师在场权研究[D].湘潭大学硕士论文,2017.

[4]张潇文.我国侦查讯问之律师在场权研究[D].武汉大学硕士论文,2018.

[5]琚明亮.德国律师侦查讯问在场的理论与实践[N].人民法院报,2020.

[6]侯太利.侦查讯问时律师在场权研究[D].中国政法大学硕士论文,2010.

[7]邵聪.讯问时律师在场制度的域外考察与中国构想[J].学术交流,2017(10).

[8]习近平.论坚持全面依法治国[M].北京:中央文献出版社,2020.

[9]陈卫东,孟婕.重新审视律师在场权:一种消极主义面向的可能性——以侦查讯问期间为研究节点[J].法学论坛,2020,035(003):120-129.

法 律 心 理

大学生手机依赖与自我效能感的现状及关系调查

王春梅[①]

摘　要　在经济发展和无线网络技术迅速发展的环境下,手机尤其是智能手机日益普及并成为年轻人最常用和最喜爱的媒介。但与此同时,人们对于手机越来越依赖,并形成了一种全新的病症—手机依赖。本研究采用问卷调查法,考察大学生手机依赖和自我效能感的现状,以及两者之间的关系。结果显示,大学生的手机依赖总体上处于中等偏低水平,自我效能感处于中等偏高水平;手机依赖在性别和年级上均表现出显著差异,自我效能感在生源地上表现出显著差异;手机依赖总分与自我效能感具有显著负相关。

关键词　大学生　手机依赖　自我效能感

一、引　言

有研究者认为手机依赖不属于心理问题或心理疾病的范畴,将其视之为正常的社会现象。宫佳奇和任玮(2009)对兰州四所高校大学生进行抽样调查,发现兰州市高校大学生普遍存在手机依赖现象,但主要是对手机通讯功能的依赖,主要源于生活和学习需求,所以将这种依赖看作是一种正常的社会现象。另有研究者认为,手机依赖在一定程

---

① 王春梅,天津商业大学法学院讲师,博士。研究方向:消费情绪与行为。

度上是一种行为成瘾。韩登亮和齐志斐(2005)表示手机成瘾是一种症状,过分滥用手机后会表现出生理和心理上的不适应。以往对手机依赖的相关研究中,从探求其与心理健康之间是否存在关系到深入研究是否与个人的人格特质间存在内在联系。尽管手机依赖问题越来越被重视,但手机依赖相关领域的研究依然较少,并且大部分是以传统的功能性手机为研究对象,对当今发展起来的智能手机的研究针对性较弱,智能手机的功能特色在现今国内已有的量表中并不能很好地体现出来。此外,手机依赖的测量工具也相对较少较单一。

自我效能感是对于自己是否可以利用已经拥有的技能完成某些特定任务的自信程度。自我效能感属于一种个体认知因素的范畴,即个体对自己所拥有的完成某种特定行为能力的信念,并且通常都会与某种特定任务或行为进行联系。甘启颖(2014)探究大学生基本心理需要、自我效能感与手机依赖三者间的相互关系。心理需要、自我效能对手机依赖可以起到负向预测作用,同时发现自我效能在关系需要和手机依赖之间起到中介作用。孙淑晶、赵富才(2008)研究大学生一般自我效能感、应对方式、社交焦虑的相互关系,发现,表现出正相关自责与社交焦虑呈显著正相关,一般自我效能感、解决问题以及合理化应对方式与社交焦虑呈显著负相关。同时还发现,一般自我效能感、自尊、合理应对方式对社交焦虑有负向预测作用。

关于手机依赖的研究愈来愈受到重视,而自我效能感的研究相比手机依赖更多,研究者对于其的重视程度可见一斑。然而,在现有的研究成果中仅有很少的一部分曾探寻过两者间的关系。在现实生活中,手机的使用程度已经非常普及,很多大学生对于手机有着很强的依赖感,而在问题的解决方面有着比较消极的处理方式。在此情境下,研究手机依赖与自我效能感的关系不仅能在理论上丰富相关研究,更能在实践上帮助大学生提高自我效能感,合理适度地使用手机,减少手机依赖问题。

二、研究方法

(一)被试

在天津三所大学共发放问卷250份,收回有效问卷227份,有效回收率90.8%。统计了受测者在性别、年级、生源地等方面的人数与百分比,分布基本平衡。受测者信息分布如表1:

表1　受测者分布表

变量	类别	N	%	总计
性别	男	128	56.39	227
	女	99	43.61	
年级	大一	22	9.69	227
	大二	20	8.81	
	大三	45	19.82	
	大四	140	61.67	
家庭所在地	农村	104	45.81	227
	城镇	123	54.19	

(二)研究工具

1. 大学生手机依赖问卷

熊捷等人(2012)编制了此问卷,问卷一共有16个项目,为了更好解释手机依赖的原因将手机依赖分为4个因子:戒断症状、凸显行为、社交抚慰和心境改变。在本研究中,手机依赖问卷整体上α系数为0.91,戒断症状维度的α系数0.804,社交抚慰维度的α系数为0.805,凸显行为维度的α系数为0.666,心境改变维度的α系数为0.691。信度可靠,可以用以施测。

2. 一般自我效能感量表

由Schwarzer等人(1997)编制,后被广泛使用。中文版本由王才康等人(2000)翻译而成并做出部分修订。量表共包含10个题项,采用 Likert 四级评分制。得分越高表示效能感越强。在本研究中自我效能感量表 α 系数为 0.799,表明该量表具有较好的信度。

(三)数据处理

采用 SPSS 22.0 软件进行数据统计。所用统计方法包括描述性分析、独立样本 t 检验、单因素方差分析、相关分析等。

三、研究结果

(一)大学生手机依赖与自我效能感的描述性统计

对大学生在手机依赖与自我效能感量表上的得分进行统计,平均数、标准差如表 2:

表 2　手机依赖和自我效能感得分

	M	*SD*
手机依赖(总分)	44.33	11.26
戒断症状	17.87	4.67
社交抚慰	7.81	2.62
凸显行为	10.45	2.99
心境改变	8.20	2.65
自我效能感(总分)	26.56	3.90

统计结果显示,被试的手机依赖总体得分处于中等偏下水平。在各个维度上,戒断反应得分处于偏高水平,社交抚慰得分处于偏高水平,凸显行为得分处于中等水平,心境改变得分处于中等偏高水平。在自我效能感总体得分上处于中等偏高水平。

(二)大学生手机依赖与自我效能感在被试信息上的差异情况

1. 大学生手机依赖与自我效能感在性别方面的差异

对大学生手机依赖与自我效能感得分在性别上做独立样本 t 检验,结果如表 3:

表3 手机依赖和自我效能感在性别上的差异显著性检验

	男($M \pm SD$)	女($M \pm SD$)	t
手机依赖(总分)	43.11 ±11.541	45.92 ±10.736	−1.875*
戒断症状	17.17 ±4.736	18.77 ±4.456	−2.583*
社交抚慰	7.77 ±2.707	7.87 ±2.538	−0.270
凸显行为	10.26 ±2.999	10.70 ±2.978	−1.097
心境改变	7.91 ±2.616	8.59 ±2.673	−1.932*
自我效能感(总分)	26.33 ±3.992	26.85 ±3.786	−0.996

统计结果显示,男女被试在手机依赖总分上达到边缘显著,女生得分显著高于男生;在自我效能感总分上并没有表现出显著差异;在手机依赖不同维度上,男女被试在“戒断症状”方面表现出显著差异,女生得分显著高于男生;在“心境改变”上表现出边缘显著,女生得分高于男生;而在“社交抚慰”“凸显行为”两维度上则没有表现出显著差异。

2. 大学生手机依赖与自我效能感在生源地方面的差异

对大学生手机依赖与自我效能感得分在生源地上做独立样本 t 检验,结果如表4:

表4 手机依赖和自我效能感在生源地上的差异显著性检验

	城镇($M \pm SD$)	农村($M \pm SD$)	t
手机依赖(总分)	45.30 ±11.781	43.19 ±10.553	1.409
戒断症状	18.09 ±4.820	17.61 ±4.503	0.776
社交抚慰	7.93 ±2.739	7.67 ±2.498	0.747
凸显行为	10.68 ±3.058	10.17 ±2.901	1.281
心境改变	8.59 ±2.710	7.74 ±2.527	2.437*
自我效能感(总分)	26.08 ±4.124	27.12 ±3.564	−2.002*

统计结果显示,在手机依赖总分上,不同生源地的被试没有表现出显著差异,但在自我效能感总分上显示出显著差异,农村的被试得分显著高于城镇被试的得分。在手机依赖各维度上,“心境改变”表现出显著差异,城镇被试的得分显著高于农村被试的得分;在“戒断症状”维度,“社交抚慰”和“凸显行为”则没有表现出显著差异。

3. 大学生手机依赖与自我效能感在年级方面的差异

对大学生手机依赖与自我效能感得分在年级上做方差分析,结果如表5:

表5 手机依赖和自我效能感在年级上的差异显著性检验

	大一 ($M \pm SD$)	大二 ($M \pm SD$)	大三 ($M \pm SD$)	大四 ($M \pm SD$)	F
戒断症状	16.14 ±5.267	20.35 ±3.774	18.18 ±3.973	17.69 ±4.791	3.109*
社交抚慰	6.77 ±2.137	8.60 ±2.415	7.78 ±2.373	7.88 ±2.776	1.796
凸显行为	9.68 ±3.092	10.60 ±2.664	10.27 ±2.462	10.61 ±3.175	0.683
心境改变	7.50 ±2.807	9.80 ±2.262	8.49 ±2.590	7.99 ±2.635	3.502*
手机依赖（总分）	40.09 ±11.844	49.35 ±9.218	44.71 ±10.193	44.16 ±11.571	2.437*
自我效能感（总分）	26.64 ±5.038	25.75 ±4.541	26.20 ±3.565	26.77 ±3.731	0.551

统计结果显示,在手机依赖总分上表现出边缘显著,大二被试得分显著高于大一和大四被试得分。自我效能感总分则没有表现出显著的差异性。而手机依赖的不同维度上,在“戒断症状”方面,大二和大三被试得分显著高于大一被试得分;在“心境改变”维度上,大二被试得分显著高于其他三个年级被试的得分。

(三)大学生手机依赖与自我效能感相关分析

对手机依赖与自我效能感得分做相关分析,结果如表6:

表6　手机依赖及各因子与自我效能感的相关

	手机依赖（总分）	戒断症状	社交抚慰	凸显行为	心境改变
自我效能感（总分）	-0.151*	-0.52	-0.261**	-0.164*	-0.105*

注 * $P<0.05$, ** $p<0.01$

统计结果显示，手机依赖总分与自我效能感总分存在显著的负相关，即手机依赖总分越高，自我效能感总分越低。在手机依赖各项因子方面，“社交抚慰”与自我效能感总分存在显著负相关，“凸显行为”与自我效能感总分存在显著负相关，“心境改变”与自我效能感总分存在显著负相关，“戒断症状”则没有表现出显著的相关性。

四、讨　论

（一）大学生手机依赖现状及差异分析

本研究显示，大学生的手机依赖在整体上处于中等偏低的水平，说明大部分大学生能够较为合理的使用手机。另外，在本研究中发现不同性别被试在手机依赖上表现出显著差异，在手机依赖整体及“戒断症状”“心境改变”维度上，女生的依赖情况比男生更为严重。以往有研究发现，女性比男性更易出现手机成瘾，但同时也有研究指出在问题型手机使用方面，男性使用者出现的概率和女性的相比较高。这可能是因为相比于男性大学生，女性大学生更倾向于和家人保持联系，喜欢进行频繁的交流。那些对于她们来说重要的人，女性大学生也会相对较多的保持联系，以及每天发送信息。虽然现如今手机依赖的影响因素还不明确，但在社会文化因素上或许可以找到一些解释。在西方文化背景下男女性别差异相对较小，而在传统中国文化中人们似乎更希望女性在人际关系上更要保持谨慎的态度，这使得她们在获取信息、保持人际关系上受到了一定的限制，尽管现如今女性在这方面受到的约束越来越小,但是传统的文化对女性的潜在影响可能会促使她们更倾向于采用手机与他人进行交流,而较少像男性一样采用面对面交流的方式,这可能也使得她们使用手机频率高于男性。女性为了维持人际关系需要在其中投入更多的情感也使得女性更易受到情感上的困扰,而男性对于手机的用途主要是在工作当中以及玩游戏时,这让男性有更少的情感卷入。

本研究中不同生源地的被试在“心境改变”维度上表现出显著差异,来自城镇的被试手机依赖较来自农村的被试高,这可能是因为城镇的被试能更快更好地接受和适应科技的变化,对使用的手机要求高,使用面广,对使用的体验要求更精致,所以可能更会产生情绪上的变化。

不同年级的被试在手机依赖量表总分以及“戒断症状”“心境改变”两维度上均表现出显著差异。大学生在大一刚进校时班级会组织相对多的活动,学校也会有各种社团来帮助新生积极融入新的学校生活,同时,新生也会对新环境感到新奇,会调动他们的探索欲望,也愿意拿出较多的时间去熟悉新的环境。因此新生的手机依赖得分会比高年级的学生低。在逐渐熟悉了学校生活后手机的使用开始上升,在大二、大三时手机使用最为频繁,已经完全习惯手机的使用并将其作为一种生活的习惯,到了大四时面临工作、考研等各方面的问题手机使用的行为开始逐渐减弱。以往也有研究发现手机使用年限越长,越容易产生手机使用问题。Lu 等人(2011)的研究显示出网络使用与年龄间没有表现出相关,但年龄和手机使用之间则存在着显著负相关。也就是说,对手机短信的依赖是有可能会随着年龄增长而减弱,但对于网络使用则不会。

(二)手机依赖与自我效能感的关系分析

本研究结果显示,手机依赖总分、社交抚慰维度、凸显行为维度、心境改变维度与自我效能感均存在显著负相关。Igarashi 等人

(2008)在研究中发现许多表现出神经质人格的个体的情绪反应和人际关系间的联系是通过手机使用的方式达成的。换句话说,具有神经质人格的群体愿意选择间接的交流方式来维持自己的人际关系,这些群体中的个体大都表现出焦虑和抑郁的特征,在对刺激的接收上他们的反应通常都很强烈和过激。王才康(2002)发现,一般自我效能感与焦虑、抑郁等因子在青少年这个群体中表现出显著负相关关系。本研究中社交抚慰、凸显行为与自我效能感之间表现出的显著负相关关系,或许与个体的人格特质有关。自我效能感涉及个体对于环境中的潜在因素个体是否能进行有效的控制,而人格特质在个体对事件的看法和归因上起到重要作用,三者的相关可能是因为神经质人格特质个体不能有效对环境进行把控感到焦虑,同时对现实中的挫折易产生激烈的消极体验,而使用手机会减少这种不确定性使个体减少焦虑感和消极体验,提升个体对事情的把控程度,于是使得个体依赖手机。在离开手机后,控制力再次减弱,使个体回到焦虑当中,再次增加了个体对手机的依赖性。

(三)对大学生合理使用手机的建议

学校应该组织多种的校园活动调动大学生的积极性,让他们远离孤独和焦虑。对于一些学生,如具有社交焦虑的学生来说,在人际关系上他们表现得比较敏感,这些学生为了降低人际关系所带来的焦虑感选择通过使用手机的方式进行交流,也以此来缓解孤独感。而学校组织活动一方面可以降低学生产生孤独感的可能性,另一方面也可以增强学生的归属感和安全感,以此来避免学生对手机的依赖。

学校可以就手机依赖方面的知识对学生进行普及,增强学生的自我控制能力。让学生了解到尽管手机是如今生活中不可或缺的一部分,但并不是生活的全部,而且手机在提供便利的同时也存在潜在的危险。让学生对手机依赖有所警惕,不要迷恋于手机的娱乐和交流功能。

五、研究结论

大学生手机依赖在整体上处于中等偏低水平,自我效能感处于中等偏高水平。大学生手机依赖在性别和年级两方面表现出显著差异,自我效能感在生源地上表现出显著差异。手机依赖总分及社交抚慰、凸显行为、心境改变三个维度与自我效能感呈显著负相关。

参考文献

[1]官佳奇,任玮.兰州市高校大学生手机依赖状况分析[J].新闻世界,2005,10(02).

[2]韩登亮,齐志斐.大学生手机成瘾症的心理学探析[J].当代青年研究,2005,12(04).

[3]甘启颖.大学生手机依赖与孤独感的关系:基本心理需要的中介作用[J].文山学院学报,2014,06(09).

[4]孙淑晶,赵富才.大学生一般自我效能感、应对方式与社交焦虑的关系研究[J].中国健康心理学杂志,2008(03).

[5]熊捷,周宗奎,陈武.大学生手机成瘾倾向量表的编制[J].中国心理卫生杂志,2012,26(03).

[6]王才康,刘勇.一般自我效能感与特质焦虑、状态焦虑和考试焦虑的相关研究[J].中国临床心理学杂志,2000(04).

[7]韩登亮,齐志斐.大学生手机成瘾症的心理学探析[J].当代青年研究,2005(12).

[8]刘勇,姜梦,陈健.大学生手机使用行为、手机依赖特点及其与人格特质的关系[C].第十五届全国心理学学术会议论文摘要集.

[9]Lu,X.,Watanabe,J.,Liu,Q.,Uji,M.,& Kitamura,T. Internet and mobile phone text – messaging dependency:Factor structure and correlation with dysphoric mood among Japanese adults[J]. Computers in

Human Behavior,2011,27(5).

[10] Igarashi, T., Motoyoshi, T., Takai, J., & Yoshida, T. No mobile, no life: Self - perception and text - message dependency among Japanese high school students[J]. Computers in Human Behavior, 2008, 24.

[11]王才康.中学生一般自我效能感与应付方式的关系研究[J].中国行为医学科学,2002,11(04).

基层法官挑战性—阻碍性工作压力的形成及其影响效应

王　从[①]　王　滢[②]

摘　要　以我国基层法院的法官为研究对象,从社会心理学与管理心理学的双重视角出发,探讨潜藏于社会环境层面、司法机构层面和法官个体层面的压力源。从工作压力源的二维结构挑战性—阻碍性工作压力入手,探讨司法工作压力对基层法官心理与行为的影响效应。同时引入个体差异性变量——职业韧性和压力应对策略,从外部和内部两个层面探查挑战性—阻碍性工作压力和个体差异性变量如何交互作用于基层法官的负性情绪、工作态度、工作倦怠、离职倾向等压力反应变量。

关键词　基层法官　挑战性—阻碍性工作压力　职业韧性　压力应对策略

法官队伍,特别是基层法院法官队伍,是否能在保证自身效率与廉洁的情况下以高度的尽责性与有序的队伍运转素质展开工作,关乎经济的发展、社会的稳定甚至国家的兴衰。为实现司法改革的战略目标,广大基层法官需在"内强素质、优质高效"的基本要求上努力

---

① 王从,天津商业大学法学院讲师,心理学博士。
② 王滢,天津商业大学法学院心理学系,本科生。

提高个人综合素质,并特别注重强化心理素质。就目前来看,基层法官群体的执业现状令人担忧。作为司法公正的代言人,长期身处刑事犯罪高发、职务犯罪多发的高压工作环境中,法官不仅肩负着维护法律尊严、司法公正的神圣使命,还承担着打击犯罪、维系社会稳定的工作职责,而随之而来的因工受伤、甚至死亡的职业风险也相对较大。同时,基层法官的工作特征对从业者的身心素质有着非常严苛的要求,比如敏锐的洞察力、丰富的想象力、缜密的分析能力以及独立、果断、坚定的意志力等。沉重的工作压力致使这一职业群体成为心理亚健康的高发区。无论是大型社会调查还是学术研究均发现法官群体的心理健康状况不容乐观,影响其心理健康的首要因素便是工作压力。针对全国 9 省 2931 名司法人员(法官、检察官、警察)的调查显示,高达 91.5% 的法官认为自己和同事所感受的压力大,其中,感到"压力很大"的受访者高达 47.0%。目前,在广大基层法官队伍中,一个普遍且亟须解决的棘手问题是在社会转型期内出现的具有长期性、传播性和持续性特点的工作压力现状及由此引发的一系列心理健康问题。鉴于这一问题的特殊性与群体性,近年来学术界给予了越来越多的关注。

当前对基层法官工作压力的研究普遍从一种宏观的、基于对社会制度和社会结构宽泛认识的角度出发,并由此在社会制度、社会政策及政府法规等层面提出应对压力的策略。对基层法官工作压力的形成、累积甚至演变成工作倦怠、离职倾向等中、微观研究视角缺乏关注,更没有系统梳理法官工作压力形成的影响因素,使得对当前基层法官工作压力的研究缺乏对具体情境下法官压力应对策略的有效解释力,所提出的压力管理策略随之成为无的放矢的泛泛之谈。因此,本文力图呈现社会转型期间基层法官工作压力的现状,厘清导致基层法官工作压力形成的社会心理因素,从而勾勒出基层法官工作压力的形成与影响效应轮廓,补充当前相关研究中微观视角的不足。

同时,在培养基层法官的职业韧性等工作压力管理方面提供参考依据,引导基层法官提高压力应对的技能、采用积极的应对处理方式,从而为基层法官各项日常工作的有效开展提供保障。

一、基层法官挑战性—阻碍性工作压力的形成

工作压力(job stress)是有机体与工作环境之间的一种特殊关系。关系中的各种不良刺激会引发个体的负性体验并伴随一系列的心理、生理反应。当个体自身的能力和资源不足以承担这种关系继而产生威胁感时,工作压力就形成了。工作压力包括压力源、压力中介调节过程和压力反应三个部分。其中,工作压力源(Work Stressor)指产生工作压力的来源,包括那些与工作有关的、能够影响个体身心状况的刺激或变化。因此,从源头上梳理法官工作压力的属性和形成过程,是法官工作压力研究的第一步。

一方面,从工作压力源对个体自身发展意义的角度看,可将其划分为挑战性工作压力和阻碍性工作压力两类。挑战性工作压力是个体认为那些高复杂性、超负荷且存在时间限制的工作,这种压力能为个体的成长与发展带来积极的激励作用;后者是对个体自身发展及目标达成起阻力效果的一类压力,主要以角色模糊、角色冲突和工作不安全等为影响因素,且个体常表现出难以战胜的认知倾向。

压力源的两面性暗示阻碍性压力源在消耗法官个体内在资源的同时,挑战性压力源也会激发法官个体主动应对策略的出现。另一方面,从影响工作压力源形成的社会心理背景视角,可从社会环境、司法组织机构和法官个体三个层面分别剖析法官工作压力系统的产生过程,法官工作压力系统再经由个体差异变量共同对法官个体产生了不同的影响效应。以下将对三个层次的压力源进行深入的探讨。

(一)产生压力型司法环境的社会背景因素

1.道德困境案件与难办案件的日趋增多

随着民众素质的提升与国家法治信仰方面的积极引导,社会整

体道德标准和道德期待呈现上升趋势的同时也让法官承担起了更多的压力,具体表现在民众对法官的更高要求并期待其能在司法判决中充分体现法律的权威性与公信力。换言之,在社会转型期的背景下,随着“道德困境”案件与难办案件的日益增多,社会整体价值观对执法人员提出了更高的道德标准、权威要求与公信期待。例如涉及劳动合同、物业管理合同、医疗服务合同的案件大量涌现,在新兴起的互联网络范围内,包括知识产权纠纷、对外贸易纠纷等案件也层出不穷。这些案件与民众自身利益高度相关,然而此领域内的法律法规还不够完善甚至趋于空白,给广大司法从业人员带来了诸多困难。在这种情况下,资深法官的压力主要来自知识老化与新知识更替缓慢;年轻法官的压力则更偏向于审判经验不足及增长此类经验的困难。尤其是涉及“道德困境”案件时,法官既要运用专业知识做出符合法律规范的司法裁决,又要权衡民众借助于网络、媒体等渠道形成的民意诉求与集体意识,他们不得不在法律话语体系与道德话语体系的天平之间维持心理平衡,力求案件判决能充分反映民众的共同道德观,努力实现法官工作的社会意义。情法两尽、宽严相济,面对民意与法律规范之间的角力,法律话语体系与道德话语体系之间的对决,司法裁决工作往往是在民众集体意识与媒体高度曝光的冲击下展开的,这一社会背景因素塑造了压力型司法体系。

2. 司法体制改革的不断深化

另一方面,司法体制改革的开展在保证司法独立、防治司法腐败以及防止冤案错案等方面树立并加强了司法权威,同时,也对法官提出了保持慎独慎微的要求。在案件审理和社会生活中看似细枝末节的东西,往往可能发酵成为巨大工作失误,而贴有“社会正义、法律权威代言人”标签的法官,其个人的工作失误可能会损害整个司法系统的公信力。为此,法官在整个职业生涯中对每个案件的审理过程及最终的判决都要秉承严谨公正的态度,且要努力保证执行后产生的社会影响能得到民众的认可,禁得起时间的考验。随着司法体制改革的不断深化,办案质量终身负责制和错案责任倒查问责制等一系列制度逐一施行,这些制度在赋予法官独立行使司法权力的同时也成了法官工作的压力源之一。

(二)司法组织机构内部的工作任务情景

工作压力是由某些自带隐性压力源特点的工作指标,如负荷量、复杂性、角色冲突等给个体带来胁迫性体验的结果。基层司法人员的工作压力也往往来自司法组织内的工作任务情境,如工作超负荷、工作—家庭冲突、职业风险等工作压力源。

1. 工作超负荷

工作超负荷(work overload)主要指个体面对以下一些情况:长期工作困难、存在加班压力、假期不足或休息时间不充分、工作量不合理或要求个体在超出可用时间与资源的条件下达到不可能完成的目标。一项针对某市两级法院法官的调研显示,明显感觉压力较大的法官占 46.58%,“希望暂停工作休息一段时间的法官高达 61.64%”。调研显示,法官的工作压力主要来自工作超负荷,经常加班是普遍存在的现象,有的法官一年所处理的案例高达 300 多件,一天至少处理一到两个案件,这其中还囊括了阅读卷宗、查实证据、开庭听取意见、写判决书等各种具体工作。由工作超负荷带来的压力感知和情绪衰竭会产生工作倦怠感,进而影响工作满意度和工作绩效。法官工作环境中的工作超负荷具体体现在工作强度大、工作难度高、审判风险高等方面。

当前法官受理案件数量与结案数量、助理职位的设置、所属部门以及法院层级等工作环境因素加重了工作超负荷的压力。与 2014 年相比,2016 年最高人民法院全年受理案件量与审结量分别上升 42.6% 与 43%,数量共计 15985 件与 14135 件。深圳市中级人民法院 2008 年受理案件的数量共计 33853 件;深圳市宝安区法院 2009

年一线办案法官共计84位，结案人均数为577宗；2008年的深圳罗湖法院一线办案法官仅70多人，受理案件数已达17000多宗，人均办案数为250宗，将休假、学习及其他组织活动时间除外，法官处理每个个案的时间平均不到一天。调查表明，结案数量影响着法官的工作满意度，月均结案11件以上的工作满意度均较低，月均结案量5件以下的法官工作满意则相对较高。并且，有助理的法官其工作满意度指数比没有助理的法官高出1.48。从助理职位的设置对法官工作态度的影响也可以看出，庞杂的事务性工作加重了法官工作超负荷的境况。此外，73.49%法官认为审判压力过大，而审判压力与法院层级及法官所属部门相关。案件相对较少，审判压力较小的法官工作满意度指数都相对较高。例如，下级法院法官工作满意度远低于最高法院，法官对综合部门的工作满意度为50.31，而对审判部门的工作满意度仅为46.29。

法院审判管理制度、司法监督体制和法官绩效考核机制的不断精细化，在一定程度上也催化了法官工作超负荷的境况。针对全国9省法官的调查显示，67.8%的法官认为最大的压力源便是绩效考核的压力。针对32个省市、自治区（未含中国香港特别行政区、中国澳门特别行政区）的四级法院的普通法官的调研显示，57.54%的法官认为奖励、考核、晋升机制缺乏公平性。全国法院案件的质量评估和法官绩效考核的工作在最高人民法院出台了《关于开展案件质量评估工作的指导意见（试行）》和《人民法院第三个五年改革纲要（2009—2013）》后全面推开。法官绩效考核的评价指标主要包括办案数量的多少、办案质量的高低、社会政治效果的好坏、案件的结案率、调解率、上诉率、发放改判率、案件的审理时限等方面。法官在顶住绩效考核压力的同时还要面对法院内部、外部的监督主体。检察机关、新闻媒体与民众等都是外部监督的主力军；法院领导、案件质量评查部门以及纪检监察部门等负责进行内部监督。严格的司法监督与考核体制使得本就工作超负荷的情况愈发严重,长期处于超负荷高压工作状态的法官群体成了“刀尖上的舞者”。

2. 工作—家庭矛盾

工作—家庭矛盾(work – family conflict)是在工作与家庭情境中由个体自身角色压力所引起的角色间冲突,它能有效预测个体知觉到的压力。工作—家庭矛盾对个体的生理健康、心理健康均有负面影响。例如,抑郁、工作倦怠及高血压的发生频率均与工作—家庭矛盾呈正相关。法官面临的工作—家庭冲突的压力来自法官工作本身的特性,例如工作时间、工作需求等。

工作时间作是工作—家庭冲突的一个显著预测变量,具体表现在个体承担家务与参与家庭活动的时间被更长时的工作时间占据,因此体验到更高强度的工作—家庭冲突。已有研究调查了近年来法官工作时间延长的不良影响。一方面,自 1978 年的 61 万件到 2015 年的 1200 多万件,法院受理案件数增长约 20 倍。而另一方面,法官人数仅增长 3 倍多,与案件增幅数严重不匹配。由于审理的时间期限,法官工作时间“强制”延长,以至需要经常加班才能完成任务,部分法官开庭量明显加大,甚至会有一天开 12 个庭或每年加班六个月以上的情况出现。毫无疑问,经常加班的法官工作满意度低于偶尔加班的法官,并且明显低于不加班的法官。特别是每周加班 10 小时以上的法官,其工作满意度明显偏低。

法官并非生活在真空中,除职业角色外,他们也要扮演父母或子女、妻子或丈夫的家庭角色,承担赡养老人、抚育子女等家庭责任,平衡工作角色与家庭角色间冲突所产生的压力。全国 9 省两千多名被调查的法官之中,48.1% 法官认为“生活压力”是他们面临的压力源之一。工作时间延长、工作需求的增高导致法官在家庭中承担责任不够,一旦遭遇生活中的某些负性事件或突发状况(如子女待业、家人生病住院等情况),工作—家庭冲突必然会传导到法官的日常工作中，增加其工作压力体验。

3. 职业风险认知

职业风险指在工作过程中产生的可能引发严重后果并常伴有紧张、压力、危险等认知的特殊情境。高度的工作压力往往与个体知觉到的职业风险及不安全的组织氛围有关。承担有关工作事故责任的个体，其工作满意度相对较低，经历过工伤的个体，其组织承诺更低且知觉到的工作压力更大。法官的职业风险指在特定的工作情境下，法官感到对自己生存和发展产生负面影响的行为、环境及一切不利因素存在的总和。法官的职业风险通常可分为司法组织外部环境风险和司法组织内部系统风险。前者主要指来自当事人的威胁辱骂与人身攻击风险；后者主要指审判风险与工作失误的风险。

司法组织内部系统风险主要指的是审判风险。调查发现，78.01%的法官认为审判风险过高。审判风险又包括两个方面：第一，事实认定风险。被调查法官中，43.95%都担心办错案，在适用法律时，会面临法律事实与客观事实冲突带来的职业风险。第二，裁判错误风险。法官认为错案责任制度不合理的占49.89%，法官在裁判时，可能会出现适用法律不当，被认定错案，受到领导批评甚至追责的风险无法避免。除审判风险外，工作失误也是一种组织内部系统风险。由于法官除了开庭和裁判之外，需要从事多种程序性和事务性的工作，法官在排期、文书送达、诉讼保全等工作中容易出现超期审理、送达不到，未及时查封、续冻，从而造成当事人财产损失、裁判文书瑕疵等风险。

法官工作的特性决定了这一职业本身蕴藏着职业风险的压力，这种压力常常源自当事人一方。全国9省两千多名被调查的法官之中，41.2%的人感受到了当事人及其家属的压力，40%的人感受到了上访的压力。有研究发现，由于近年来基层法官及其家属遭受当事人伤害的案例数不断上升，执法从业人员对自身及家人的人身安全给予了更多关注,并适时提高了个体的心理敏感性。来自当事人的暴力言语或身体攻击以及信访风险都是法官常常面临的组织外部环境风险。调查显示,认为法官当前处于一个司法环境恶劣并随时可能面临当事人"辱骂和人身攻击的风险"的执法人员占 75.19%。基层法官作为调整当事人之间利益分配问题的正义屏障,常常难以达到情法两尽、宽严相济的高度。当事人由于对审判结果不满而迁怒法官,甚至采取上访、缠诉的行为往往是由于对高度专业化的诉讼程序和法律术语知识的匮乏所导致的。因此,法官在工作中遭遇当事人的指责辱骂甚至恐吓诽谤、暴力伤害的情况屡见不鲜。在基层法院,法官在办理每起案件之时,都要承受着巨大的心理压力。此外,当事人的信访申诉行为也是法官职业风险的压力源之一。在被调查法官中,担心当事人信访、闹访的法官占 73.83%。当前的信访申诉制度允许当事人在判决生效后采取信访申诉。因此,一些当事人的施压方式不惜从多次上访、赴省进京上访升级为极端的暴力上访。

二、个体差异性对基层法官工作压力的影响

基层法官工作压力的形成是环境因素与个体因素交互作用的结果,在基层法官"工作压力—心理与行为反应"这一关系中,法官个体层面的因素可能直接作用于法官的心理与行为反应,也可能间接地起作用。因此,引入个体差异性变量——职业韧性与应对策略,探究挑战性—阻碍性工作压力如何通过职业韧性与应对策略影响法官个体的压力水平,进而影响法官的心理与行为反应。

(一)职业弹性

职业弹性(career resilience)作为人格特质的一种,指个体在消极的环境中对职业阻碍的克服。职业弹性保证了个体在高强度的工作压力下仍呈现出低水平的职业倦怠,使个体能够从不乐观、矛盾、失败或超负荷的情况中弹回或复原的能力。职业弹性不仅对个体工作态度、决策和行为产生影响,还对个体克服工作压力及其他职业障碍

起积极建构作用。在面对工作问题时,高职业弹性水平的个体更倾向于采用问题解决的策略,通过积极的问题解决实现积极的学习行为。此外,高职业弹性的个体还会进行更多的自我评价和反馈,针对自己工作能力和技能上的不足,及时予以改正。职业弹性不是一种静态的法官个体特质描述,而是一个动态的过程变量,表现为法官对抗压力的适应调节过程。它通过多次作用于基层法官"工作压力—心理与行为反应"这一关系中,一方面可能对法官恢复到高压水平之前的状态有所帮助,一方面更可能使法官突破自身能力限度,达到一种更具适应性的心理状态。因而,引入对职业弹性的探讨,可为基层法官工作压力管理的方式提供有效补充和前沿视角,以期在司法工作实践中对如何帮助基层法官建立健全内外保护性因子、引导基层法官利用已有条件缓解压力的问题提供创新性思路。

(二)压力应对策略

"应对"指个体在面对外界刺激所引发的负性心理体验时为保持适应的平衡状态而采取策略的一系列心理活动,是个体对主观认为超出自身能力资源范围的特定内外环境要求,而做出的不断变化的应答和行为努力。不同社会环境、不同情景下,个体针对不同应对目标所产生的应对行为、应对策略及相应的应对结果往往不尽相同。

对法官压力应对策略的研究发现,法官在面对压力时倾向于综合运用各种压力应对策略,既存在积极的问题解决取向,也存在消极的情感取向,还有部分呈现中庸取向。但是,与常模相比,司法人员在"求助"和"发泄"两个维度上的得分稍低,这或许与法官工作本身的职业特性有关。一名合格的法官不仅要有良好的纪律性、独立性,还要具备坚强的意志,这就解释了为什么法官在应对压力时往往较少地采取"求助"策略或者"发泄"策略。

三、工作压力对基层法官心理与行为的影响效应

现有研究已经证实了工作压力对身体和精神状况的不良影响。

长期压力的累积不仅会造成急性和慢性的健康问题,还会导致焦虑、抑郁负性情绪反应,工作绩效和工作满意度的下降,甚至最终引发工作倦怠、离职倾向等严重后果。本文从负性情绪、工作倦怠、离职倾向三个角度讨论工作压力对基层法官心理与行为的影响效应。

(一)负性情绪与消极的工作态度

负性情绪反应是个体对应对压力后所产生的心理结果。法官在办案过程中因担心职业风险而如履薄冰,常常处于一种压抑的心境状态。压力打破了个体与环境之间的平衡关系,随着压力水平的提高,个体的抑郁、焦虑水平往往呈现上升趋势。工作压力对个体的破坏性影响是危险的,任由焦虑、抑郁负性情绪的不断累积,就有可能催生自杀意念、甚至自杀行为。除极端行为外,工作压力也会引发消极、不满的工作态度。针对 32 个省市、自治区的四级法院的院长、庭长以及普通法官的调研显示,超过一半的法官都不满意目前的工作状态。该研究收回有效问卷 2660 份,只有 12.37% 的法官表示非常满意或比较满意,而感觉不太满意和很不满意的比例合计高达 57.11%。如果法官将负性情绪和消极的工作态度宣泄给当事人或律师,就可能导致法官在判决或执行过程中夹带个人情绪或主观偏见,破坏司法的公平、公正。

(二)工作倦怠

工作倦怠指个体在面对过度的工作压力,或因为工作相关的不满情绪而引发的一种工作退缩、工作热情减少和使命感降低的心理活动。工作倦怠是工作压力的一种极端形式,当个体不能有效应对持续的工作压力时,这种压力就会产生以情绪衰竭、消极疏离和低成就感为典型症状的工作倦怠。低成就感则又会变为个体难以从工作中获得意义感以及对职业前景的消极预期。例如,针对某市两级法院法官的调研显示,能够"频繁"和"每天"从工作中获得"满足感"和"意义"的比例分别为 15% 和 11.67%。大多数法官认为自己的职业晋升前景是昏暗的，他们并不认同“只要认真工作就有晋升机会”。在全国9省市受访的法官中，54.8%的人认为职业晋升的空间小。法官群体对自己的职业晋升前景表现出比检察官和警察更多的悲观情绪，调查显示认为自己“几乎没有晋升机会”的法官超过了总数的两成。

（三）离职倾向

法官离职的首要原因是工作压力过大。一项针对32个省市、自治区四级法院的法官调查显示，考虑要离开法院的法官占94.47%，其中57.37%的法官认真考虑过想要离开法院，且目前正在进行离职准备的人也占了9.81%；仅有5.53%的法官表示从没有想过离开法院。由此可见，法官群体的离职倾向普遍较强。更为严峻的是，地方法官的离职人数呈现逐年上涨的趋势。以上海法院为例，2013年有超过70位的法官离职，2014年离职法官上升为86位。北京、广州、江苏也呈现出法官的“离职潮”趋势。从2010年到2014年，北京市法院流失法官总数达471人。2013年至2016年，广州市两级法院有165位法官离职。2013年、2014年和2015年江苏苏南A市两级法院离职人数分别为10人、19人和25人。江苏苏南B市两级法院在2015年有19位法官离职，比2014年增加了146.20%。法官群体的职业压力大、职业待遇低、职业晋升空间小，必然导致法官群体有着较差的职业稳定性与较高的流失率。

四、结语

本文结合个体层面和社会层面两大因素，系统阐述了基层法官工作压力的形成与影响效应。一方面不同性质的压力源本身会对法官产生不同心理、行为影响；另一方面，社会心理视角下各因素间的隐性配合对工作压力系统起到增幅效应。道德困境与难办案件增多的背景下，法官自身能力的提高与民众期待的满足成为社会转型下的法官工作压力源，与之伴随的司法体制的严谨细微化逐渐将潜在工作压力内化到司法从业人员的价值观中。工作超负荷、工作—家庭的难以平衡及职业风险认知的提高,演化为加剧法官压力体验的外部刺激。加之职业弹性的缺失与缺少适应性的压力应对策略,浸润于负性消极情绪下法官群体的工作倦怠与离职现象时有发生。基于此,未来研究有必要编制法官工作压力量表和影响因素量表,构建法官工作压力测量工具。结合法官工作压力量表的测量结果,客观评价当前的法官工作压力现状,并进一步通过大数据技术,搜集网络上关于法官工作压力问题的事件资料,与传统的问卷、访谈、参与观察以及案例分析等结果进行比较与综合,为实现预测法官工作压力危机提供行之有效的指标参考。

参考文献

[1]胡洁,钟慧,罗红,等. 司法人员压力应对方式研究——基于楚雄地区51个样本的实证分析[J]. 苏州大学学报(自然科学版),2014,29(1):52-59.

[2]吴洪淇. 法律人的职业化及其实现状况——以九省市实证调查数据为基础[J]. 证据科学,2015,23(1):81-93.

[3]Folkman S, Lazarus R S, Gruen R J, DeLongis A. Appraisal, coping, health status, and psychological symptoms[J]. Journal of Personality and Social Psychology, 1986, 50(3): 571.

[4]Cavanaugh M A, Boswell W R, Roehling M V, Boudreau J W. An empirical examination of self-reported work stress among U. S. managers[J]. The Journal of Applied Psychology, 2000, 85(1): 65-74.

[5]许健. 慎微:压力型刑事司法"情法两尽"的思考[J]. 法学评论,2016,34(04):105-112.

[6]Caplan R D, Jones K W. Effects of work load, role ambiguity, and type A personality on anxiety, depression, and heart rate[J]. The Journal of Applied Psychology, 1975, 60(6): 713-720.

[7]Altaf A,Awan M A. Moderating affect of workplace spirituality on the relationship of job overload and job satisfaction [J]. Journal of Business Ethics,2011,104(1):93 –99.

[8]周媛媛.双因素理论视角下司法人员工作倦怠的实证分析[J].法制与社会,2019(34):46.

[9]Nirel N,Goldwag R,Feigenberg Z,Abadi D,Halpern P. Stress, work overload,burnout,and satisfaction among paramedics in Israel[J]. Prehospital and Disaster Medicine,2008,23(6):537 –546.

[10]陈强.司法工作压力的性别分析——从女性法官群体切入[J].金陵法律评论,2016(1):13.

[11]彭容.法官群体心理压力及缓解措施浅析[J].市场周刊(理论研究),2014(10):39.

[12]胡昌明.中国法官职业满意度考察——以2660份问卷为样本的分析[J].中国法律评论,2015(4):197 –199.

[13]Frone M R,Yardley J K,Markel K S. Developing and testing an integrative model of the work – family interface[J]. Journal of Vocational Behavior,1997,50(2):145 –167.

[14]Van Daalen G,Willemsen T M,Sanders K. Reducing work-family conflict through different sources of social support[J]. Journal of Vocational Behavior,2006,69(3):462 –476.

[15]姜峰.法院“案多人少”与国家治道变革——转型时期中国的政治与司法忧思[J].政法论坛,2015(2):25 –37.

[16]Holcom M L,Lehman W E,Simpson D D. Employee accidents:Influences of personal characteristics,job characteristics,and substance use in jobs differing in accident potential. Journal of Safety Research[J]. 1993,24(4):205 –221.

[17]李霞,尚玉钒,吕升学.基层法官职业风险,组织支持对组织

承诺的影响作用研究[J]. 西安交通大学学报(社会科学版),2013,33(1):106-113.

[18]张青. 基层法官流失的图景及逻辑:以 Y 省部分基层法院为例[J]. 清华法学,2018(4):5.

[19]London M, Noe R A. London's career motivation theory: An update on measurement and research. Journal of Career Assessment[J]. 1997,5:61-80.

[20]Borgen W A, Amundson N E, Reuter J. Using portfolios to enhance career resilience. Journal of Employment Counseling[J]. 2004,41(2):50-59.

[21]汪新建,史梦薇. 中国人压力应对研究:基于主位与客位的视角[J]. 心理科学进展,2013,21(7):1239-1247.

[22]Williams S, Cooper C L. Measuring occupational stress: development of the pressure management indicator. Journal of Occupational Health Psychology[J],1998,3(4):306.

[23]Andrews B, Wilding J M. The relation of depression and anxiety to life-stress and achievement in students. British Journal of Psychology[J],2004,95(4):509-521.

[24]Maslach C, Schaufeli W B, Leiter M P. Job burnout. Annual Review of Psychology[J],2001,52(1):397-422.

[25]李浩. 法官离职问题研究[J]. 法治现代化研究,2018(3):1.

[26]周洁. 北京法院法官离职之数据解读[J]. 中国审判,2015(20):49-51.

[27]舒扬. 法官离职现象评析——以广州法院为样本[J]. 法治论坛,2016(4):383-393.

程序正义感视角下警察执法活动研究

艾　娟[①]　李　静[②]

摘　要　随着人类社会法治建设的不断推进,对警察执法的要求不仅仅停留在有正当的程序法规范,而是将提升社会公众对执法活动的程序正义感作为更高的目标。基于正当程序标准与程序正义感出发,探讨目前警察执法活动存在的尊重不足问题,其背后的原因是作为执法对象的社会公众,在警察的执法过程中缺乏被尊重感,感受不到警察的中立性并受到区别对待。为了更好地提升公众内心的程序正义感,应该尝试从开展程序正义培训、加强监督以及强化警察系统内部正义三方面着手,使每一位社会公众都能从心里切实感受到公平正义。

关键词　程序正义感　警察执法活动　尊重　中立　温情

正义作为人类基本价值追求,在法律制度日益完善的当下,被赋予了更高的期望。而随着我国法律体系的进一步完善,客观上拥有合乎正当程序的法律规范的目标已经近乎完成,随之而来的是进一

---

① 艾娟,天津商业大学法学院副教授,研究方向为社会心理学。
② 李静,天津商业大学法学院学生。

步提升公民对程序正义的感知。

一、程序正义感的起源与发展

正义是一个历久弥新的话题,随着实体法的日益完善,对程序正义的研究也如火如荼地进行。20世纪80年代,佛罗里达州立大学教授迈克尔·贝勒斯提出了正当程序应满足的四项标准:无偏私、得到听证的机会、决定的依据以及形式主义四项标准。其中“无偏私”即为裁判者需保持中立,不得与当事人一方单独接触;“得到听证的机会”即为保证当事人有获得听审的权利,并将当事人的陈述、供述记录在案;“决定的依据”指的是裁判者需要将做出最终裁决的实体法依据告知当事人,并做好释明说理工作;“形式主义”即将正义以看得见的方式实现,它包含以下内容:类似案件适用同样程序和相同规范的一致性和遵循先例原则,按照公布的程序做出裁决的遵从规则性。与前人的研究相比,贝勒斯更多的是站在当事人角度,考量怎样能够最大限度地体现对当事人的尊重,维护当事人的尊严。同时这四项标准也更加具体明了,在现实司法活动中更有可行性。

但运用正当程序标准对程序进行评估的结果还是从人的主观感受出发,基于此,学者蒂博和沃克将程序正义分为客观程序正义与主观程序正义,并主张应以人的主观意识和内心感受为出发点,将当事人内心的程序正义感作为评估一项程序是否正义的标准之一。经过试验,他们发现影响当事人对公平正义评价的因素不是判决结果,而是与判决程序相关的因素。在此基础上,林德和泰勒进一步对影响程序公平的因素展开研究。调查显示,在纠纷解决过程中的个人控制、表达自由、判决者对当事人意见的考虑、判决中立与一致性以及当事人是否受到礼貌对待等过程相关因素都影响着当事人对程序是否正义的评价。

要使正当程序能够以看得见的方式实现,就必须使得程序的正义能够在适用过程中被当事人和社会公众所感知。结合贝勒斯的正当程序标准,影响主观程序正义感的因素与客观程序正义的评价标准在中立且无偏私、意见表达自由并被判决者纳入考量范围以及判决一致性等方面具有相同性。若要使当事人从内心感受到公平正义,除了当代社会要有彰显公平正义的法律外,在程序实施过程中更要注重倾听当事人意见、体现尊重、保持中立、礼貌对待当事人。

近年来,各国警察执法活动日益成为社会公众关注的焦点。不少警察办人情案、执法态度差以及忽略当事人意见等负面形象不断被曝光并引起热议。但警察执法作为与社会公众接触最为密切的法律活动之一,对于社会公众内心的程序正义感的形成具有极大的影响。以上文影响程序正义感的因素为理论基础进行分析,一些国家警察执法活动亦呈现出缺乏尊重,偏私办案的现象。为提高社会公众内心对警察执法程序的正义感知,对尊重与中立两个因素进行分析并提出对策则是重中之重。

二、尊重

试想,在适用于同一法律条文的不同案件中,若法律素养相近的不同当事人对法律实施过程分别产生程度不同的程序正义感,那能够产生差异的因素之一便是法律实施者。所以,当事人程序正义感的高低与法律实施者对待他们的方式之间的联系十分密切。

(一)于当事人而言,何为尊重感?

一旦将法律实施者纳入程序正义感的考量范围,便推知程序正义感本身便包含了两个因素:决策过程质量与人际关系质量。其中决策过程质量是指法律实施者在裁决过程中保持中立、准确运用法律的程度;人际关系质量指在与当事人的接触过程中,能否礼貌、尊重地对待对方。根据群体价值理论,一个在群体内受到尊重的成员会支持其所在群体内的程序,而那些遭到不礼貌或不尊重对待的成员会认为群体程序是不公平的。因此,产生程序正义感的前提就是受到尊重。现代社会中,每个人都有自己独特的思想和想法,当自己的意见被倾听、被采纳便是作为纠纷中心的当事人体会到被尊重的来源。可见,有机会表达意见且其意见能够被裁决者考虑采纳对程序正义感产生及高低有着重要的作用。

表达意见是程序正义感的重要来源,对于当事人而言,警察对自己意见的收集与采纳是自己获得尊重的重要表现。2006 年 3 月,某市的刘先生路遇抢劫并被刺伤,周围群众听到呼救后先后三次拨打"110"电话报警,接警人员均未指令出警。当围观群众第四次报警,派出所民警到现场时,距离刘先生受伤已过去近两个半小时,此时刘先生已因失血过多死亡。2018 年 5 月 12 日,某市民警在帮助醉酒走失老人回家的过程中,多次与围观群众发生言语冲突,更是在老人要求见到自己儿子时发出"本身找人就不该我们找""关我们啥子事"的言论。程序正义感产生的重要因素是当事人或社会公众能够充分参与、充分表达,使他们能够感受到自己的问题、意见得到了充分的重视、体会到自己对整个执法过程的控制感。但前述两个案例当事人的利益和社会公众的出警要求没有得到警察的及时回应,可以说当事人与公众根本没有开启警察的执法活动,其控制感和被尊重更是无从谈起。

(二)提升当事人尊重感的对策

实际上,是否尊重当事人和社会公众与警察个人的素质有很大关系。解决尊重缺失的关键,在于提升警察的个人综合素质和提高其对程序正义感以及对尊重他人的重要性的认知。可以从以下两方面着手:

1. 开展关于执法程序正义的培训活动

这一点引起了许多国外学者的研究,例如美国的一项培训项目实验要求参加培训实验的警察需要经过五个方面的培训课程,分别是:明确程序正义概念并讨论执法目的,分组讨论警察对社会公众的期望以及社会公众对警察执法的期望,深入讨论程序正义原则,分析种族等因素对传统警察执法活动的影响，观看符合规范的警察当街拘捕毒贩行为的视频并就自己在培训中的收获而发言。此次的课程设计与警察单纯接受政策、法律培训不同，它将社会公众感受与警察执法活动相联系，进一步强调程序正义感对执法活动的很重要性。经过对实验数据的分析和长期监测，得出的结论是这次培训确有效果，警察执法活动中能够更好地注重当事人的感受，倾听意见并给予尊重。因此在日常的警务工作中进行关于规范执法方面的培训则确有必要。

目前，我国不少地区也开展了警务培训。例如，浙江大学继续教育学院推出“公安系统干部能力提升培训班”。在课程设置方面，有“如何运用法治思维法治方式解决社会矛盾”“信息公开透明与提升执法公信力”“新时代群众工作能力提升与和谐警民关系建设”等课程，从思想建设以及工作方面上全方位体现对提升警务活动质量、增强当事人以及社会公众内心的程序正义感的重视。

虽然开展培训确有效果，但一旦培训结束后，警察都返回了自己的工作岗位，这种培训效果是否能够继续存在仍然是未知数。单次培训并不是能够改变警察执法活动的捷径，要想彻底改变警察执法活动，后续的持续考察以及强化训练必不可少。就像经验丰富的警察在见到当事人以及周边环境的一刹那，就能够对基本案情做出判断，我们有理由相信如果开展的次数足够且内容恰当的程序正义原则培训，接受培训的警察也能够在今后的工作中本能地开展合法规范的执法活动。

同时，开展培训也要注意以下几个方面：首先，接受相关培训的警务人员范围不能仅仅局限于日常进行执法活动的民警，领导层也应接受同样的培训，如此进行上下一体的培训才会存在全面改革的可能性。其次，要坚持理论培训与实案检验并重。定期开展理论培训确实能增进警察对程序正义原则的各个方面的理解，但实案演习才是检验培训成果的最佳方式。同时,在演习中反映出的问题,也可以为今后的培训确定重点与方向。

2. 重视并打造警察系统内部的程序正义

提升警察系统内部的程序正义则是着眼于提升整个警察系统的执法规范性、合法性,为每一位警察都能在执法活动中尊重当事人营造内部环境基础。

根据对程序正义的群体价值模式的研究,人们会深受群体认同的影响。而构成群体的每一个个体对程序正义的态度也是影响群体认同的重要因素。就警察系统内部而言,使每一位警察都能感受到程序的公平正义至关重要。正如群体价值理论所提及的:一个认为在群里内受到尊重的成员更有可能仅仅因为群体支持这些特定的程序,就认为群体程序是公平的。所以,内部程序正义的关键就在于尊重。内部程序正义更加注重警察系统内部的各项流程规范能否照顾警察的个人尊严感。换句话说,就是给予每一位警察发言的机会、尊重他的意见并纳入决策考虑范围内、保障警察对警局内部与自身相关大小事务的知情权。而要进一步增强警察系统内部的程序正义,除了领导层人员要注意自身言行,更重要的是拓宽基层警察反映意见的渠道,给他们更多的机会与平台表达自己的看法并且保证其工作的正常进行。警察在内部得到了尊重、感受到公平,其在进行执法活动时,才能将尊严感传递到当事人与社会公众心中,倾听并考虑他们的意见,提升对程序正义的内心感受与对法律的信服。

三、中立无偏私

通常认为,法律维护正义的前提是保证平等,而平等也是程序正义感产生的前提之一。程序正义的标准之一便是法律一致性,即平等对待当事人,同样的情况同样对待,不同的情况不同对待。

(一)何为警察中立无偏私执法

公平正义的法律要求每一位纠纷当事人都有得到独立且无偏私

裁决的权利,而一个案件中的偏见因素会加大裁决者做出正确裁决的成本。研究表明,当人们评价程序是否能够带来公平正义感时,会适用裁判者不偏不倚、对当事人是否有偏见之类的标准。若法律实施者在解决当事人纠纷时无法保持中立,对一方有偏见或与一方有利益联系,即便当事人全程参与了纠纷解决过程,在自己的诉求没有得到认可或自己的利益受到损失的情况下,他仍然会认为此次纠纷解决缺乏公平正义,甚至会对法律失去信任。要使当事人产生程序正义感,警察在执法过程之中则不应有任何偏袒和区别对待的行为。

但执法实践中,人情案、关系案、执法不一的现象却时有发生。2014 年 5 月 23 日,某市市民爆料自己因在行车过程中被后车追尾而报警,警察到达现场后,肇事方一位"老马"便称呼警察为"老表",可见他与警察为表亲关系。随后该警察懈怠执法、拒绝处理,当事人多次到交警大队寻求帮助才得以解决。我国的人情社会现状使得"人情案"层出不穷,正如这位警察因与肇事方的"熟人关系"便多次拒绝处理纠纷一样,有利害关系的裁决者可能会更加偏袒存有特殊关系一方,做出正确裁决的可能性也就更小。而在曝料的那位当事人知晓二人之间的利害关系后,也就不可避免对法律、程序适用的正确性产生怀疑。在 2019 年 7 月 10 日,有网友曝料称,面对某城市地铁上的中国乘客与外国乘客都违反地铁饮食禁令的情况,执法人员却做出了仅对外国乘客进行口头劝阻,对中国乘客进行了行政警告的区别对待。这种不一致的决定就是对个人不平等的对待,受到不平等对待的当事人通常就会认为这种结果是不公正的,丧失正义感的恶果也就由此产生。

(二)促使警察中立执法的对策

警察在办案过程中无法保持中立与区别对待的迹象可以通过办案过程中的言语交流、肢体动作以及案件纠纷的处理结果体现出来,仅仅依靠开展培训、普及程序法规则等手段恐怕难以达到规制效果。

对警察的每次执法活动都进行监督,记录执法活动中有无偏私现象的事中监督结合对处理结果形成报告,由上级不定期抽查的事后监督,可以对执法过程和案件结果进行全方位的掌握。同时,将这一指标作为日后评优的考量标准之一,则更能使中立执法引起足够的重视。

所谓事中监督是采取必要方式对警察整个执法过程进行记录。我国也早已在警察队伍中配备了执法记录仪,并要求在执法过程中全程开启录像,使得警察在执法过程中的执法程序,执法用语、动作被完全记录下来,形成有力监管。这对警察约束自身的执法行为产生极大的作用。在执法现场与利害关系人相互接触或出现了同案不同裁的情况都能够留有记录,若日后存在当事人不服执法决定主张复议或诉讼时,也留有证据。同时,从社会公众的角度出发,执法记录仪也会使当事人真实地感受到透明公开执法,从而更容易接受纠纷处理结果,形成公平公正的内心感受。但现实中的执法记录仪的使用情况却不尽人意,执法记录仪没电或功能存在缺陷、执法人员未掌握使用方法或轻视其作用而不佩戴等情况时有发生。这就进一步要求我们针对执法记录仪的使用建立严格的管理规定。如:规定统一生产质量标准,严格控制执法记录仪的质量问题;开展关于执法记录仪使用方法的专门培训;制定强制佩戴规定,要求警察出警时必须佩戴并使用执法记录仪;制定执法记录仪管理规定,分配专门人员负责仪器的充电、检查等日常管理工作等,使执法记录仪更好地发挥实效。

事后监督则指警察在执法活动结束后,将执法详情形成报告并上交,由上级领导进行审查。监督者会议这一概念值得借鉴,它是指要求警察在执法活动完成的 24 小时或 48 小时后,与其上级领导对案情进行交流,如:在到达现场后观察到什么情况,做出处理决定原因等细节,目的是考查警察在执法活动中是否存在偏私行为。相较书面报告，由执法警察对自己负责的案件进行详细的描述能够省略警察对自己执法活动的美化部分，从而更加真实可信。同时，也能够进一步规避事中监督存在的躲避摄像头拍摄或利害关系人私下交流的问题。考虑到我国出警案件数量巨大、警务人员不足的实际情况，形成“一案一会”的日常监督模式显然不切实际。故采取书面报告与分析案情会相结合的方式则更加适宜，即每次出警必须形成案件报告，上级领导将不定期地请侦办所有本辖区重大案件和随机抽选的普通案件的执法民警举行案件分析会议。

以执法记录仪为代表的事中监督与案件报告和案件分析会并重的事后监督相结合的监督方式能够全方位监督警察的执法活动，使公众更加直观地感受到警察执法活动的透明与公开，进一步规避执法不公、办案不廉、以权谋私等破坏警察在公众内心形象的不良因素，提升公众内心的程序正义感。

四、中国文化背景下的温情执法

事实上，程序正义感依旧是公众的主观感受，而生活于不同文化背景下社会公众会对正义评价有不同的侧重点。尊重与中立正是美国学者在其注重法律程序的社会文化观念的影响下提出的，虽然对于提升社会公众内心对警察执法的正义感知具有重要作用，不过立足我国社会文化背景，人与人之间的“情义”则有更大的参考价值。所以，在我国程序正义感更是“情”与“义”交融的产物。

（一）为何要推行温情执法

从古至今，中国人都对“情”与“义”格外重视，重情重义更是中华民族五千年历史长河中的价值追求。尽管目前依法治国已成为价值主流，但这里的“法”是公正的，更是有温度、有情义的，是兼顾法律条文与人文关怀的。在法律实施过程中更是如此，法律实施者要规避机械适用法律带来的冷漠，使纠纷当事人同时体会到法律的威严与温暖。简单来说，程序正义感就是当事人对法律实施过程的态度，而这种态度很大程度来源于法律实施者对待当事人的态度。虽然，居高临下的命令性执法会使当事人和社会公众感受到法律至高无上的权威,但同时也会必然带来对法律的畏惧与敌意。这种对法律的“仰视”使人们被动地接受并服从法律的实施,程序正义感便荡然无存。因此执法活动能够收获公平正义的高评价,其背后也必然有一位有礼貌、懂尊重、讲“情义”的法律实施者。

现如今,温情执法一直为社会各界大力称赞,将法律变成有温度、讲人情的法律也是当下热议的重点话题。2021 年 3 月 4 日,浙江省海宁市警方追踪到湖南抓捕犯罪嫌疑人杨某某时,面对杨某某年事已高的奶奶,警察以谎称是杨某某的同学并要和他一起出差的方式安抚奶奶的紧张情绪。进入杨某某的房间后才表明身份,顺利带走杨某某。海宁市警方切实考虑当事人的处境,在维护法律尊严的前提下,消散的是社会公众对警察暴力执法和法律冰冷无情的刻板印象,留下的是当事人和公众对法律的信任、对执法活动的配合以及高度的程序正义感。

(二)打造警察温情执法大环境的对策

贯彻温情执法对于警察而言,要准确定位自己的社会角色。以真正的人民公仆代替居高临下的裁判者角色,同时加强与各个社区居民的交流,实现“零距离”接触。目前,各个社区都张贴了辖区民警的联系方式,不仅使居民困难可以能够被迅速、便利地解决,更将“有困难找警察”的观念深入人心。此外,对于社会公众所提出的要求应在自己的能力范围内积极解决或帮助联系相应部门,将文明执法、便民执法落到实处。同时,也应在依法享有的自由裁量权范围内帮助相对弱势群体,满足社会公众的合理诉求,做好人民服务者与释法者,突出执法活动的服务性、保护性、高效性与人文性。

对于社会公众而言,应加强普法教育,以进一步提升对程序正义感的感知能力。改变公众想法的前提就是使公众接受并理解相关的信息,将信息传递给人们的重要途径就是宣传与教育。例如邀请专业律师进行社区普法活动,安排辖区民警进社区组织文明执法活动演练,寻找温情执法的当事人"现身说法"以激起人民内心对法律的信任和对正义的感知。官方媒体和执法部门也应对温情执法的典型性和代表性案件进行宣传以培养社会公众对程序正义的感知能力,从而打造警察、公众与社会媒体三方共同向往的温情执法大环境。

五、结语

警察执法是我国法治体系中与社会公众接触密切的活动,是维护社会治安、推进我国法治建设、进一步增强社会公正主观程序正义感的重要一环,其是否合乎规范、符合程序正义,能否使得社会公众切实感受到公平正义愈发成为社会各界的关注焦点。为提升公众对警察执法活动的程序正义感知,本文从开展培训以提高警察对程序正义的认知、加强监督以促进警察保持中立防止偏私办案、增强警察系统内部程序正义以提高警察个人对程序正义原则的认同和对当事人的尊重三方面提出建议对策。而随着社会环境的变化,公众对程序正义的了解会越来越多,要求也会越来越高,所以提升公众内心的程序正义感必然是一项艰巨且需长期坚持的任务,我们一定能够从更多的角度延伸出更多具有可能性与可行性的有效措施。

参考文献

[1] Andrews J. *Human rights in criminal procedure*: [M]. M. Nijhoff, 1982.

[2]迈克尔·D. 贝勒斯. 程序正义:向个人的分配[M]. 邓海平,译. 北京:高等教育出版社,2005.

[3]邓继好. 程序正义理论在西方的历史演进[M]. 北京:法律出版社,2012.

[4]艾伦·林德,汤姆·泰勒. 程序正义的社会心理学[M]. 冯建

鹏,译. 北京:法律出版社,2017.

[5]陈端华. 看得见的正义[M]. 中国法制出版社,2000.

[6]郭春镇,王凌皞. 认知神经科学在法学中的应用研究[M]. 北京:法律出版社,2018.

[7]W. G. Skogan, C. Hennessy, M. van craen. Training police for procedural justice[J]. J Exp Criminol(2015),11:319 – 334.

[8]Sun I Y ,Wu Y ,Liu J ,et al. Institutional procedural justice and street procedural justice in Chinese policing: The mediating role of moral alignment[J]. Australian and New Zealand Journal of Criminology, 2018:000486581878257.

[9]Owens E ,Weisburd D ,Amendola K L ,et al. Can You Build a Better Cop? [J]. Criminology & Public Policy,2018,17(1):41 – 87.

[10]杜晋丰. 人性化执法:理念转变与实践改进[J]. 北京:中国人民公安大学学报(社会科学版),2004(2).

健康信念模型对青少年犯罪预防的启示

——兼谈疾病预防与犯罪预防的相似点

谢国财[1]

摘　要　健康信念模型是健康心理学的重要理论，该模型强调人们的健康信念对其健康行为的重要影响，以及保护性动机以及各种健康行为对于维护健康和预防疾病的重要意义。犯罪预防与疾病预防存在多方面的相似点，健康信念模型以及健康心理学的理论和实践对于青少年犯罪预防有多方面的启发和借鉴意义，有助于拓展青少年犯罪预防工作的新思路，并将有助于提高青少年犯罪预防工作的有效性。

关键词　健康信念模型　健康行为　疾病预防　犯罪预防　青少年犯罪预防

一、健康心理学和健康信念模型简介

自新冠疫情发生以来，我国政府高度重视，领导全国人民开展全方位的防控工作，付出艰苦卓绝的努力，群策群力，科学防治，成功阻断了病毒的传播，取得了重大胜利，保障了人民群众的健康和生命安全。在抗击疫情过程中总结出的"戴口罩、勤通风、勤消毒、勤洗手、

---

① 谢国财，天津商业大学法学院讲师，心理学硕士。

多检测、早报告、早隔离”等有效防控措施,对于预防病毒感染和阻断病毒传播发挥了巨大作用。可以说,中国抗击疫情的成功,离不开全国上下对疫情的高度重视、离不开科学知识和健康观念的传播运用、离不开方方面面的扎实有效的防控举措、也离不开全国人民战胜新冠疫情的坚定信心。

像“戴口罩”和“勤洗手”这些看似简单、寻常甚至有点微不足道的“行为”,却在抗击疫情过程起到了决定性的作用,或许是许多人始料未及的。其实,人们日常生活中的行为习惯对于维护健康和预防疾病也同样具有重要意义,而这正是健康心理学的核心理念。健康心理学是心理学的重要分支,产生于20世纪七八十年代,该学科致力于指导和帮助人们维护健康和预防疾病。健康心理学家强调人们的生活方式和行为习惯对其健康有重要影响,好的行为习惯和生活方式有助于维护健康和预防疾病,坏的行为习惯和生活方式则将损害健康并可能诱发各种疾病。因此,健康心理学提倡健康的生活方式和行为习惯(统称为“健康行为”),鼓励人们减少和消除不健康的生活方式和行为习惯(统称为“损害健康行为”或“不健康行为”)。健康心理学尤其重视对各种慢性疾病(如冠心病、糖尿病、癌症、肥胖症)的预防。

临床经验和健康心理学研究表明,很多疾病与当事人的观念、行为习惯和生活方式息息相关。例如中老年人群体中高发的冠心病,往往与饮食过咸、吸烟饮酒、饮食搭配不合理导致体重和血脂超标、运动和锻炼太少、忽视早期发病征兆导致病情加重等不健康的行为习惯和生活方式造成的,因此要鼓励他们在日常生活中做到饮食清淡、控制油脂和胆固醇摄入、戒烟限酒、坚持体育锻炼、控制好体重、有症状要早发现早诊断早治疗。研究还发现,要想有效改变人们的各种不健康行为,还需要先转变人们的观念,通过采取种种举措让人们意识到问题的严重性、以往行为的危害性、健康行为的重要性和有效性，能提高人们实施和坚持采取健康行为的积极性和自觉性，从而提高冠心病治疗和预防的效果。

强调通过改变人们的观念、态度和信念来改变人们的健康行为，以便更有效的预防疾病和维护健康，这正是健康信念模型的核心主张。健康信念模型（Health Belief Model，HBM）是健康心理学的主流理论模型，产生于20世纪50年代的美国，由Rosenstock于1959年正式提出，并经其他学者进一步完善而成型。该模型认为感知到的疾病易感性、感知到的疾病严重性、感知到的健康行为的益处、感知到的健康行为的代价、自我效能、行为线索（指任何可能促进个体改变行为的内部和外部影响因素，例如身体不适的症状、熟悉的人的患病体验、与此有关的宣传手册等）和健康动机（即个体致力于维护健康的动机或原因）等健康信念因素对人们是否会做出和坚持特定的健康行为有重要影响，并进而影响到个体的健康。

在健康信念模型的基础上，又有学者提出了"保护性动机理论"，强调个体所持有的一些健康动机对于维护健康和预防疾病的重要意义，常见的健康动机包括重视疾病的严重性、重视疾病的易感性、相信反应的有效性、自我效能、害怕生病等。保护性动机已经被广泛应用于预防冠心病、乳腺癌、糖尿病等疾病以及吸烟、肥胖、意外伤害等问题，以及鼓励人们进行戒烟和体育锻炼等方面。

二、疾病预防与犯罪预防的相似点

疾病预防和犯罪预防分属不同的学科和工作领域，看似没有多大关联，但是，如果进行深入分析和对比，我们将会发现，除了这二者都属于"预防"工作这一点，其实它们还有着诸多相似之处。

（一）疾病和犯罪都具有危险性或危害性，因此都要防患于未然

各种疾病特别是严重疾病会影响个人的学习、生活和工作，给家庭带来经济负担和其他方面的负担，影响家庭氛围和家庭人际关系，也会给社会带来巨大的经济负担，不利于社会经济发展。而各种犯

罪不仅给个人和家庭带来长期的不利影响,还容易直接造成对他人和社会的伤害或危害。因此,不论是疾病还是犯罪,都需要防患于未然。从某种意义上说,犯罪可以说也是一种“疾病”,是心灵的疾病、行为的疾病和社会的疾病。那么,从疾病预防工作中总结出的规律和有效做法对于犯罪预防工作会有一定的启发和帮助。

(二)疾病和犯罪的发生都受到多种因素的交互影响

当代医学和健康心理学认为,人类健康或疾病取决于生物、心理及社会等各种因素。具体而言,健康或疾病不仅与个体的遗传、体质、病毒或细菌感染、营养状况等生物学因素有关,还受到其观念、信念、行为习惯、生活方式、压力水平、人格特点、情绪状态、受教育程度、就业状况、收入水平等心理因素和社会因素的影响,而这些因素与个体的家庭背景、学校教育、社会健康教育和宣传、社会经济发展水平、社会文化和习俗、医疗服务体系状况、社会公共卫生状况等方面息息相关。

犯罪学研究也同样表明,诱发犯罪的原因是多方面的。既有生物学的原因如性别、体型、激素水平和基因,又有心理原因和思想原因如挫折、心理冲突、情结、心理阴影、自卑、自我中心、不正确的观念、基本生活观念缺失、不正确的价值观(如享乐主义和拜金主义)、信念(如社会公正信念)、反社会人格等,还有社会和环境原因,如失业、贫困、婚姻状况、不良家庭环境、家庭教育不当、学校监管不到位、帮派活动、社区高犯罪率、不良社会风气、社会经济状况不好(如经济危机)等。

(三)疾病和犯罪都存在“保护因素”和“危险因素”

疾病的各种影响因素中,有些因素有利于健康,能减少患病风险,被称为“保护因素”。常见的保护因素如运动的习惯、健康饮食、戒烟、限酒或不饮酒、良好的人际关系、积极的心态等。而有些因素不利于健康,会加大患病的风险,被称为“危险因素”。常见的危险因素如肥胖、吸烟、饮酒、饮食不规律、缺少锻炼、A 型人格、久坐的习惯等。

同样的,犯罪也有各种“保护因素”和“危险因素”。就青少年犯罪而言,研究表明,青少年犯罪的保护因素有:个体本身所具有的有助于个体克服困难、应对挑战和危险的内源性保护因素,包括正向、积极的心理品质和自我观念(乐观、希望、坚忍、智力、责任心等、自信、自尊、自我认同等),社会适应技巧、信任他人、问题解决、求助意识等;家庭、学校和环境中的有助于个体成长和适应的外源性保护因素,家庭的关爱和温暖、父母关系融洽、积极的学校氛围、学校的归属感、良好的同学同伴关系和师生关系、良好的社区环境、良好的社会风气等;青少年犯罪的危险因素包括:性染色体异常、雄性激素水平异常、大脑神经递质机能异常等生物学因素,注意缺陷、低智商、易冲动等心理特点,父母离异或分居、家庭矛盾、父母冲突和父母关爱缺失(特别是母爱缺失)、错误的教养方式(如经常性的打骂和体罚、虐待、冷漠或缺乏关心)、家庭缺乏温暖和情感交流、抚养人频繁变更、缺乏父母监督、过分严厉的监督、反复无常的监督、父母观点不一致、不良同伴或团伙、学习缺乏动力和目标、学业成绩差、同学关系不良,师生关系不良、旷课、退学、所在区域高失业率和高犯罪率等。

(四)强调当事人的责任

在健康心理学兴起之前,医学界占主导生物医学模式认为任何疾病都是由于生物的或者物理的或者化学的原因导致的,而不考虑其他方面的致病原因,也因此认为病人是无辜的,不需要为自己患的疾病承担责任。然而,随着健康心理学以及生物—心理—社会医学模式的兴起,个体的观念、生活习惯、行为模式甚至个性等内在因素在疾病或健康问题中所起的作用越来越受到重视和强调,与此相应的是,个体被认为需要对自身的健康或者疾病承担责任。具体而言,个体应当学习和掌握相关的知识,培养和坚持各种健康行为和生活方式,避免不健康的行为和生活方式。

对于犯罪,尽管有些理论强调环境的影响,如社会控制理论认为社会控制的失败是造成犯罪的重要原因,亚文化理论认为犯罪与某些群体的亚文化所带来的不利影响有关,但是罪犯(严重精神病患者除外)毋庸置疑的都被认为要为其所犯下的罪行承担责任,并受到相应的惩罚。反过来说,如果每个人都能够尽到对自己的责任、对家人的责任、对他人的责任、对社会的责任、对祖国和民族的责任,当一个有高度责任感的人,努力学习,踏实工作和生活,想必就不会那么容易走上犯罪的道路。

(五)强调当事人的自我控制能力

维护健康和预防疾病需要人们坚持各种健康行为和生活方式,减少各种不健康行为,这通常需要付出相当的努力并抵制各种诱惑,这些都要求当事人需要具有较强的自我控制能力。比如,维持适当体重是健康的重要保障,这意味着人们需要进行减肥或者进行体重控制,这并不是轻而易举就能完成的事。一般来说减肥或者体重控制都需要当事人长期坚持运动和节食,需要克服运动中可能出现的枯燥乏味感、疲劳、惰性和懈怠,需要在面对美食的时候抵制住诱惑,不去随心所欲地大吃大喝、暴饮暴食,这些都要求当事人具备相当程度的自我控制能力,否则会半途而废。

对于犯罪而言,当事人的自我控制能力也同样扮演着非常重要的角色。有研究表明低自我控制是罪犯的最重要特点之一。反过来讲,如果人们能够节制自己的本能欲望,能够抵制内心的贪婪和享乐愿望,能够节制对权力和金钱的无尽追求,能够压制愤怒和仇恨,能够驾驭内心的种种冲动,能够保持一颗友善和宽容之心,能够坚持通过合法劳动获得合法收入,能够安于平淡的生活,许多犯罪行为(如偷盗、抢劫、强奸、伤害、杀人、贪污腐败等)一定会大大减少。

(六)强调正确的观念和信念和好的行为习惯的重要性

正如健康信念模型所强调的,健康信念对于预防疾病有重要作用,如果人们没有转变观念和形成正确的观念、合理的态度和信念,健康行为往往难以得到坚持和贯彻,种种惰性和不健康行为会随之而来,最后的结果就是健康遭到损害,疾病在不经意之间到来。

对于犯罪而言,一个人走上犯罪的道路往往不是突然地。国内外学者对青少年犯罪的发展轨迹进行了大量研究,总结出其中的规律。例如国外学者艾略特(Elliot)发现青少年犯罪发展的路径为:家庭关系或学校关系紧张——与家庭和学校的联系减弱——与不良同伴的联系增强——学习不良行为——犯罪。赵景欣等学者把我国青少年犯的代表性发展轨迹总结为"旷课、逃学——结交不良同伴——犯罪",将青少年犯的行为改变总结为"轻度不良行为——严重不良行为——犯罪"(其中,较轻的不良行为包括旷课、吸烟、喝酒、打架、偷窃价值较小的东西等行为;严重不良行为包括敲诈勒索、偷窃、抢劫、打群架斗殴行为),而导致青少年旷课和逃学的具体的源头原因包括:兴趣爱好的过度追求、沉迷网络、家庭破裂、父母冲突、教养方式不一致、养父母家庭、学业状况不良等。曾天德等人将未成年人违法犯罪的发展轨迹概括描述为:校园违规——游离社会——违法犯罪。这些研究成果共同表明一个道理,即如果对青少年身上一开始表现出来的轻度不良行为,不坚决地进行规劝和制止而任其自然发展,那么,这些看似危害不严重的行为会诱导着青少年一步一步走向犯罪。

深入分析可以发现,青少年犯罪行为的背后往往都会闪现着种种不正确的思想观念、态度、价值观、人生观、信念等深层次的原因。有学者指出,个体价值观是犯罪人格的主导,犯罪原因根本上在于个体价值观与社会价值观的对立。以青少年犯罪为例,研究表明,未成年犯群体的道德观和平等观水平显著低于学生群体;未成年犯与中学生在喜欢的休闲娱乐的方式、偶像崇拜的类型、成功的归因或取向、交友倾向等方面都有显著差异。未成年犯更喜欢观看不适宜儿童的电视节目(如警匪片、武打片、言情片),在网络上使用上更多关注游戏和色情等不良信息,更崇拜“有钱有势的人”和“能挣大钱的人”,闲暇时光更倾向于各种能获得即时满足的娱乐活动,更倾向于把成功归因于外部因素(家庭条件好)或偶然因素(运气好)或者智力(自己脑子好使)而不是归因于个人努力;交友方面更注重人的外在条件(“有钱”和“长相漂亮帅气”)而不注重人的品行与学识。

(七)需要综合多方面举措进行多方位预防才能获得满意效果

如上所述,疾病的发生和犯罪的发生都有着多方面的原因,这意味着要想有效预防疾病或者有效预防犯罪,需要从多方面着手考虑,并综合采取各种举措,才可能产生满意的结果,否则往往会顾此失彼,摁起葫芦浮起瓢。以预防青少年犯罪为例,需要在家庭教育、学校教育、学校环境治理、媒体宣传、良好的社会文化和社会风气的塑造、加强社会保障、城市综合治理、维护社会稳定、促进经济增长以及保障就业等多方面综合采取多种预防和干预措施。当然,这些举措需要最终落实到引导青少年形成正确的思想观念和养成遵纪守法的行为和习惯上来。

三、健康信念模型对青少年犯罪预防的启示

(一)加强中小学思想道德教育

正如健康信念模型所强调的,人们的态度、观念和信念对其行为有重要影响。青少年犯罪预防需要重视和发扬思想道德教育的引领作用,引导青少年尽早培养和形成良好的道德品质和行为习惯,树立正确的人生观、价值观和世界观,树立正确的理想、信念和信仰。有了它们的有力护航,可以期待良好的行为会在青少年身上自然而然地表现出来。

(二)有效加强中小学法制教育

中小学法制教育不仅要让青少年学生了解和熟悉法律法规,还需要通过典型案例介绍等办法，让青少年深刻体会到各种看似无害的不良行为和观念最终可能会导致人们走上犯罪道路，了解和体会到犯罪行为给个人、家庭和社会带来的种种严重伤害和不利影响，理解和感悟到良好的行为习惯和正确的观念和信念对于预防犯罪的重要性和对个人生活及未来发展的重要意义，才能让他们自觉自愿远离“不良行为”和观念，积极学习和笃行各种“良好行为”，主动拥抱各种正确观念和信念。

（三）加强校园文化和人文环境建设，不断扩充“良好行为库”

要关心和爱护青少年，建立和维护良好的师生关系，开展丰富多彩的课外活动，建设安全文明的校园环境，塑造和谐融洽的校园氛围。教师要以身作则，注意自身的言谈举止，身体力行，为青少年学生树立“礼貌、宽容、正直、公正、乐观、积极”的行为典范和人格榜样，不断提高个人修养和品质；要引导青少年相互关心、相互尊重和互相帮助；要及时发现、控制和消除青少年中存在的“不良行为”和不正确观念，严厉打击不良小团体，对校园欺凌现象要坚决制止、规劝和惩罚；要丰富校园文化和文明校园建设，通过设立各种兴趣小组、开展多类比赛和竞技活动、开办学生社团活动，不断扩充良好行为的种类和数量，丰富青少年校园文化生活，增强校园生活对青少年的吸引力和感召力，让他们在不知不觉中远离“不良行为”和“不良群体”，这样自然而言就不易走上犯罪道路。

（四）加强青少年心理健康教育和心理咨询

要加强和重视青少年心理健康教育，提高青少年心理健康教育工作的针对性和有效性，维护和提高青少年心理健康水平。对有心理问题和心理障碍的学生，要尽早发现和评估诊断，并及时进行心理辅导和治疗，以便尽早发现问题和化解问题，扫除不利于青少年成长的心理障碍，避免留下严重的心理阴影，以免埋下未来犯罪行为的种子。

(五)加强对青少年家长和监护人的教育和引导,加强社区文明建设

正如上文所述,家庭教育及家庭关系不良是青少年犯罪的重要"温床"。许多家长由于自身存在的种种局限,不了解自身的不良言行可能会给孩子造成的深刻和严重影响,不理解良好的家庭环境和氛围对孩子身心发展的重要意义,不清楚哪些是合理的教养方式、哪些是不合理的教养方式,一句话,不懂得应该怎样为人父母。因此,要加强对青少年家长和监护人的教育和引导,让他们了解和认知各种不合理的家庭教养方式的危害性,学习和掌握正确合理的子女教养方式和有效的亲子沟通技巧,努力为孩子创造温暖的家庭氛围和良好的家庭成长环境,这样才能树立起青少年犯罪预防的第一道防护栏。另外,对于离婚、丧亲以父母中有犯罪坐牢情况的家庭的孩子要重点关注,加大关心和帮扶力度,让他们得到尊重,体会到温暖、关爱和希望,减少和克服不利的家庭因素可能会给他们带来的不良影响,维护他们的身心健康,以便他们能在更好的环境和氛围中长大成人。

(六)通过各种途径塑造良好的社会风气和树立正确的价值取向

要加大对违法犯罪的打击力度,为青少年创造安全和文明的外部成长环境。要加强对手机、网络、影视、广告、书刊、报纸等文化和娱乐载体的监管和引导力度,引导文化和娱乐产业不断生产和创造更多的有助于青少年树立正确的人生观、世界观和价值观,有助于满足青少年文化生活和精神生活需求,有助于塑造青少年优良的人格品质,有助于弘扬社会正气的优秀作品,对危害青少年身心发展的不良内容要进行打击和防范,着力构筑有利于青少年身心健康成长的软环境。

参考文献

[1]张永怡,余小萍,张娴.国内外冠心病患者的健康教育研究进

展[J]. 上海护理,2012,12(5):62 -66.

[2]方蘅英,张美芬,刘可. 冠心病患者健康信念与健康行为的相关性研究[J]. 解放军护理杂志,2007(8):26 -28.

[3]靳雪征. 健康信念理论的建立和发展[J]. 中国健康教育,2007,23(12):945 -946.

[4]王萧,马红梅,陈媛,等. 保护性动机理论在国内外的应用现状[J]. 职业与健康,2019,35(08):1146 -1148.

[5]梁渊,田怀谷,卢祖洵. 生物 - 心理 - 社会医学模式的理论构成[J]. 中国社会医学杂志,2006,23(1):13 -15.

[6]邓俊. 近十年来我国青少年犯罪研究综述[J]. 河南科技大学学报(社会科学版),2012,30(1):108 -112.

[7]周璐怡,王子豪,杨鹏翔. 观念层面下犯罪的心理因素分析[J]. 法治与社会,2017,5(中):21 -22.

[8]李玫瑾. "观念"缺失———高才生犯罪的重要心理背景[J]. 青少年犯罪问题,2013(04):108 -109.

[9]杨放如,郝伟,魏宏萍,等. 青少年犯罪危险因素、保护因素及其社会生态学预防模式的探讨[J]. 实用预防医学,2009,16(1):31 -35.

[10]李崇. 青少年犯罪的危险因素[J]. 犯罪研究,2017(01):37 -44.

[11]郑红丽,罗大华. 低自我控制与家庭社会经济地位在青少年犯罪中的作用——我国青少年犯罪成因实证研究初探[J]. 青年研究,2009(3):10 -17.

[12]Ronaldi A. *Criminological theories introduction, evaluation, and application*[M]. Los Angeles, CA: Roxbury Publication, 2004. 355 -375.

[13]赵景欣,杨菲菲,张文新. 青少年犯罪的发展轨迹和狱内改造的保护因素[J]. 中国特殊教育,2012(9):65 -70.

[14]曾天德,龚瑛,何燕平.未成年人犯罪发展轨迹及其形成机制的实证研究[J].青少年犯罪问题,2009(5):4－11.

[15]葛雷,宋海山.价值观视域下犯罪原因的整体性研究[J].学术探索,2019(05),47－54.

[16]屈智勇,邹泓,段晓英.自我控制、价值观与青少年犯罪的关系[J].青年研究,2006(5):42－48.

[17]关颖.未成年犯罪对青少年价值观的诘问[J].当代青年研究,2012(12):67－73.